Minervaグローバル・スタディーズ
①

ヨーロッパがつくる
国際秩序

大芝 亮
[編著]

ミネルヴァ書房

「Minerva グローバル・スタディーズ」刊行にあたって

　本シリーズでは，21世紀の国際秩序について，歴史的な３つの時代層から考察する。３つの時代層の第１は，19世紀の国際秩序である。ヨーロッパが，16世紀以降，しだいに形成してきた主権国家システム，そしてフランス革命後に発展してきた国民国家システムが，19世紀には世界大に拡大した。古典的なヨーロッパ秩序である。第２は，20世紀の国際秩序である。アメリカが中心となって築いた覇権型秩序であり，パクス・アメリカーナとよばれるものである。第３は，21世紀の国際秩序である。中国がこれまでの国際秩序に挑戦する。これら３つの秩序は，19世紀の国際秩序が20世紀の国際秩序に取って代わられ，20世紀の国際秩序が21世紀には消えていくというよりは，多重の地層のように，19世紀の国際秩序の上に，20世紀の国際秩序が重なり，さらにこれらの時代層を土台として21世紀の国際秩序が築かれる。

　ヨーロッパ，アメリカ，そして中国は，国際秩序の原理をめぐり，19世紀そして20世紀に，相互に衝突してきた。19世紀には，主権国家は相互に対等であるという建前をもつ古典的なヨーロッパ秩序がアジアにも拡大し，伝統的に皇帝を頂点として築き上げられていた朝貢・冊封体制の中華帝国的秩序と衝突した。アヘン戦争を契機に中国は帝国主義列強の侵略にさらされ，半植民地化の道をたどることになる。

　古典的なヨーロッパ秩序はアメリカ合衆国へも拡大したが，アメリカは，古典的なヨーロッパ秩序の理念を拒否した。当初は，モンロー・ドクトリンに代表されるように，ヨーロッパ政治に巻き込まれないことに主眼が置かれた。しだいにアメリカが世界的なパワーを持つようになると，古典的なヨーロッパ秩

序の理念や外交スタイルを「旧外交」として，みずからの「新外交」とは区別した。旧外交の特徴は，2国間主義・秘密外交・砲艦外交であるのに対して，新外交は，多国間主義・公開・会議外交・経済主義である。この新外交の特徴こそが，アメリカがつくる国際秩序の理念となる。

19世紀に，アメリカと中国はどのような出会いをしたのだろうか。新世界を自称するアメリカにとり，太平洋の先にあるアジア，特に中国は，アメリカ的理想を実現するフロンティアであった。また，経済主義を掲げるアメリカにとり，中国は，巨大なチャイナ・マーケットとして実利も生む世界であった。中国においても，当初，アメリカは，英国のような帝国主義とは異なる存在であった。

20世紀に入り，2度の世界大戦を経て，ヨーロッパは「没落」を体験した。「没落」したヨーロッパは，欧州統合という新たな事業を開始し，みずからが数世紀かけて築いてきた古典的なヨーロッパ秩序への挑戦を開始した。欧州統合は，ヨーロッパ自身による内発的な動きに基づくが，しかし，アメリカによる働きかけもまた重要な役割を演じた。

第2次世界大戦後に，パワーがいよいよアメリカに集中し，アメリカが覇権を確立すると，アメリカは，勢力均衡に基づく古典的なヨーロッパ秩序に代わり，アメリカ的な理念に基づく国際秩序をつくっていった。パクス・アメリカーナの秩序に対して，ヨーロッパではフランスが抵抗するが，より大胆な挑戦は，社会主義国・ソ連によりなされた。

アメリカは，20世紀初頭まで，ヨーロッパの外交スタイルを旧外交とし，みずからの外交スタイルを新外交として特徴づけたが，冷戦時代には，むしろ，アメリカの外交は道徳家的・法律家的アプローチであり，そのためにソ連との間でイデオロギー対立の要素が強い冷戦を展開させたとして，国益を重視するヨーロッパ的リアリズムの信奉者から批判された。

中国では，第1次世界大戦の終結を受けて，反帝国主義・反封建主義，軍閥

政府打倒の大規模な愛国運動である「5・4運動」が起こった。この後，中国は近代国民国家としての主権確立を目指す外交を展開し，不平等条約体制の克服に努めた。アメリカは，辛亥革命後の中国に対して，アジアの最初の共和国として期待を強めるが，第2次世界大戦後，共産党の指導する中華人民共和国が成立すると，米中は対決の時代へ入り，アジア冷戦が進行する。しかし，共産革命が起きたからといって，必ずしも，米中対決が必然になったのではなかった。むしろ，そこには，すれ違いが見られた。

「冷戦後の20年」をどう見るか。19世紀秩序の中核であるナショナリズムは，旧ユーゴをはじめとする世界各地ではエスノ・ナショナリズムとして現れ，特定のエスニック・グループに対するジェノサイドが行われた。

20世紀をリードしたアメリカのパワーについても，1980年代には，その衰退が議論され，覇権型秩序の動揺が広く認識されたが，冷戦後には，アメリカ主導のグローバル化が進展し，アメリカはそのパワーをあらためて見せつけた。しかし，ブッシュJr.大統領の単独主義的行動は，多くの国から非難を浴びた。このような状況のなかで，「帝国」をめぐる議論が注目された。

そして，中国はいよいよ世界の注目を集める存在となってきた。アメリカの覇権型秩序に対して，20世紀には社会主義国・ソ連が挑戦したが，21世紀には中国が挑戦する。しかし，その中国は，現在はきわめて19世紀的な秩序原理に従って行動している。明治期の日本のように，殖産興業・富国強兵に邁進する。世界の工場として生産力を高めるとともに，海軍力をはじめ，軍事力の強化に乗り出している。国際社会での地位の向上にも取り組んでおり，それは第2次世界大戦後の日本の路線とも重なる部分がある。経済援助に力をいれ，冷戦後の20年では，アフリカおよび東南アジア諸国への経済援助や投資を活発化させている。しかし，国益，特に商業的利益を露骨に求め，人権や環境保護などを軽視することが多く，ヨーロッパやアメリカの経済援助の理念と大きく対立している。それでは，独自の経済援助路線を打ち立てていくのかと思うと，

アメリカが主導するブレトンウッズ機関（IMF/世界銀行）における出資比率を高め，アメリカ，日本につぐ第3番目の出資国となっている。

　主権国家システム・国民国家システムを形成し，これを世界大に広げながら，現在では，いっそう国家統合を進めることで，みずからの創造した国際秩序に挑戦するヨーロッパ，20世紀に覇権型秩序を形成し，これをいかに維持・推進していくかを模索するアメリカ，そしてかつてみずからの華夷秩序を否定され，主権国家・国民国家システムに組み込まれ，現在では，この原理に邁進する一方で，欧米がつくりあげた既存の国際秩序に不満を持ち，挑戦しようとする中国。ヨーロッパ，アメリカ，中国の3つのパワーは，それぞれの構想に基づく国際秩序を創ろうとし，相互のぶつかりあいのなかから，21世紀の秩序が生まれてくる。

　もとより，他にも注目すべき新しい動きがある。ハンティントンは，「文明の衝突論」において，国家と国家の対立を主軸とする世界から，文明と文明の対立により事象が動く世界へと変化すると主張し，ヨーロッパ的秩序およびアメリカ的秩序とイスラム世界の秩序との相違を強調した。相異なる文明同士の遭遇は，必ずしも一様ではない。アメリカ世界とイスラム世界の遭遇は，たしかにテロというかたちをとることもある。しかし，ヨーロッパ社会に多くのイスラムの人々が定住・定着し，共生というかたちが進行しているケースもある。そして，ヨーロッパでは，この共生をめぐり，さまざまな問題がおきてている。本書では3つの時代層という観点からヨーロッパ，アメリカ，中国という3つのパワーの関係に焦点を当てたが，これら3つのパワーとイスラムのパワーとの関係も考察すべきであったという反省もある。

　本書は，ヨーロッパ，アメリカ，中国の地域研究の書物ではない。「ヨーロッパがつくる国際秩序」「アメリカがつくる国際秩序」「中国がつくる国際秩序」について学び，考える書物である。国際政治学の視点から，国際政治学の概念・言葉をもちいて，ヨーロッパ，アメリカ，中国を分析する。そして，最

「Minervaグローバル・スタディーズ」刊行にあたって

終目標は，ヨーロッパ，アメリカ，中国の分析を通じて，21世紀の国際秩序像を明らかにすることである。

2013年1月

大芝　亮・滝田賢治・中園和仁

はしがき

　いかに老いるか。高齢社会到来の日本で、しばしば耳にすることばである。国際政治の世界でも、老大国としてのヨーロッパ、壮年期のアメリカ、そして青年として成長する中国と類型化されることがある。ヨーロッパはどのように老いてきているのだろうか。パワーが下り坂にあると自己認識し、自信を失っている日本にとり、大いに関心のあるテーマである。

　国際関係におけるパワーシフトは決して珍しい現象ではないが、パワー・シフトと国際秩序の間にはいかなる関係があるのだろうか。本シリーズが3巻をかけて問うテーマである。たとえば、覇権安定論を参考にすると、覇権国が国際秩序（覇権秩序）をつくり、覇権国のパワーが衰退すると、その国際秩序（覇権秩序）もまた不安定になる。そして、パワーシフトに伴い台頭してきた新興勢力と衰退する覇権国の間で覇権戦争が起こり、戦後、新しい覇権国が登場する。この新覇権国が新しい覇権秩序をつくる。近代の歴史はこの繰り返しであるという。

　それでは、古い国際秩序は新しい国際秩序にすべて取って代わられるのだろうか。必ずしもそうとはいえないだろう。古い国際秩序の原理・原則のなかには、新しい秩序においても残り、あるいはむしろ土台とすらなっていくものもあろう。国際秩序は歴史的に重層的に形成されていくのはないだろうか。それでは、いかなる国際秩序の原理・原則が次の時代にも残っていくのだろうか。

　19世紀秩序はヨーロッパが形成し、その基本部分は20世紀秩序においても引き継がれ、21世紀秩序においても、なお土台として残っていくだろう。ただし、いうまでもなく、ヨーロッパはいつまでも19世紀秩序の原理・原則に固執

するわけではなく，ヨーロッパ自身が，いかなる国際秩序の原理・原則が望ましいか，ということについて，その主張を変化させている。たとえば，たしかに，ヨーロッパは，いわゆる近代主権国家システムを形成し，19世紀にはこれをアジアにも拡大していった。しかし，第2次世界大戦後，ヨーロッパは欧州統合を進め，自らが形成した主権国家システムへの挑戦をはじめた。他方，アジアはまさに「近代」のなかにいる。21世紀の現在，日本と中国は，尖閣諸島をめぐる対立のなかで，ともに，無主地先占の法理に基づき，自らの国が尖閣諸島を先占した記録（近代主権国家システムに組み込まれる以前の）を誇示しあう。

　アメリカとの関係でも，ヨーロッパは，いかなる国際秩序の原理・原則が望ましいかについて，自らの考え方が変化していることを示す。たしかに，冷戦初期に，アメリカが，イデオロギーに強く影響された外交を展開すると，ヨーロッパは，国益重視の現実主義の外交を取るべきだとと主張する。しかし，同時に，アメリカと協力して，近代主権国家システムに挑戦する欧州統合を進める。さらに，冷戦が終わり，ソ連の崩壊により，ブッシュ政権のもとで，アメリカの単独行動主義が目立つようになると，ヨーロッパは，国連重視の多国間主義を主張する。いまでは多国間主義はまるでヨーロッパの主義・主張であるかのようにすら見えるが，第2次世界大戦以前においては，ヨーロッパの2国間主義・秘密外交に対して，多国間主義・公開外交を主張したのはアメリカであった。もっとも，一般的に，国家は超大国でない時期，あるいは超大国でなくなると，多国間主義を主張するようになるといえばよいだけのことかもしれない。

　現在，世界経済におけるBRICsへのパワーシフトを前にして，ヨーロッパでは，いよいよEUとしてまとまっても，もはやグローバル・パワーとして踏みとどまれないのではないかとの主張がしばしばなされる。たしかにヨーロッパの体力は日々低下していよう。しかし，年配者には，成熟・経験豊か・知恵

はしがき

という魅力もある。もしヨーロッパにもこうした魅力があるとすれば，いかにしてこれらを備えていったのだろうか。そして，日本と違うのは，なによりも，ヨーロッパは自信をもっていることである。ヨーロッパは，なぜ老いてきつつも，なお自信をもてるのだろうか。本書を通じて考察していきたい。

　最後に，本書の刊行にあたっては，ミネルヴァ書房の堀川健太郎氏から，大変長きにわたり激励をいただいた。氏のおかげで出版にまでこぎ着けることができたことを，記して感謝したい。また，執筆者には早くから原稿をいただきながら，ひとえに編者である私の怠慢のために，出版が遅れ，ご迷惑をおかけしたことをお詫びしたい。

2014年4月

大芝　亮

ヨーロッパがつくる国際秩序
目　次

「Minervaグローバル・スタディーズ」刊行にあたって
はしがき

序　章　ヨーロッパと国際秩序形成……………………大芝　亮…1
　　1　ヨーロッパとはなにか……………………………………………1
　　2　19世紀的世界………………………………………………………6
　　3　20世紀的世界………………………………………………………9
　　4　21世紀的世界………………………………………………………11
　　5　本書の構成…………………………………………………………13

第1章　ヨーロッパの国際政治観………………………大中　真…19
　　1　国際関係論における勢力均衡論…………………………………20
　　2　勢力均衡論の誕生——ハーバート・バターフィールド………23
　　3　勢力均衡論の興亡——マーティン・ワイト……………………27
　　4　世界秩序のなかの勢力均衡——ヘドリー・ブル………………32
　　5　古典的勢力均衡論を超えて………………………………………36

第2章　民族自決主義の功罪……………………………吉川　元…41
　　1　国際問題化する民族自決主義……………………………………42
　　2　国際平和論としての民族問題……………………………………46
　　3　人民の自決と友好関係……………………………………………51
　　4　再び民族自決主義…………………………………………………54
　　5　民族自決の果てに…………………………………………………59

目　次

第3章　帝国主義の台頭とその国際的影響 …………古内洋平…63
1　帝国の時代 …………………………………………… 64
2　帝国主義台頭の原因 ………………………………… 66
3　国際秩序に与えた影響 ……………………………… 71
4　戦後世界における帝国主義 ………………………… 76

第4章　ヨーロッパの没落と欧州統合 ………………高瀬幹雄…85
1　ヨーロッパの没落 …………………………………… 86
2　戦間期の欧州統合思想と汎ヨーロッパ運動 ……… 89
3　第2次世界大戦後の欧州統合 ……………………… 94
4　没落から再生への道を求めて ……………………… 101

第5章　ヨーロッパの安全保障 ………………………上原史子…107
1　ヨーロッパの戦後復興と安全保障枠組み ………… 108
2　冷戦期ヨーロッパの安全保障枠組みの具体化 …… 110
3　冷戦後のヨーロッパ安全保障 ……………………… 113
4　ヨーロッパ共通の安全保障政策の新展開 ………… 118
5　21世紀ヨーロッパの安全保障と国際秩序観 ……… 124

第6章　人の移動の潮流変化と多文化共生 ………… 井上　淳…129
1　多文化主義の失敗 …………………………………… 130
2　第2次世界大戦後の人の移動 ……………………… 132
3　冷戦終結後の人の移動とヨーロッパ諸国の変容 … 136
4　ヨーロッパ統合と人の移動 ………………………… 143
5　人の移動と多文化共生にもたらす示唆 …………… 147

第**7**章　東欧から見た欧州東西関係……………………林　忠行…151
　　　1　戦間期東欧の民族問題……………………………………………152
　　　2　冷戦下の西欧と東欧……………………………………………156
　　　3　東欧の体制変動…………………………………………………161
　　　4　欧州の東方拡大…………………………………………………164

第**8**章　ヨーロッパの高等教育政策……………松塚ゆかり…173
　　　1　ヨーロッパにおける「人」の統合……………………………174
　　　2　高等教育圏構想と欧州人的資本開発計画の経緯……………176
　　　3　教育における欧州統合を実現する計画と実践………………181
　　　4　欧州人的資本開発計画の世界的波及性………………………189

終　章　多極構造の世界におけるヨーロッパ………渡邊啓貴…197
　　　1　ヨーロッパの多極主義・多国間協調主義の真実……………198
　　　2　多極世界の中心としての米欧関係の基本構造とその変容…201
　　　3　BRICS・ASEM・中国との関係………………………………212

索　引……229

序　章
ヨーロッパと国際秩序形成

大芝　亮

1　ヨーロッパとはなにか

文化的か，地理的か

　本巻のタイトルは『ヨーロッパがつくる国際秩序』である。ここでいうヨーロッパとはなにか。地理的な概念か，それとも文化的な概念か。もし，地理的な概念とすればどこからどこまでがヨーロッパなのか。

　ギリシャの歴史家ヘロドトスはその著書『歴史』において，世界をヨーロッパ，アジア，リビア（アフリカ）の3つの地域に分けている。山内進（「正戦論の転換と『ヨーロッパ公法』の思想」大芝亮・山内進編著『衝突と和解のヨーロッパ――ユーロ・グローバリズムの挑戦』ミネルヴァ書房，2007年所収）によれば，ヨーロッパというような広大な地域を包括する概念は，中世の人々には必要がなかったため，中世ではあまり一般的な概念ではなかったという。その後，十字軍によりキリスト教共同体という観念が確立されるようになり，さらに宗教改革により，キリスト教世界が分裂すると，その代わりに一体性を表現するものとして「ヨーロッパ」という概念が次第に浸透するようになったという。またオスマン帝国との勢力争いのなかで，ローマ教皇ピウスⅡ世（在位1458～1464年）はヨーロッパという概念を広める上で，大きな役割を果たした。彼においては，ヨーロッパとはギリシャやビザンツを含むものであった。

　現代では，ヨーロッパというと，社会・経済的に，EUとイメージを重ねて

受けとめる人も少なくないだろう。EUの歴史は，フランス，西独，イタリアとベネルックス3国（ベルギー，オランダ，ルクセンブルク）から構成されるECSC（欧州石炭鉄鋼共同体）により始まる。その後，次第に加盟国を増やし，現在では8カ国となった。

　もちろん，ヨーロッパ＝EU加盟国ではない。スイス，ノルウェー，アイスランドなどはEUに加盟していない。また，EU加盟国のうち，共通通貨ユーロに参加しているのは18カ国（2014年1月現在）であり，EU加盟の西欧諸国のなかでも，イギリス，スウェーデン，デンマークはユーロを導入しておらず，ユーロ圏＝EU加盟国でもなければ，ヨーロッパでもない。

　さて，ヨーロッパについて，我々は西欧と東欧という区分に慣れている。しかし，東欧という概念は，地理的な意味だけでなく，むしろ，旧社会主義国という意味で使われることも多く，この意味で政治的な概念といえる。近代主権国家システムが成立してくる時期においては，むしろ，西ヨーロッパ，中部ヨーロッパ，東ヨーロッパと区分するのが通常であったと林忠行は言う。それゆえ，林（本書第7章）は，「1989年にドミノ倒しのように東欧諸国の共産党政権が崩壊し，民主化と市場経済化という体制転換過程が始まった。そのとき，それらの諸国では『欧州への回帰』（"Return to Europe"）という標語が選挙用の宣伝やジャーナリズムの見出しにしばしば踊った」と述べ，「東欧諸国はそれまで欧州の外におかれていたのだろうか。さらに，それより以前の欧州は東欧を含む一体のものであったのだろうか」という問いを投げかける。たしかに，中部ヨーロッパは，近代の初期において，ハプスブルク帝国の版図であり，ヨーロッパの中枢を占める地域であった。

　現在ではトルコのEU加盟問題が議論されている。ここでも，トルコはヨーロッパかという問いが提起され，様々な議論が展開されている。

序　章　ヨーロッパと国際秩序形成

「ヨーロッパ対アメリカ」か「アングロ・サクソン対大陸ヨーロッパ」か

　本シリーズは，『ヨーロッパがつくる国際秩序』『アメリカがつくる国際秩序』『中国がつくる国際秩序』の3巻から構成され，国際秩序の形成者としてヨーロッパ，アメリカ，そして可能性としての中国を想定している。

　だれが世界の強国か，というパワー配分に焦点を当てると，たしかに，19世紀まではヨーロッパにあり，20世紀にはアメリカにパワー・シフトし，21世紀には中国の存在が大きい。しかし，国際秩序の理念に焦点を当てると，果たしてヨーロッパとアメリカを対比させるのが適切なのかどうか，むしろ，英米をアングロ・サクソンとしてまとめ，この秩序観と大陸ヨーロッパの秩序理念の対抗関係に焦点を当てることもできる。

　たとえば法秩序について考えると，英米法と大陸法とを区分するのが一般的である。国際秩序もまた法制度化されることが多く，国際秩序については，英米法的な発想対ヨーロッパ大陸法的な発想という軸から見ることも重要な視点である。

　第2次世界大戦後の英国にとり，英米対ヨーロッパ大陸という軸は，外交におけるパートナーシップに関する現実的課題であった。第2次世界大戦後，英国は，アメリカとの同盟を重視する大西洋同盟路線で進むのか，それともヨーロッパの地域統合に参加し，ヨーロッパの一員となっていくのかという選択を迫られていた。最近では，2003年のイラク戦争をめぐり，英仏は米国・ブッシュ大統領の政策を批判したが，英国・ブレア首相がブッシュを支持した例がある。

　経済政策についても，アメリカの市場主義対ヨーロッパの社会民主主義という図式は分かりやすいが，実際にはアングロ・サクソン型の規制緩和重視の政策を，大陸ヨーロッパ諸国が批判するということも少なくない。たとえば，米国でサブプライム・ローン問題が深刻化し，リーマン・ショックが起こると，フランスのサルコジ大統領は，アングロ・サクソン型の規制緩和政策を批判し

3

ている。

　教育の世界でも，英語が世界共通語としての地位を確立したことにより，英米と大陸ヨーロッパの大学が置かれている状況は大いに違ってきている。タイムズ社やトムソン・ロイター社が発表する大学世界ランキングでは，ランキング測定指標に問題が多いことはいうまでもないが，結果だけを見ると，圧倒的に米国および英国の大学が上位にランクされている。

　それでは，英米はひとつのグループとしてまとめることができるかとなると，やはり，話はそう単純ではない。たとえば，国際政治学ではアメリカのアプローチが主流であるが，そのなかで，英国学派とよばれる，アメリカとは違った国際政治学が存在している。この学問的アプローチの違いは，根底には英国と米国の間に国際秩序観の相違があることによっているのではないだろうか。英国学派について，本書第1章において議論がなされている。

国際政治のなかのヨーロッパという視点

　多くの人が問いたいことのひとつに，日本におけるヨーロッパ研究は，ヨーロッパにおけるそれと比べ，いかなる特徴をもつのか，ということがある。ヨーロッパ研究について，ヨーロッパ諸国在住の研究者には，なにかと有利な点はある。資史料や情報・報道が多いこと，また研究者の層が厚く，相互に切磋琢磨する機会の多いこと，さらに自分自身の国のことゆえ，自身の利害や価値観の点からも研究のモチベーションが高いことなどである。それでは，日本に在住する研究者がヨーロッパ研究に取り組む意義はどこにあるのだろうか。ひとつの回答はヨーロッパ在住の研究者とは異なる視点に基づく分析を提供できることである。

　もとより，ヨーロッパはかつて近代主権国家システムを形成し，これが今日の世界大での国際関係の基本構造をなしている以上，ヨーロッパを専門とするか否かにかかわらず，国際政治の研究者にとっては，議論せざるをえないテー

マである。この点を考慮し，ヨーロッパ人とは異なる視点を打ち出すために，本書では，「国際政治のなかのヨーロッパ」という角度から考察する。

　「国際政治のなかのヨーロッパ」という視点に立てば，いかなる問いを設定できるのだろうか。例を挙げて考えてみたい。

　ヨーロッパでは，1960年代から1970年代にかけて，いかにして国家の枠を超えた地域統合を進めるかという問いが提起され，政策上も，また学術研究上も，活発に議論された。狭隘なナショナリズムが原因となって，19世紀から20世紀にかけてヨーロッパで戦争がくりかえされたという認識があり，戦争を防ぐために，国家を超える統合体をつくることが望ましいと前提されていた。それゆえ，その実現方法が議論された。これが初期の地域統合論だった。

　非ヨーロッパ世界からは，この問題をどのように設定し直すことができるだろうか。たしかに，ヨーロッパの地域統合が戦争防止につながることは大いに期待できることであり，それゆえに，独仏不戦共同体の設立を目指す考え方は，非ヨーロッパ世界の人間にも共有できよう。しかし，1970年代あたりから，日欧米の間での経済摩擦はしだいにはじまってきていた。1980年代になると，日欧間ではビデオ・テープ・レコーダーやベアリングなどをめぐり，貿易摩擦が激化するようになっていった。このようなときに，ヨーロッパが地域統合を進めることは，地域内部では不戦共同体につながるかもしれないが，しかし，非ヨーロッパ世界からは，ヨーロッパが経済ブロックの方向へ進むのではないかとの危惧を抱かせることになった。ECの政策決定についても，経済摩擦問題で，ヨーロッパの各国に加え，欧州委員会も交渉に参加してくることは，日本政府にとり必ずしも歓迎されるものではなかった。むしろ，欧州委員会は，自身の出番を増やすためにも，2国間の経済摩擦問題であっても，これをEC全体の問題にしていこう，政治化させていこうとする姿勢が目立った。

　ヨーロッパ世界では，第2次世界大戦を引き起こした要因として，独仏の対立とナショナリズムに敏感である。しかし，世界大で見た場合，経済大恐慌

後，英仏がそれぞれ植民地とブロック経済を形成し，ドイツや日本などが排除されたことにも大きな関心を払うべきであることに気づく。それがゆえに，第2次世界大戦後の構想として，米国は，かつて英仏が進めたブロック経済の復活を防ぐことを強調し，ブレトンウッズ機関（IMF／世界銀行）の設立に動いた。この点からは，非ヨーロッパ世界では，第2次世界大戦後において立てるべき問いは，いかにヨーロッパの経済ブロック化を防ぎつつ，域内の国家統合を進めるか，というものであった。

本書では，このように国際政治のなかのヨーロッパという視点から，個々の問題について考察を行う。以下，19世紀的世界，20世紀的世界，21世紀的世界について述べていこう。

2　19世紀的世界

歴史的に，ヨーロッパがつくった国際秩序として，まず想起されるのは近代主権国家システム（以下主権国家システムと略）である。主権国家システムについて，大中真は「一般的には，全ヨーロッパを戦火の渦に巻き込んだ30年戦争の講和条約として，1648年に結ばれたウェストファリア条約がその誕生にあたり，主権国家，国際法，それに勢力均衡（balance of power〔バランス・オブ・パワー〕）がヨーロッパ独自の国際秩序の重要な要素だといわれている」と述べる（本書第1章）。

国際政治学におけるリアリズムは，主権国家システムでは，国家は国益を追求し，国益実現の手段として国力の増強に励むという。その結果，勢力均衡政策が展開され，また勢力均衡が国際秩序の原理のひとつとして作動するという。ヨーロッパで覇権を握る国が登場することを阻むことに注意が注がれた。ただし，勢力均衡の世界を，露骨なパワーポリティクスの世界と見るか，それとも，世界政府が不在という意味ではアナーキーであるとしても国際法による

運営がなされてきた国際社会であると見るか，については，リアリストのなかにも見解の相違がある。後者は，英国学派とよばれる人たちの見解であり，昨今，世界的に注目されている。第1章で大中真はこれらの学者に焦点をあてる。

　この主権国家システムの原理を土台としながらも，フランス革命後，ヨーロッパの国際秩序はしだいに国民国家システムに変容する。領土内に多民族を抱えるハプスブルク帝国ではなく，プロシアがリーダシップを握って国民国家としてのドイツが1871年に成立する。ベネチア人という意識はあってもイタリア人という意識はないといわれるイタリアでも，1861年にイタリア王国が成立した。国家が国際政治の主役であることには変わりはないが，そもそも，その国家は民族自決主義に基づき，建設されるという考え方が浸透する。ナショナリズムが一国の対外政策に大きな影響を及ぼすようになった。

　吉川元は本書第2章において，次のように述べる。「民族自決主義は，常に国際社会に受け入れられてきたわけではない。国際政治の歴史を一瞥すれば，民族自決の動きが抑えられ，国民統合（同化）が優先され，それを国際社会が容認する時代がある。一方，民族自決が許容され，民族マイノリティ保護が優先され，それを国際社会が勧める時代がある」。

　19世紀から20世紀初頭は，国家が，国益をかざし，そのための国力の充実を図る「古典的外交」を展開した時代であるとともに，民族自決に基づき，国民国家が形成されていった時代でもあった。主権国家システムの論理と国民国家システムの論理の間には微妙なずれがある。

　第1次世界大戦により，ロシア帝国は崩壊し，多民族国家であるオーストリア・ハンガリー帝国も崩壊した。第2次世界大戦後，主権国家システム・国民国家システムは，アジア・アフリカにも拡大する。ヨーロッパ諸国の植民地とされた地域での現地指導者は，民族自決という原則に基づき独立運動を進め，イギリスやフランス等の植民地帝国は崩壊した。ヨーロッパの古典外交をリー

ドしたヨーロッパの帝国は，国民国家システムの原理である民族自決主義により，いずれも終焉させられた。もとより，アジア・アフリカでは，民族自決を旗印として独立を獲得したものの，実際には国内に多くの少数民族や部族を抱えていた。そのために，たとえばインドネシアのように，独立後に，国内の多様な民族・部族をひとつの国民としてまとめようと同化政策を強力に進めようとした例もある。

　植民地宗主国と旧植民地の間には，今日でも，複雑な関係がのこされている。ヨーロッパと旧植民地の愛憎関係はどのようなものだろうか。単純に，両者の関係を対立的にばかり捉えることは現実に反する。いろいろな側面で，旧植民地側には旧宗主国に対するアイデンティティが残っている。宗主国の側にも，しばしば旧植民地の国に軍事介入をするなど，宗主国と旧植民地の間にはいまだに切っても切れない関係が見られる。古内洋平（本書第3章）は，「帝国主義を『大国が弱小政治体の対外関係や国内政策を公式・非公式に統制すること』（アイケンベリー〔G. John Ikenberry〕）と定義」して，また，公式の帝国と非公式の帝国（「植民地支配を免れた独立国でも，その対外関係と国内政策を大国に統制されることがあった。そのような名目上の独立国と大国の関係は「非公式帝国」と呼ばれる」）という概念を用いて，ヨーロッパがつくった19世紀的世界として植民地主義・帝国主義があることを強調する。さらに，20世紀から21世紀の国際秩序を見る上でも「帝国」が有効な概念として使用されていることに注目する。

　冷戦時代は，民族主義は抑制され，ソ連邦やユーゴ連邦などの多民族国家が存在し続けた。民族問題は国内のマイノリティ問題として扱われ，国際政治の問題とはみなされなくなった（吉川元，本書第2章）。冷戦が終結に向かうと，冷戦イデオロギーで抑えつけてきた旧ソ連圏では民族主義がふたたび高まり，ソ連邦は解体した。ユーゴスラヴィア連邦ではエスニック紛争が起こり，同連邦も分裂した。チェコスロヴァキアもまた，チェコとスロヴァキアに分裂した。

吉川元のいうように，民族自決主義は，19世紀ヨーロッパが世界にもたらし，様々な功罪を生んだ怪物である。吉川は次の問いを立てる。「民族自決主義は，どのような政治状況で育まれ，そして国際秩序にどのような影響を与えてきたのであろうか。民族自決主義が許容されるのはどのような国際政治状況においてであろうか」(本書第2章)。

3　20世紀的世界

20世紀にヨーロッパは2度にわたる大戦を経験し，国際秩序はアメリカによる覇権型秩序に移行する。

第1次世界大戦がヨーロッパに与えた影響は，おそらく一般の日本人が想像するよりもはるかに大きい。高瀬幹雄（本書第4章）は「第1次世界大戦の衝撃的惨禍は，ヨーロッパが世界の中心であった時代の終わりをつげ，欧州の没落観が広まる」と述べる。もとより，欧州統合の思想はそれ以前からもあり，高瀬は，19世紀を欧州統合の前史として位置づけ，戦間期の欧州統合思想と汎ヨーロッパ運動について分析した上で，第2次世界大戦後の欧州統合の現実の動きを理解しようとする。ヨーロッパは自ら作った主権国家システム・国民国家システムに対して自らが挑戦する。ヨーロッパの地域統合が国際政治学において注目されるゆえんである。

ヨーロッパの地域統合について，国際政治理論における問い＝パズルは変遷する。まず，1951年に欧州石炭鉄鋼共同体（ECSC）が設立された頃は，独仏不戦共同体の創設を目指し，地域統合を進めるのは望ましいことであるが前提とされた。そこでは，いかにして統合を進めるかがパズルであった。上原史子が，本書第5章において，「ヨーロッパ統合の流れのなかでは共通の防衛・軍事的安全保障政策としてのヨーロッパ防衛共同体の実現が主要課題となり，その計画の基盤を導き出すことが東西分断のなかで西ヨーロッパ各国の政策目標

となっていた」と述べるように，いかにすれば統合を進めることができるかを考えることは，現実世界での重要課題であった。

その後，「このヨーロッパ防衛共同体構想は，実現には至ら」ず，ヨーロッパの地域統合は経済統合を中心に進むが，独仏の不戦共同体をつくるためのヨーロッパ防衛共同体構想は，「ヨーロッパ統合における共通の安全保障政策の原点とも言うべきものであり，この創設過程と発展は現在EUで進められている共通外交安保防衛政策の起源となっている」(上原史子，本書第5章)。

ヨーロッパの地域統合が経済面で一定程度の進展を見せると，EC/EUは経済ブロックであり，排他性をもつのではないか，との疑問が提起される。地域統合を進めることは望ましいことだという前提を，日本やアメリカが必ずしも受け容れなくなってきたのである。いかにすれば地域統合を進めることができるかではなく，いかにすれば，グローバリズムと共存できる地域統合を進めるか，がパズルとなる。開かれた地域主義とはなにか，が問われることになった。

さらに，現代では，経済秩序は，グローバルな経済体制中心ではなく，自由貿易協定（FTA）などを中心とする地域的なネットワークが主流になってくる。開放的な地域主義をどのようにして実現するかという課題はEC/EUだけに限定されるものではなくなった。

EUの統合の深化と拡大により，また世界的なグローバル化により，ヨーロッパへの人の移動は劇的に増大する。井上淳はこの状況を「冷戦後さらに高まる人の流入圧力と国内経済の成熟化に直面したヨーロッパは，徐々に人道的立場からの受け入れ容認を後退させ，外国人の選別と統合を進め，経済的に持続可能な多文化共生へと舵を切る。各国が加盟しているEUでは，(中略)外部からの人の流入を管理する共通移民・難民政策が模索されている」と説明する(本書第6章)。

イスラム系住民が移民として多数，ヨーロッパ各国に住むようになり，ヨー

ロッパ社会の多元化は急速に進んでいる。フランスでは，教室でのスカーフ着用が禁止され，むしろ，非ヨーロッパ世界から，ヨーロッパでの人権が問題視された。グローバル化により人の移動が進展し，多文化共生が大きな課題となっている。このことから分かるように，人の移動はモノ，金，情報などの移動と違い，そう単純な話ではない。「人の主要な移動先であるヨーロッパで生じている一連の動向は，（中略）経済の成熟化に直面する先進国の先例として，EUという集団的な政策実践例（政策規範）として，国際政治に影響を与え得る」と井上淳は論じる。ヨーロッパとはなにか。人の移動により，ヨーロッパの社会自身が変容しようとしているのである。国民国家からヨーロッパ地域統合へ，そしてさらに人の移動により，イスラム系住民をも多数包摂する多文化共生型の社会へ，と変容していく。井上のいうように，ヨーロッパは人の移動を前提とする社会秩序のモデルとなりうるかという壮大な実験を行っている。

4　21世紀的世界

　冷戦後の20年も終わり，ヨーロッパは果たしてグローバル・パワーかという問いが発せられる。裏返していえば，BRICsの台頭などにより，いよいよヨーロッパのグローバル・パワーとしての地位が揺らいできている。ヨーロッパは21世紀世界にいかに対応しようとしているか。渡邊啓貴は「中国の台頭とインド・東アジアを含むアジアへの経済的比重の増大という，いわゆる世界の『パワー・シフト』を前に，米欧の後退，そしてアメリカの中国への接近という新しい国際社会の展開を前にして，ヨーロッパの自信は大いに揺らいでいる」と述べる（本書終章）。
　人間の安全保障ということばで示されるように，現代では，安全保障は軍事力だけで確保できるものではなくなってはいるが，軍事力という面でのヨーロッパのパワーが低下していることは否めない。

しかし，いまなお，ヨーロッパには得意分野があるとされている。ひとつは経済力である。EU加盟国の増大により，現代でもそのGDPはアメリカのそれとほぼ同等である。

　ところが，ユーロ危機により，大いにその自信と信頼は動揺している。ユーロ危機の原因には，ギリシャにおける緩慢な財政規律があった。EU加盟国の財政規律を監視し，実効性のあるものとするために，果たしてEUは，この際，いよいよ通貨統合から財政統合にまで進むべきか。財政規律を強化すると，ドイツの指導力が強まることになるのか。英国は，これをきっかけとしてますますEUと距離を置く方向に進むのか。それは結局，EUを分裂させることになるのか。これらの点をめぐり，論争が展開している。

　EUのパワーとして，しばしば規範力も指摘される。人権や環境における規範形成の点で大きな指導力をもっているというのである。

　これに関連して，EUの規制力を重視する見解も存在する。規制力とは企業の会計基準や化学物質規制など，ビジネスや環境の規制に関するルールをつくる能力のことである。EUのルールがグローバル・スタンダードになることが多いと主張する。その理由は，EUにおいては，そもそもがEU域内のマルチの交渉を経て，ルールが形成されるため，いわば汎用性においても優れており，それゆえ，グローバル・スタンダードになりやすいというものである。実際に，日本の企業は，EUとの経済連携協定（EPA）交渉において，EUのルールを押し付けられることを強く警戒している。

　ヨーロッパの提示する国際秩序像が，アメリカのそれとは大いに異なる点に注目する見解もある。この国際秩序像は，経済のグローバル化を中心とするアメリカン・グローバリズムと対比させて，ユーロ・グローバリズムと称される。ユーロ・グローバリズムの特徴は，第1に，アメリカの覇権的・単独的行動主義にはきわめて批判的で，ヨーロッパの伝統的な勢力均衡の原理を重視することである。勢力均衡システムに存在する大国間のチェック・アンド・バラ

ンスによる世界運営を尊重する。言い換えれば，多国間主義重視である。本書「刊行にあたって」で述べたが，20世紀初頭に，ヨーロッパの旧外交のスタイルとされた2国間主義に対して，アメリカの新外交の特徴とされたのが多国間主義であった。しかし，アメリカの覇権志向のもとでの多国間主義は今日ではむしろヨーロッパが標榜する国際秩序の重要要素となっている。

ユーロ・グローバリズムの第2の特徴は，国際政治の主体は主権国家であるとしながらも，個人の役割・責任・保護にも大いに注目する点である。それゆえ，国際法上の個人の責任も追及できる国際刑事裁判所を支持する。これに対して，アメリカは国際刑事裁判所に対して否定的である。

第3に，市場と環境保護の関係について，ヨーロッパでは環境グローバリズムが強く，徹底した市場主義には反発がある。

5　本書の構成

本シリーズは，19世紀秩序，20世紀秩序が重層的に形成されるなかで21世紀秩序が創設されると想定している。そして，それぞれでの主役がヨーロッパであり，アメリカであり，今後は中国が重要になると想定している。本巻では，ヨーロッパの国際秩序およびその構想について，以下のような章構成で，考察していきたい。

第1章「ヨーロッパの国際政治観」は，ウェストファリア条約の成立において，主権国家，国際法，そして勢力均衡がヨーロッパ独自の国際秩序の要であったとして，そのなかの勢力均衡論について考察する。第1章の特徴は，勢力均衡論を，バターフィールド，ワイト，ブルという，国際政治学における英国学派の研究者の視点から考察していることにある。

ヨーロッパで生まれた独特の思想である勢力均衡論は，今後どうなるのかという問いを提示し，現在の国際関係について，一般的な勢力均衡について考察

するとともに，地域的な勢力均衡も存在しており，さらにEU内における均衡の問題もあると指摘している。

　第2章「民族自決主義の功罪」は，国家誕生の政治原則となった民族自決主義に焦点を当て，国際政治の歴史を，国民統合（同化）を優先し，民族自決主義を抑制することを国際的に容認した時代と，逆に民族自決主義が許容され，民族マイノリティ保護が優先され，これを国際社会も推奨した時代の間の揺れ動きとして捉える。民族自決主義が国際秩序におよぼした影響として，多数の異民族を統治する帝国主義的支配を崩壊に導いたこと，マイノリティ保護の国際規範形成に寄与したこと，国際政治の構造として従来の権力政治に，エスニック政治を絡ませ重層的な構造にしていったことを挙げるとともに，負の遺産として，民族自決運動は多くの紛争を引き起こしてきたことを指摘する。民族自決主義への対応として住民投票という方法もあるが，これを国際社会が認めるとなると，今後，いくつの民族国家が誕生するのだろうかという問いを発し，功罪相半ばするところとなるのではないかという。

　第3章「帝国主義の台頭とその国際的影響」は，まさに，第2章で民族自決主義が崩壊に導いたとする帝国主義支配について考察する。国際政治学において，帝国の概念に注目が集まっている時期に，帝国主義と国際秩序の関係を19世紀に遡り分析する。帝国主義が国際秩序に与えた影響として，帝国同士が植民地争奪で戦争したことはあまりなく，しかし，帝国による世界分割はヨーロッパ帝国間の競争をエスカレートさせたという。第2次世界大戦後，公式帝国は消滅したが，いまなお国家間に政治的・軍事的不平等は存在し，ここから，暴力的な手段を用いず関係国を従わせることのできる主体＝権威が生まれているという。この権威のもとで，階層的な国際秩序が形成されているかどうかが重要な点であると述べる。実際，植民地宗主国と旧植民地の間には，愛憎両面が見られ，単純な図式では理解できないものがあり，現代の国際秩序における帝国主義の遺産には無視できないものがある。

序　章　ヨーロッパと国際秩序形成

　第4章「ヨーロッパの没落と欧州統合」は，欧州統合の思想と運動を，ワールド・パワーとしての地位を失ったヨーロッパが国際秩序のなかでいかなる地歩を築くべきかを模索した過程でもあるとして考察する。

　ヨーロッパの没落意識は，第1次世界大戦により，ヨーロッパからアメリカへパワー・シフトが起こったことを直接の契機として強まり，ヨーロッパ広域秩序の再編を目指す欧州統一構想が練られることになったと述べる。より構造的には，ヨーロッパの国際秩序の原理である勢力均衡システムが第1次世界大戦を引き起こしたこと，そしてこれにより，4つの帝国（ドイツ，オーストリア＝ハンガリー，ロシア，オスマン・トルコ）が崩壊したことにより，それまでヨーロッパがつくってきた国際秩序のありかたについてもヨーロッパは優越意識を喪失する。

　欧州統合はヨーロッパ自身により進められたものと思うかもしれないが，しかし，ヨーロッパは，両大戦の戦間期における広域秩序の再編には結局失敗し，第2次世界大戦後は，ヨーロッパ独自の内発的構想とは違った，冷戦の文脈における西側ブロックの強化という面からも強く影響されて，欧州統合を進めることになったという。

　第5章「ヨーロッパの安全保障」は，ヨーロッパの安全保障政策の変遷について，冷戦期以降を歴史的に考察する。冷戦後における特徴として，ヨーロッパ共通の安全保障政策に軍事的要素も備えたヨーロッパ独自の安全保障戦略を展開することになったことを指摘し，その結果，アメリカとの関係に距離を置くようになったという。また新たな脅威への対応として気候変動問題への取り組みを気候安全保障として捉えるとともに，グローバルな安全保障政策という視点から，従来の軍事的安全保障問題のみならず，気候変動やエネルギーに関わる問題にもヨーロッパレベルで解決策を模索するようになっているという。現在では，ヨーロッパという地域を超えた，そして非軍事的な側面も含めた安全保障問題に取り組むようになってきていると述べる。

第6章「人の移動の潮流変化と多文化共生」は，2010年から2011年にかけて，ヨーロッパでは「多文化主義の失敗」ということばが注目されたという現象から，人の移動から見たヨーロッパの内部変容について考察する。具体的には人の移動の潮流変化，人の移動に関するヨーロッパ諸国政府の政策，そして，基本条約で人の自由移動を保障する EU の動向の3つを着眼点として，第2次世界大戦後の人の移動を分析する。

　冷戦後，ヨーロッパでは，経済の低成長・高失業・高齢化等のために，成長を支える労働力の確保を重視したいとして，国内の外国人に対しても選別を行うようになっており，従来の人道上の容認という形での多文化共生は後退し，経済的に持続可能な「多文化共生」へ変容しているとする。また，EU における移民・難民政策が共通化していく結果，EU 全体として，域外からの人の流入を締め出す「要塞」になる可能性があることも指摘する。

　第7章「東欧から見た欧州東西関係」は，冷戦後の EU の東方拡大（東欧諸国の眼から見れば「欧州への回帰」）について，冷戦後になるまで，東欧は欧州の外に置かれていたのだろうかという問いを提示する。ヨーロッパとはなにか，について考える上でも示唆に富む問いである。

　この問いに答えるために，第1次世界大戦後の戦間期における東欧での民族と国家および国際関係，冷戦下の西欧と東欧の関係，そして冷戦後の東欧の体制変動と EU の東方拡大という視点から，東欧の歴史を考察する。これを裏返してみれば，19世紀以降，ヨーロッパの国際秩序で重要なアクターとして行動していたオーストリア・ハンガリー帝国やロシア帝国およびその崩壊が，その後の国際秩序にいかなる影響をおよぼしたかについて考察するものといえる。

　現在の東欧諸国とアメリカとの関係が，東欧諸国と西欧諸国，特にドイツとの歴史的関係にも大いに影響されていることを述べる。

　第8章「ヨーロッパの高等教育政策」は人の移動による欧州の地域統合の問題を，エラスムス計画に代表される欧州高等教育圏構想という視点から考察す

る。歴史的経緯を整理した上で，欧州高等教育圏構想の進展により，欧州の大学の魅力が増し，グローバルなレベルでの競争力が増していることを明らかにしている。

欧州における政策は，域内調整のプロセスを経ることにより，一定の普遍性をもつようになり，それゆえに，グローバル・スタンダードとしても受け入れ可能になりやすいという見解を，教育政策の場合においても妥当することを語る。ヨーロッパが，まさに地域統合を進めることにより，国際秩序の基準・制度づくりにもリーダシップを握ることができる状況を示している。

終章「多極構造の世界におけるヨーロッパ」は，ヨーロッパでの世界観として，まず多極化があり，中国をはじめとするアジアへのパワーシフトを強く認識し，他方，ヨーロッパはユーロ圏の動揺などにより，弱気になっているという。また，アメリカの影響力の陰りについても強く認識している。

米欧関係については，基本的には同文同種の親密な関係であり，共通の価値観に支えられた歴史・文化があり，我々感覚（we-feeling）・共同体感覚があるとし，世界秩序の形成と維持に対する責任感を分かち合っているとする。後者の点が日米関係との決定的な相違点であるとも述べる（米欧が世界のリーダーシップを握るという認識であり，欧米優位の近代以降の世界の歴史観が継続されている）。ヨーロッパは中国の急な発展振りに不安をもちつつ，同時に米中関係の調停役としての役割を見出そうとしているという。

文献案内

細谷雄一『国際秩序』中央公論新社，2012年。

 18世紀から19世紀のヨーロッパの国際秩序を均衡，協調，共同体という概念を用いて分析し，19世紀末から20世紀初頭を世界戦争の時代として捉え，これを土台として現代の国際秩序を展望する優れた書物。

渡邊啓貴『ヨーロッパ国際関係史 新版——繁栄と凋落，そして再生』有斐閣

アルマ，2008年。

　　ヨーロッパにおける国際関係についての通史であり，ヨーロッパ国際関係史の視点から分かりやすく書かれている。冷戦時代，ポスト冷戦，そして9.11同時多発テロ以後のヨーロッパの国際関係にも言及されており，現代を歴史的に考察できる書物。

高坂正堯『古典外交の成熟と崩壊Ⅰ・Ⅱ』中公クラシックス，2012年。

　　近代ヨーロッパ，ウィーン会議，第1次世界大戦などをとりあげ，リアリストの視点から勢力均衡論を論じた古典であり，国際政治を学ぶものにとり必読書である。

庄司克弘『欧州連合——統治の論理とゆくえ』岩波新書，2007年。

　　超国家性をもつEUの仕組みについてわかりやすく解説がなされ，EU域内の問題として，域内市場，市民権，ユーロなどを，また，政策として人権，環境，安全保障などについて論じている。さらに，EUは東アジアのモデルとなるかというテーマをとりあげており，入門書として最適の書物である。

遠藤乾・鈴木一人共編『EUの規制力』日本経済評論社，2012年。

　　EUのもつパワーとして，国際基準を形成する能力に注目したもので，市場・環境分野でのEUの規制力をとりあげ，開発援助や平和構築におけるEUの規制力についても論じている。

押村高『国際政治思想——生存・秩序・正義』勁草書房，2010年。

　　国際秩序について，国際政治思想という視点から考察した書物であり，政治科学を志向する国際関係理論とは違ったアプローチのあることを示す優れた書物である。特に，国際秩序についての英国学派の考え方を学ぶ点で優れている。

第1章
ヨーロッパの国際政治観

大中　真

この章で学ぶこと

　ヨーロッパでどのような国際秩序が生まれたのか。また，それはいつ誕生したのか。一般的には，全ヨーロッパを戦火の渦に巻き込んだ30年戦争の講和条約として，1648年に結ばれたウェストファリア条約がその誕生にあたり，主権国家，国際法，それに勢力均衡（balance of power）がヨーロッパ独自の国際秩序の重要な要素だといわれている。本章ではこのうち，勢力均衡に焦点をあてて歴史的に，もう少し踏み込んで言えば国際関係史的もしくは国際法史的に考察する。

　それでは，勢力均衡の理論とは何か。18世紀に活躍したスイス生まれの外交官にして思想家のエメリッヒ・ド・ヴァッテル（Emmerich de Vattel）は，1758年に刊行した主著『国際法（*Le Droit des Gens*）』の中で，「いずれの一国も優越的地位を占めておらず，他国に対して自らが正しいとみなすことを独断的に命令できない状況」が勢力均衡だと説明している。ヴァッテルの著作はその後の国際法の発展に大きな影響を与え，彼の勢力均衡論もまた現在でもよく参照される。その他にも，たとえばイギリスの哲学者ヒュームは「勢力均衡論」を1752年に，フランスの思想家ルソーは勢力均衡を扱った「永久平和のために」を1755年に，ドイツの文筆家ゲンツは『勢力均衡論』を1806年に，それぞれ著し，後世に影響を残した。つまり18世紀以降，ヨーロッパ各地で勢力均衡への関心が高まっていたことが窺える。

　国際関係論については多くの優れた書物が世に出ており，そのなかではほぼ必ずと言ってよいほど，勢力均衡について説明がなされている。そこで本章では独自の視点から，この大きな主題に迫りたい。歴史学的観点から考察を加えることは冒頭で述べたが，その方法論として，近年注目されている国際関係論の英国学派を用いる。ヨーロッパ国際政治観の特徴である勢力均衡論をどのように理解すればよいのか，読者の皆さんと一緒に考えてみよう。

1　国際関係論における勢力均衡論

ヘーレンの見たヨーロッパ

　今から約200年前，ドイツのゲッティンゲン大学歴史学教授であったアルノルト・ヘーレン（Arnold Heeren）が，1冊の本を出した。『ヨーロッパ諸国家体系とその植民地の歴史』と題されたその書物は，1809年にドイツで出版された後，フランス，ポーランド，スウェーデン，オランダ，アメリカで，それぞれ各国語で翻訳出版され，その後にイギリスでも英語版が刊行された。最初に出版された年は，フランス皇帝ナポレオン1世がヨーロッパ大陸に覇を唱えていた頃であり，まさにヨーロッパ国際政治激動の時代であった。ヘーレンはその後も内容に手を加え，1830年に出たドイツ語第5版が，最後の改訂となった。19世紀のヨーロッパ世界において，ヘーレンは広く読まれた著名な歴史学者だったといえるだろう。

　本の内容は，1492年にコロンブスがいわゆる「新大陸到達」してから，ナポレオンが没落してヨーロッパの国際秩序が再建されるまでを，オスマン＝トルコ帝国やロシアを含むヨーロッパ各国を軸に描いている。同時に，ヨーロッパ大陸の政治情勢だけでなく，各植民地にも言及することで，ヨーロッパ世界がいかに地球規模に拡大していったかを説明していることが特徴であり，現代風にいえば国際関係史と呼んでも遜色ない大作である。

　ヘーレンの記述の特長の2つ目は，ヨーロッパの国際秩序を「諸国家体系」（ドイツ語原語では"Staatensystem"と，英訳版では"States-System"と表記）という言葉で説明したことである。19世紀半ばのイギリスには，"States-System"という英単語は存在しなかったが，当時の翻訳者はわざわざ巻頭で，著者（ヘーレン）の意味しようとするところをもっとも適切に表していると考えて用いている，と断り書きを入れている。しかし，諸国家からなる体系がヨーロッ

パ世界を形成しているという見解は，ヨーロッパは勢力均衡によって成り立つ世界だということでもある。彼の「諸国家体系」という独特の思想は，その後の国際関係理論に影響を残すことになる。

　さて，ヘーレンは本書のなかで，ヨーロッパ諸国家体系の重要な要素として，世襲君主制，国際法，勢力均衡の原理などを挙げている。それぞれに興味深い指摘がなされているが，ここでは本章の趣旨から勢力均衡のみを取り上げることにしたい。ヘーレンによれば，勢力均衡は次のような結果をもたらす。①各国とも自国のことだけでなくお互いの情勢に注意を払うようになり，②大国以外の中小国も諸国家体系に大きな影響を与えるようになり，③相互の独立を尊重する感情が助長される，という。さらに歴史をひも解くと，古代ギリシアや中世イタリアなどでも勢力均衡が見られたが，この原理は自由な文明が発達した国々に現れるシステムだともいう。

　このようにヘーレンは，勢力均衡の原理を高く評価しており，その維持は「最高の政治的英知である」とも述べている。彼の分析の面白い点は，勢力均衡や国際法のおかげでヨーロッパ各国では国内の自由が守られたのだ，と強調していることである。もちろん，この本が書かれた時代背景を考えると，今日の意味での自由とは多少意味合いが異なるであろうし，ヘーレン自身が共和主義者だったとも思えない。彼が言わんとしていた自由とは，ドイツの諸邦や帝国都市が対外的に独立を維持できたことを指しているようである。つまり，神聖ローマ帝国という名称のドイツ帝国が存在しながら，そのなかに数多くの独立した政治主体が同時に並立し，それぞれが事実上の独立主権国家として国際関係のなかで自由に行動することができたのである。ヘーレンが所属した大学都市ゲッティンゲンも，ハノーファー王国というドイツの一領邦国家に属していた。

　しかし，時代的制約はあるものの，それでもヘーレンの分析はヨーロッパの国際政治観をよく表しているといえる。それゆえ21世紀の今日から見ても，面

白いのである。彼の思想は，その1世紀半後に，英国学派と称される一群のイギリスの研究者たちによって取り上げられ，再び注目されることとなる。

英国学派の視点

　勢力均衡論については，イントロダクションでもヴァッテルの言葉を引用したが，これまでも多くの学者が議論し，多くの書物が出版されてきた。たとえば現在の日本の大学で，国際関係論もしくは国際政治学の講義でもっとも広く教科書として用いられているものの1つが，おそらくジョセフ・S・ナイ・ジュニア（Joseph S. Nye, Jr.）による『国際紛争——理論と歴史』であろう。そのなかの1章は「バランス・オブ・パワーと第一次世界大戦」すなわち勢力均衡に割かれており，ナイ自身，勢力均衡を「国際政治で最も頻繁に使われる概念の1つだが，最も曖昧な概念の1つでもある」と述べている。この言葉を受けると，高名な国際政治学者の勢力均衡論の分析だけでも，相当の力量と紙幅が必要になってしまう。

　ところで本書の主題は「ヨーロッパがつくる国際秩序」であり，ヨーロッパにおいて勢力均衡論がどのように歴史的に発展してきたのか，を考えることがこの章の役目であろう。そこでここでは，英国学派の研究者たちによる勢力均衡論を検証することで，理解への糸口としたい。

　英国学派とは，主に第2次世界大戦後の1950年代から，イギリスで独自の発展を遂げた国際関係論の1つの傾向であり，またそれを担った研究者の集団を指す用語である。学派の定義は難しいが，スタンリー・ホフマン（Stanley Hoffmann）が簡潔に説明してみせたように，国際関係を，たんなる「国家から成るシステム」であるばかりではなく，国家間の複雑な関係のまとまりであるとともに，一個の「国際社会」を形成していると見る点にある（このホフマンの定義は，章末にあげた参考文献の1つ，ブルの『国際社会論』に収録されている）。英国学派の研究者たちは，国際法や外交，歴史を重視し，勢力均衡論にも強い関心

を寄せていた。もちろんそれは，勢力均衡論がヨーロッパで発達した独特の理論であることが理由だが，他に彼らの考える国際社会を説明するために必要不可欠な概念であったからである。

次節以降では，3人の研究者に焦点をあてて勢力均衡論を考えてみたい。ハーバート・バターフィールド（Herbert Butterfield），マーティン・ワイト（Martin Wight），ヘドリー・ブル（Hedley Bull）はそれぞれ，英国学派を代表する研究者であると広く認められており，また幸運にもこの3人の著作で勢力均衡を論じたものが近年日本語に翻訳され，読者にも入手しやすいためである。

2　勢力均衡論の誕生——ハーバート・バターフィールド

ギリシア，イタリアから全ヨーロッパへ

ケンブリッジ大学の歴史学教授であったバターフィールドは，分類分けをするならば国際政治学者ではない。しかし，彼が編者の1人となって1966年に出版された『ディプロマティック・インベスティゲーション』（邦訳『国際関係理論の探究』）には，その題名の通り，国際関係の理論に関連する重要な論文が2本収められており，そのうちの1つが「勢力均衡」論である。では，バターフィールドは勢力均衡をどのように理解していたのだろうか。

まず彼は歴史家らしく，古代ギリシアやルネサンス期イタリアで勢力均衡状態が本当に存在したのかを検証する。たしかに，古代ギリシア文明の絶頂期にはアテネという強力な都市国家が地中海世界に君臨し，一方でスパルタがその競争相手として勢力を張っており，両者を筆頭に大小様々な数の都市国家が，極めて複雑な同盟，中立，敵対関係を繰り広げていた。アテネとスパルタの対抗関係は，やがて両者が覇権をかけて激突する紀元前5世紀後半のペロポネソス戦争となって表面化し，最終的にはギリシア世界全体が衰退に向かう。この経緯を臨場感溢れる筆致で書き残したトゥキュディデス（Thucydides）の『戦

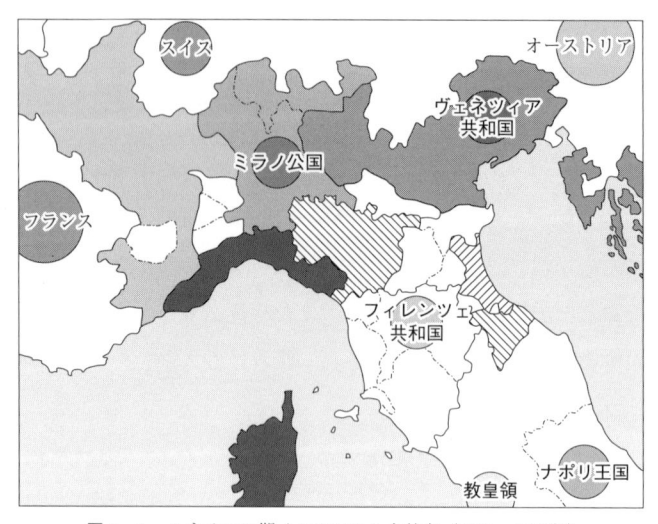

図1-1　ルネサンス期イタリアの5大勢力（1494～1519年）
出所：*The Penguin Atlas of World History*, vol.1（London：Penguin Books, 1978), p.218.

史』は，2400年を経た現代においても国際関係を学ぶ者にとって最高の古典の1つであり，圧倒的な存在感を放っている。トゥキュディデスを読むと，古代ギリシアの各都市国家の抗争にはたしかに勢力均衡が存在していた，と思えてくる。

　しかしバターフィールドは，古代には勢力均衡の理念は「存在しなかった」と断言する。理由として彼は，18世紀スコットランドの哲学者デイヴィッド・ヒューム（David Hume）の勢力均衡論を引き合いに出し，ヒュームの古代世界についての例証がはなはだ不充分なことを挙げている。どういうことかというと，近代，特に18世紀以降の文筆家たちはヒュームの強い影響を受け，古代ギリシアにはすでに勢力均衡の事例が見られるという解釈を受け容れてきたが，バターフィールドはその前提を崩したのである。

　さらに続けて彼は，ルネサンス期イタリアについて，同時代人の思想家ニッコロ・マキアヴェッリ（Niccolo Machiavelli）と歴史家フランチェスコ・グイッ

チャルディーニ（Francesco Guicciardini）を通して探究する。15世紀末から16世紀半ばにかけてイタリア戦争（1494〜1559年）が勃発し，イタリア半島の支配権をめぐってフランス，神聖ローマ帝国，スペインなど諸外国が相次いで軍事侵攻したが，このときに同地では，ミラノ公国，フィレンツェ共和国，ヴェネツィア共和国，ナポリ王国，それに教皇領の5大勢力が激しく争い，このなかで勢力均衡が観察された，と一般的にいわれる。果たしてそうなのか。

バターフィールドの答えは，ここでも，消極的である。マキアヴェッリはその代表作『君主論』で広く知られているが，同書は政治学の古典としても，また当時のイタリア5大勢力の外交史としても，読むことが可能である。しかしバターフィールドは，マキアヴェッリの勢力均衡理解には低い評価しか下さない。むしろグイッチャルディーニの大著『イタリア史』（日本でも，つい最近全巻の翻訳が刊行された）のなかで，諸勢力の均衡についての考察が読み取れる，という。それでも『イタリア史』の対象は，ごく短期間（15世紀末）のある限定された地域（イタリア半島北部）でしかなく，ヨーロッパ世界全体に目を向けて勢力均衡を論じたのではない。

近代ヨーロッパが生んだ独自の国際秩序

勢力均衡を論じた文献調査によって，バターフィールドは，勢力均衡の教義は17世紀半ば以降に急激に増え，18世紀に至ってヨーロッパ国際関係の中心概念としてたしかに定着したと結論づけている。なぜ18世紀なのか，彼はその理由を歴史に求める。17世紀にはヨーロッパ最後の大規模な宗教的内戦，30年戦争（1618〜1648年）があった。その残虐性から，カトリックの秩序でも，プロテスタントの秩序でもない，ヨーロッパ全体の国際秩序を創り上げるという，現実的要請が生じたというのである。さらにもう1つ，17世紀半ばにフランス国王に即位したルイ14世の大軍備とその領土征服野心とが，最終的にスペイン継承戦争（1701〜1714年）で阻止され，18世紀のヨーロッパ人は勢力均衡によ

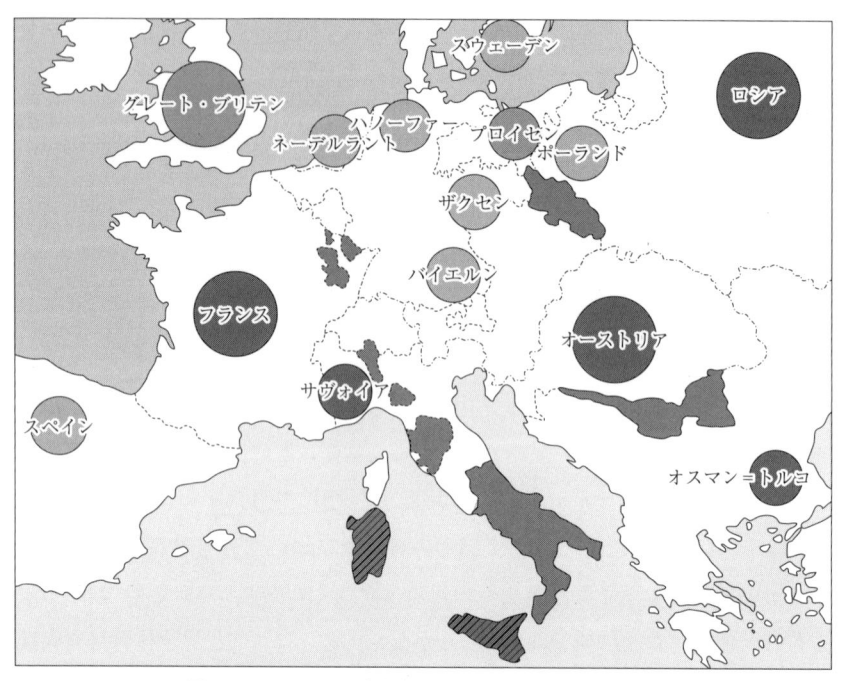

図 1-2　ユトレヒト条約後のヨーロッパ（1713〜1748年）
出所：*The Penguin Atlas of World History*, vol.1（London：Penguin Books, 1978）, p.280.

る現状維持と平和を望んだ、というのが2つ目の理由である。

　たしかに、同戦争の講和条約として1713年に結ばれたユトレヒト条約では、より正確には1713年7月13日にユトレヒトで、イングランドとスペインとの間で結ばれた講和条約第2条には、「勢力の同等なる均衡（an equal balance of power）」の言葉が明記され、これが国際条約において勢力均衡が明文化された最初であるといわれることが多い。ユトレヒト条約以降、ヨーロッパでは勢力均衡は最高の外交目標となり、理論として精緻化され、いわばヨーロッパの「法」もしくは「憲法」のような機能を果たすこととなった、とバターフィールドはいう。敢えて付け加えるならば、国内政治における勢力均衡論を明快に説いた、モンテスキューによる『法の精神』が出版されたのも18世紀前半のこ

の時代，1748年である（ヴァッテルの『国際法』の出版は，さらにその10年後のことである）。

　これまで見てきたように，バターフィールドは，勢力均衡論を近代ヨーロッパが生んだ独自の国際秩序と捉えている。その始まりは，古代ギリシアでも，ルネサンス期イタリアでもなく，またよく言われるようにウェストファリア条約でもなく，17世紀後半から18世紀にかけての時期だという。彼は，ヨーロッパの勢力均衡は複合的もしくは多層的であり，ヨーロッパ全土で勢力均衡が働いていると同時に，たとえば中央部ドイツではその内部でさらに領邦国家群による勢力均衡が存在すると主張する。そしてヘーレンが唱えたように，勢力均衡は結果として小国を擁護する作用をもたらし，国際的平和や安寧よりもむしろ自由をより重視するという，ヨーロッパ独特の秩序を特徴づけていると解説する。第1節で述べたように，ヘーレンの思想を20世紀半ばに復活させ，国際関係理論の文脈で息吹を与えたのは，他ならぬバターフィールドであった（実際に彼の「勢力均衡」論のなかで，ヘーレンの名前を挙げてその業績を論述している）。

　最後に，バターフィールドは断言していないが，勢力均衡は1919年に，すなわち第1次世界大戦が終結して国際連盟が誕生したことで終止符が打たれたと見なしていたようである。彼の議論は，勢力均衡がその全盛期を迎えた，ヨーロッパ19世紀にほとんど触れておらず，20世紀についても説明は皆無である。しかし，勢力均衡論の起源を詳細に分析したことで，そのヨーロッパ的特質を上品にあぶり出したように見える。

3　勢力均衡論の興亡——マーティン・ワイト

ヨーロッパの近代

　ワイトはバターフィールドと共に前述した『国際関係理論の探究』の編者となったが，彼もまた全く同じ題名の論文「勢力均衡」に1章を割いている。前

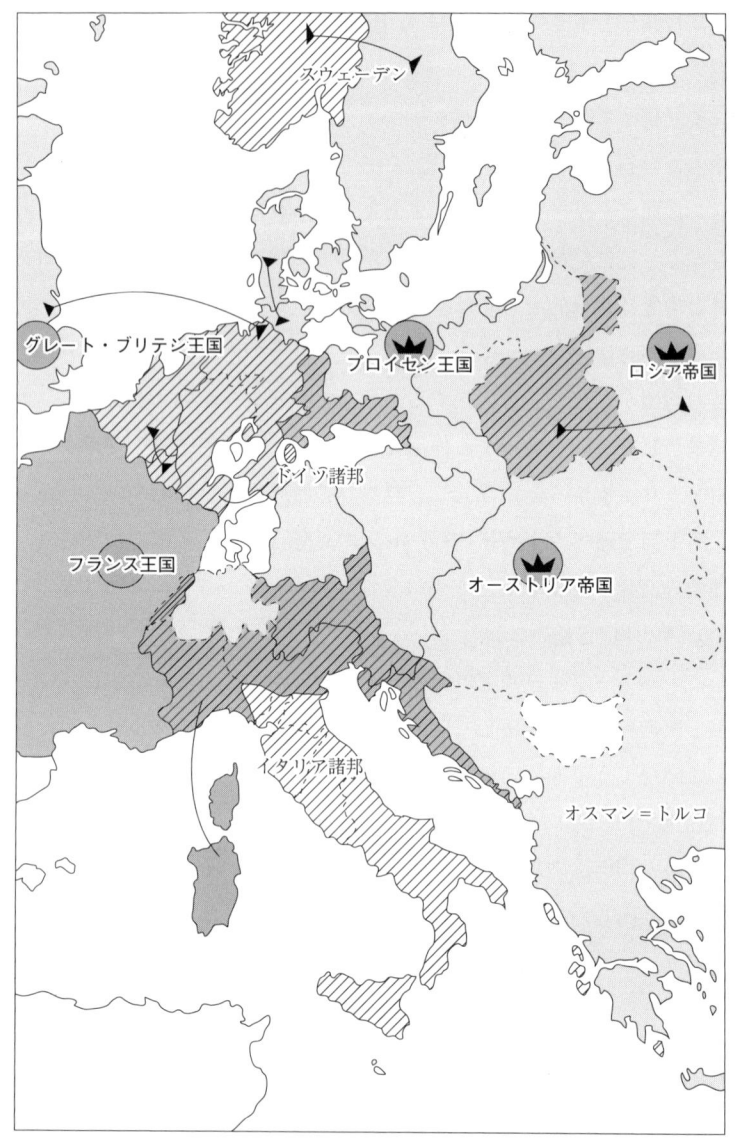

図1-3　ウィーン会議後のヨーロッパ5大国（1815年）
出所：*The Penguin Atlas of World History*, vol.2 (London : Penguin Books, 2003), p.38.

第1章　ヨーロッパの国際政治観

節で見てきたように，バターフィールドの勢力均衡論は主に近代の理論発展を対象にしているが，これに対してワイトは20世紀現代の国際政治にまで射程を広げて論じている。ワイトも歴史学の教育を受けて研究者となったが（「勢力均衡」論の執筆当時はサセックス大学歴史学教授），その興味関心は国際関係論に広く及んでおり，その意味ではバターフィールドよりも，より国際政治学に近い議論を行っている。

　冒頭でワイトは，勢力均衡には2つの種類があるとする。1つは「多角的な均衡（multiple balance）」と呼ぶもので，1454～1494年にかけてのイタリアの5大勢力，19世紀ヨーロッパ協調の5大国（イギリス，フランス，オーストリア，プロイセン，ロシア）がその典型例である。いわゆる「ヨーロッパ協調（concert of Europe）」の時代である。もう1つが「単純な均衡（simple balance）」であり，例として16～17世紀のハプスブルク帝国とフランス，18世紀のイギリスとフランス，1914年前の三国同盟と三国協商，1945年以降のアメリカとロシア，を挙げている。その上で彼は，実際には西欧国際社会の歴史では単純な均衡が存在し続けたことはなく，常に多角的な均衡との複雑な絡み合いがあったという。

　ワイトによれば，近代ヨーロッパで最初に勢力均衡について説明をしたのは，ルネサンス期フランスの外交官で，ちょうど既述のイタリア戦争の時期に活躍したフィリップ・ド・コミーヌ（Philippe de Commynes）である。それ以降，この言葉は多く使われてきたが，ワイトによれば勢力均衡の法則や原理を記述することは，不可能だという。彼はその理由を3つ挙げているが，第1には「均衡」という言葉自体が比喩であってまた両義的であり，第2に勢力均衡という言葉には規範的意味と記述的意味の両方が含まれていて，第3に勢力均衡を推定する裁判官のような国際的主体が実際には存在できない，と説明する。彼によれば，「チェス盤の駒」としてではなく「天秤の錘」として諸国家を見ることが勢力均衡なのだという。

　この厄介な観念を考察するにあたって，ワイトは勢力均衡を9つの異なる意

29

味合いに分けて，それぞれを探究する方法をとっている（たとえば，①勢力の均等な配分，②勢力は均等に配分されるべきであるという原則，など）。しかし，この9つの意味合いは，勢力均衡論を詳細に9つの要素に分類して検討を加えているというよりも，説明する上で記述に区切りを付けていると解釈するのが妥当と思われる。また，その意味合いすべての検討をここで繰り返すことはあまり意味がなく，興味を抱いた読者は原文を読んでいただければ充分だと思うので，ワイトの勢力均衡論がどのような特質をもっているかについて，考えてみたい。

　勢力均衡が1713年のユトレヒト条約に書き込まれ，その後200年間に国際社会の憲法原則のように語られたという指摘では，彼とバターフィールドの認識は一致している。またこの原則の終焉が1919年であることにも，彼は同意している。だが，ワイトは2つの点を強調する。1つは，200年間の勢力均衡の時代，誰がその保持者となったのかと問題を立てて，イギリスの重要性を強調していることである。そしてもう1つは，国際連盟の創設によって一度は「廃止された」と思われた勢力均衡が，1930年代には息を吹き返し，1945年まではヨーロッパ内部で機能していたと考えたことである。

英米にとっての勢力均衡

　まず最初の強調点から見てゆこう。イギリスは右手ではヨーロッパの均衡維持を主張し，他方で左手では海上覇権を確立して海での均衡原則は拒否し続けてきた，という説明を用いて，勢力均衡の保持がイギリス特有の役割であり，かつ伝統的な信条であったとワイトは述べる。ヨーロッパ大陸で均衡が崩れそうになるとき，たとえばフランスとオーストリアが対立しそうになると，イギリスが仲裁者として両国の全面的な衝突を回避するために動き，これによって大きな戦争を阻止することができた。しかし，ワイトが指摘するように，イギリスによる仲裁が可能なのは，イギリスの勢力が優位にあることを諸国が認めているからである。つまり均衡は不均衡に転化することになり，ここに均衡と

いう言葉のもつ矛盾が表面化する。イギリスが均衡保持者としての力を失った20世紀初めが、ヨーロッパの勢力均衡が崩れたときだという議論は、これで説明可能となる。

第2に、第1次大戦以後にヨーロッパで勢力均衡は存在したのか、というワイトの仮説を見てみよう。1919年の国際連盟誕生は、アメリカ大統領ウッドロー・ウィルソンの主導によってなされた。勢力均衡とは、旧大陸ヨーロッパで実践されてきた、古くさい、陰謀や駆け引きだと見なしてきた伝統がアメリカにはあったが、ウィルソンはその廃止を高らかに宣言した。彼は、「勢力均衡（balance of power）ではなくて諸国共同体（community of power）」が新時代には必要だと、語ったのである。もう1つ、勢力均衡の終焉を象徴する事例として、国際法史の観点から、ワイトは国際法の大家ラサ・オッペンハイムの著書を挙げる。世界的に教科書と見なされた彼の『国際法』の戦前の版には、勢力均衡は国際法の存在にとって不可欠な政治的原則だと書かれていたのが、戦後の版では、記述がなくなったという。

こうして、国際政治の場でも、国際政治学の世界でも、勢力均衡は過去の遺物として顧みられなくなった、かに見えた。ところが、国際連盟が機能不全に陥った1930年代には、再び勢力均衡論によらなければ説明できない状況がヨーロッパに生まれたとワイトはいう。それは、現状維持勢力（イギリス、フランスなど）と、現状変革勢力（ドイツ、イタリアなど）との争いとして浮上してきた。やがて軍事的優位を目指す両勢力の均衡が崩れたことが、再び2度目の大戦を引き起こすこととなる。ワイトが、米ソ両超大国によってヨーロッパが分断された1945年までは、ヨーロッパ内部では勢力均衡は機能していたと考えていたのは、以上の理由のためである。

本節では、バターフィールドに続き、同じ書物に収められている同名の論文という性格を考慮しつつ、ワイトの勢力均衡論の特色を述べた。ワイトについては、別の代表的著作『国際理論』（章末の参考文献を参照）の1つの章でも勢

力均衡が論じられていて，そこではグロティウス主義，マキアヴェッリ主義，カント主義の3つの分類から整理を試みている。しかし内容はここで取り上げた「勢力均衡」論文と重複している箇所も多く，またより詳細な検討がなされているので，これ以上『国際理論』の章にまで言及することは避けたい（興味をもたれた読者は，さらに原書を読み進めてほしい）。

さて，20世紀初頭の，人類初の世界大戦によって，一度は葬り去られたかに見えた勢力均衡論は，1930年代の危機の時代には復活し，冷戦によってワイトのいう「単純な均衡」時代の到来とともに，再び国際政治学のなかで極めて重要な考察対象となった。核兵器を有する米ソ両国の対立は，「恐怖の均衡」という，いわば勢力均衡の変種をも生み出した。結論でワイトは，勢力均衡は諸国家の独立を保証するだろうか，それとも戦争をもたらすものになるだろうか，と自問し，それに対する唯一の答えはその両方であろう，と答えている。

この世界には，国際政府（世界政府または地球連邦と言い換えてもよいかもしれない）というものは存在しないし，近い将来に成立する見通しもない。もし，勢力均衡の代替物を探すとなると，それは世界的な無政府状態（アナーキー）か，世界的な支配（ドミニオン）かのどちらかしかない，とワイトはいう。ほとんどの人は，そのどちらよりも，まだ勢力均衡状態の世界の方を好ましく思うだろう，というのがワイトの結論である。

4　世界秩序のなかの勢力均衡──ヘドリー・ブル

勢力均衡の区別

最後に取り上げるのは，オクスフォード大学国際関係論教授を務めたブルの勢力均衡論である。彼の代表作『国際社会論』（章末の参考文献を参照）は，国際関係論や国際政治学の古典として広く認められている。ブルはそのなかで，現代の国際システムにおける秩序を考える際に必要な概念として，勢力均衡を

第1に，続いて国際法，外交，戦争，大国の合計5つを列挙している。ここでは，ブルが勢力均衡について論じた1章を用いて，その考えを検討してゆきたい。

　まずブルは，勢力均衡とは何かと問題設定をして，その意味をヴァッテルが使った言葉に依拠している。この章のイントロダクションで述べたヴァッテルによる勢力均衡の定義は，まさにこのブルの『国際社会論』からの引用である。ヴァッテルのいう勢力均衡は，普通は軍事力による優位として受け取られるが，実は他の意味でも理解可能ではないのか，というのがブルの出発点である。そして，勢力均衡を考える上での区別を4つ挙げている。まず1つ目は，「単純な勢力均衡」と「複合的な勢力均衡」とを分けて考える必要がある，というものである。ブルはワイトの後輩にあたり，大きな思想的影響を受けたので，ここにその痕跡が表れている。前者の例は16〜17世紀のフランスとハプスブルク帝国との対立，冷戦期の米ソ対立であり，後者の例は18世紀後半のヨーロッパ（フランスとオーストリアの2大国に，新たにイギリス，ロシア，プロイセンが台頭した時代），それに冷戦後期の世界政治（米ソ2大国に加えて中国，日本，ECが台頭）だという。そして，歴史上，完全に単純な勢力均衡も，完全に複合的な勢力均衡も存在したことはなかったとする。

　次に，「一般的な勢力均衡」と「地域的・特定的な勢力均衡」との区別がある。一般的という意味は，国際システムを全体として見たときに優越的地位にある大国が1つも存在しない状態を指し，これに対して中東，インド亜大陸，東南アジアなどでは地域的な勢力均衡が存在しているという。3つ目に，「主観的に存在する均衡」と「客観的に存在する均衡」とを分けて考えるべきだとする。これは，どの国も軍事的優位を占めていないと一般的に信じられていることと，実際に事実としてどの国も軍事的優位を占めていないこととは全く別のことだという，ブルの認識である。少し分かりにくいかもしれないが，たとえば1939〜1940年にかけての時期，ヨーロッパでは，イギリス，フランスなど

連合国側とドイツ側との間には軍事的均衡が保たれていると，一般的には考えられていた。しかし，実際に戦闘が始まると，ドイツ側は圧倒的な軍事的勝利を短期間で収め，両勢力の間の均衡は事実ではなかったことが証明された，とブルは解説している。

最後の区別は，「偶発的な勢力均衡」と「意図的な勢力均衡」である。ある覇権国の脅威に対抗するため，意図的に均衡を保持しようとする政策が後者であり，理解は難しくない。ここでブルはヘーレンの名を挙げて事例を説明しており，つまりブルもまたヘーレンの思想の影響を受けていることが分かる。一方で偶発的均衡とは，ある2国が勢力拡大のため果てしない闘争を繰り広げるなかでの，「ほんの一瞬の行き詰まり状態」を指すと彼はいう。

勢力均衡の意義をこのように理論的に整理した上で，ブルは，ヨーロッパの思想に勢力均衡論が完全に根づくのは17世紀になってからだと結論づける。彼は，バターフィールドの「勢力均衡」論文を引いて賛意を示し，古代ギリシアやルネサンス期イタリアの勢力均衡の存在には消極的である。なぜなら，国際システム全体として勢力均衡を保持するという認識，つまり「他者を抑制すると同時に，自己抑制を求められる」ということを統治者たちが意識するようになったのは，ようやく17世紀のことだからという。そしてブルもまた，バターフィールドやワイトと同じく，1713年のユトレヒト条約において勢力均衡の思想は結実したと述べている。

勢力均衡の歴史的役割

ブルによる次の問題設定は，勢力均衡が歴史的にどのような役割を果たしてきたのかを検討することである。彼はこれを，3つに整理している。第1に，「一般的な勢力均衡」の存在のお陰で，1個の普遍的帝国の成立を阻止することができたこと，第2に「地域的な勢力均衡」によって，特定地域の国々が独立を維持できたこと，そして第3に「一般的な勢力均衡」と「地域的な勢力均

衡」の両方とも保持された場合には，国際秩序を支える他の諸制度（先に挙げた外交，戦争，国際法，大国による管理）がうまく機能したこと，を述べている。

　第1の歴史的役割は，ワイトが強調していたことに繋がる。近代以降，ヨーロッパで勢力均衡思想が発達するのに挑戦するかのように，単一の君主による全ヨーロッパの支配を目指す統治者が現れた。たとえば，ヨーロッパ史上最強の君主と呼ばれる神聖ローマ皇帝カール5世（16世紀前半にドイツを中心とするヨーロッパ中部，スペイン，それにアメリカ新大陸植民地を支配した），先にも触れたフランス国王ルイ14世（太陽王と呼ばれ，積極的な領土拡張政策を生涯続けた），フランス皇帝ナポレオン1世（19世紀初めの一時期はイギリスとロシアを除くほぼヨーロッパ全土を掌握した）などが挙げられるだろう。これに20世紀半ばのナチス＝ドイツ総統アドルフ・ヒトラーを付け加えることができるかもしれない。彼らが失敗したのは，結局はヨーロッパに勢力均衡の思想があったためだ，と説明可能である。

　また第2の役割は，ヘーレンの著作にも通じるところがある。もちろん，勢力均衡は必ずしも中規模国や小国の存在を守るものではなく，逆に小国の犠牲によって大国の勢力均衡が保持されてきた側面もある（ブルが指摘しているように，18世紀末のポーランド分割は，その一例である）。それでも，21世紀の現在に至るまで，ルクセンブルク大公国やリヒテンシュタイン公国のような，中世もしくは近代に起源をもつ世襲君主制の小国家がヨーロッパ中央部で生き残ってきた理由は，勢力均衡理論なくしては考えられない。最後の第3の役割は，ブル独自の国際関係理解として知られている。国際秩序を理解するためには，勢力均衡ももちろん重要だが，それ以外の要素に注目する必要があることを示している（国際秩序全体をさらに探究したい読者は，ブルの著作を手に取ってほしい）。

　ブルは，現代の国際政治には明らかに勢力均衡が存在しており，かつての時代と同じ役割を今でも果たしている，と断言している。ただし，この書物が書かれたのは冷戦後期，デタント期の1970年代後半であることに留意する必要が

ある。ブルの関心は，ヨーロッパ内部での勢力均衡から離れ，世界政治のなかでのそれに移っており，しかも従来とは若干性格の異なる，「相互核抑止」という「勢力均衡の特別な事例」を論じている。核兵器という新たな要因を用いて説明を試みた点はブルの独自性だが，本章の扱う範囲を超えてしまうので，それ以上は言及しない。しかし，バターフィールド，ワイトと比較してみると，ブルの勢力均衡論はより政治学的観点から論じられていることは，記しておくべきだろう。

5　古典的勢力均衡論を超えて

　本章では，ヨーロッパの国際秩序を理解する上での鍵となる重要な概念，勢力均衡論について検討を加えてきた。まずは今から200年前に書かれたヘーレンの著作を糸口として，英国学派に位置づけられる3人の研究者，バターフィールド，ワイト，ブルの勢力均衡論を読み解いてきた。この3人は同じ英国国際政治理論委員会（The British Committee on the Theory of International Politics）で活動を行った時期があり，それぞれお互いに知的影響を受け，また与えながら各自の思想を発展させていった。その意味で，20世紀のイギリスを代表する研究者たちの勢力均衡論の一端が，この章のなかで示されていることを期待している。またその際，単純な年代記のような歴史叙述に陥ることを避け，かつ事例研究だけの列挙や，理論のための理論を展開することも回避したつもりである。

　さて，ヨーロッパで生まれた独特な思想である勢力均衡論は，今後どうなるであろうか。また，この理論は他の地域でも適応可能なのだろうか。ヨーロッパが世界の支配者であった時代，特に19世紀から20世紀初頭にかけては，勢力均衡論の絶頂期と重なっていたといえるだろう。オーストリア宰相メッテルニヒや，ドイツ宰相ビスマルクは，その卓越した手腕と才能によって，勢力を絶

妙に均衡させ，ヨーロッパ内部での大規模な紛争や戦争を避けることに成功した。ウィーンで，あるいはベルリンでの国際会議で決定されたことは，ヨーロッパのみならず，遠くアジアやアフリカにまで関係する地球規模での勢力均衡の保持をも意味していた。

　しかし，2度の世界大戦によってヨーロッパ各国の力は決定的に没落し，20世紀後半の冷戦時代には，そもそもヨーロッパ内部での自律的な勢力均衡は機能しなくなる（西ヨーロッパはアメリカの意向，東ヨーロッパはソ連の意向に支配されたからである）。国際関係全体を見ても，米ソ両超大国による支配という，世界史上まれに見る「単純な勢力均衡」状態が成立することとなった。だがブルが指摘したように，冷戦後期になると同じ社会主義陣営にあったソ連と中国との対立，その中国の台頭，そして強力な経済力を備えた日本の国際関係への復帰，最後に統合されたヨーロッパの力が増大してきた。バターフィールドやワイトが強調した，1919年のパリ講和会議後におきた勢力均衡の「廃止」は，わずか1世紀も経たないうちに息を吹き返したといえるだろう。

　1989年の冷戦終結は，こうした勢力均衡論の復活を強く印象づける結果となった。たしかに，1990年代には，アメリカが世界で唯一の超大国であり，その意のままに政治，経済，軍事において決定的な力を振るえるように，見えた時期もあった（ブルの議論，第3の区別を思い出してほしい）。しかし2001年の同時多発テロ事件によって，アメリカといえども，国際関係において万能かつ無制限な力をもつのではないことが，悲劇的な形で証明されることとなった。

　現在の国際関係は「一般的な勢力均衡」としては，アメリカが優位にあるものの，中国とヨーロッパ連合（EU）が大きな政治的発言力と経済力，それに一定の軍事力を備えてアメリカの独善的な行動を牽制しうる立場にある，と見ることができよう。これに加えて，かつての超大国ほどではないにしても依然大きな力を保持しているロシア，また新興国と呼ばれる，アジア，アフリカ，ラテンアメリカの国々を無視することはできない（残念ながら日本は，大国とし

ての地位を緩やかに失いつつあるように見える)。

　他方で「地域的な勢力均衡」も存在しており，東アジアにおける中国を中心（または対象）とする均衡の動き，APECに代表されるアジア太平洋にまたがる地域の均衡，そして最後に忘れてはならないこととして，EU内における均衡がある。いまやEUは加盟国28を数える超国家組織となったが，その機構や制度の原理には勢力均衡が応用されていると，よく指摘される。地域統合の1つの型として，EUが挙げられることが多い。古典的な勢力均衡論を超えて，現在のヨーロッパにおいて機構化もしくは制度化された勢力均衡が，新たに注目される時代になったのだろうか。

　文献案内

H・バターフィールド，M・ワイト編／佐藤誠・安藤次男・龍澤邦彦・大中真・佐藤千鶴子・齋藤洋ほか訳『国際関係理論の探究——英国学派のパラダイム』日本経済評論社，2010年。
　　本章中で筆者が依拠した英国学派の理論の古典であり，編者2人を含めた合計6人の論文12本が収められている。原書の刊行は今から半世紀近く前の冷戦最盛期（1966年）だが，21世紀の国際関係を考える上で重要な論点をいくつも提示している。

マーティン・ワイト著／佐藤誠・安藤次男・龍澤邦彦・大中真・佐藤千鶴子訳『国際理論——三つの伝統』日本経済評論社，2007年。
　　英国学派の巨頭によるLSE（ロンドン大学）での伝説的名講義を，その死後に弟子や後輩たちが遺稿から復元して刊行した大著。「3つのR」で知られる本書は，1991年に刊行された後，国際関係理論に大きな波紋を投げかけてきた。

ヘドリー・ブル著／臼杵英一訳『国際社会論——アナーキカル・ソサイエティ』岩波書店，2000年。
　　英国学派の最高傑作。1977年に初版が出て以降，イギリスのみならずアメリカや

日本など世界中の国際関係論にも大きな影響を与えてきた。原題の"The Anarchical Society"には，世界政府は存在せず各国は主権を維持してはいるが，それでも国際社会が存在している，という英国学派の主張が表れている。

ヘンリー・A・キッシンジャー著／伊藤幸雄訳『回復された世界平和』原書房，2009年。

著者は言わずと知れた，現代アメリカを代表する国際政治学者にして外交官。本書は著者のハーヴァード大学提出学位論文であり，ナポレオン戦争後のヨーロッパで，いかにウィーン体制が成立したかを，勢力均衡論を基底に研究したもの。

細谷雄一『国際秩序——18世紀ヨーロッパから21世紀アジアへ』中央公論新社，2012年。

近代以降のヨーロッパ国際秩序が，勢力均衡が機能することでいかに安定し，逆に機能不全に陥ることでどれだけ不安定なものになったかを，長期の歴史的視野から説得的に論じた，骨太の書物。冷戦終結以後の国際関係において，勢力均衡のもつ意味を論じた終章は，様々な示唆を読者に与える。

第2章
民族自決主義の功罪

吉川　元

---この章で学ぶこと---

　同一の言語を解する人々，同一の歴史共同体へ帰属する人々は，「我々」意識を共有する民族意識に芽生え，「我々」民族だけの政治共同体を志向する傾向にある。民族自決主義とは，特定領域に集住し，同じ民族意識を共有する人々が，民族自治，さらには分離独立を目指す運動を興し，民族の国家を実現しようとする思想である。民族自決主義は，これまで国家誕生の政治原則となった。古くは汎ゲルマン主義，汎スラブ主義，近年では大アルバニア主義，大セルビア主義に見られるように国境で分断された民族を単一の政治共同体または国家に統合しようとする思想も民族自決主義の一形態である。民族の分離独立にせよ，分断された民族の統合にせよ，それは既存の国境線の修正を伴うだけに民族自決主義は国際政治に，さらには国際秩序に影響を及ぼさずにはおかない。

　民族自決主義は，常に国際社会に受け入れられてきたわけではない。国際政治の歴史を一瞥すれば，民族自決の動きが抑えられ，国民統合（同化）が優先され，それを国際社会が容認する時代がある。一方，民族自決が許容され，民族マイノリティ保護が優先され，それを国際社会が勧める時代がある。19世紀後半から第1次世界大戦までの時期は上からの国民統合の試みと下からの民族自決主義が対立し，葛藤した時代であり，第1次世界大戦から第2次世界大戦までの両大戦間期は，民族自決と民族マイノリティ保護が優先された時代であり，第2次世界大戦から冷戦の終結期までは民族問題が封印され同化政策がまかり通った時代であり，そして冷戦終結後から今日に至るまでは，民族自決主義が蘇生し，マイノリティ保護が復活する時代である。

　民族自決主義は，どのような政治状況で育まれ，そして国際秩序にどのような影響を与えてきたのであろうか。民族自決主義が許容されるのはどのような国際政治状況においてであろうか。以下において民族自決主義の興亡の歴史をたどりながら，民族自決主義が欧州の国際秩序に与えた影響を考察したい。

1　国際問題化する民族自決主義

民族自決の芽生え

　ラテン語を解するほんの一握りのエリート層の間に，国境を越えてキリスト教文明が広まっていた。ところが印刷技術の革新によって俗語出版が可能になり，出版物を通じて言語を解する者の間に「想像の共同体」が形成され，それが土台となって民族意識が芽生えていく過程がアンダーソン（Benedict Anderson）の『想像の共同体』に描かれている。産業革命後を経て19世紀後半になると，一方で人とモノの移動が増大し異民族間の接触機会が拡大することで民族意識が芽生え，他方で上から国民統合が進められる過程で言語を共有する人々や歴史共同体意識を共有する人々のあいだで民族意識が芽生え，自治を求めるようになる。民族自治とは，特定領域の自治制度とエスニシティの一体化，すなわち特定民族による領域支配および統治を意味する。自治を求める動きは，次第に分離独立を志向する動きへと発展する。それに同時期，急速に進む帝国主義の領土拡張政策によって植民支配下に組み込まれた地域では被支配民族に民族意識が芽生えていく。

　民族意識が高まると，それまでの政治共同体の境界線と民族の境界線の不一致が浮き彫りになる。国境線が同一の民族集団を引き裂いている場合，それは不自然であり，民族境界線に沿った境界線の変更を迫り，民族統合を求める民族自決の運動が胎動する。特にロシア帝国（ロマノフ王朝），オーストリア＝ハンガリー帝国（ハプスブルグ王朝），それにオスマン帝国（オスマン王朝）といった多民族国家の国内の民族自決主義の動きとなると，それは帝国の領域支配を根底から崩す動きに他ならない。王朝は帝国の版図を維持するために国民意識の形成，すなわち国民統合を急がねばならない。

　19世紀末から20世紀初頭にかけて欧州で軍備の近代化と政治の民主化が相乗

効果となって一般に国民統合と言われる上からのナショナリズム形成，すなわち「公定ナショナリズム」の強化を促した。そもそも近代国民国家における公定ナショナリズムというものは，中央集権のもとに国民を統合し，結集させる政治原理であり，国の独立，名誉，威信を下支えする重要なイデオロギー装置である。19世紀後半に欧州各国は徴兵制を導入し，兵力の増強を図り，そして軍備の近代化を図るが，その結果，各国とも膨大な軍事予算を必要とするようになる。ところが19世紀後半には各国とも国内にあっては自由化・民主化が進み，欧州諸国で議会政治が一般化するが，そのことは外交政策にも軍備予算の承認にも議会や世論が影響力を発揮する時代の到来を意味した。高騰する軍事予算を確保するには議会の協力や納税者の理解を必要とする。そのためには政治指導者は国力を強化し，来るべき戦争に備えるために上からナショナリズム（この場合，国家主義，愛国主義）を煽らねばならなくなった。19世紀後半に欧州各国でナショナリズムが高揚する時期が戦争の機械化および政治の民主化の時期と重なったのも，両者に不可分の関係があったからである。

戦略としての民族自決

　民族共同体を基盤とする民族国家の建設の政治原理となったのが民族自決主義である。この概念を国際政治に持ち込んだのはボルシェヴィキであった。第2インターナショナル・ロンドン大会（1896年）でポーランド人の民族自決が議論され，そして同大会は「あらゆる民族の完全な自決権を支持する」と宣言している。ボルシェヴィキ指導者レーニン（Vladimir Ili'ch Lenin）が構想した民族の自決とは民族独自の国家建設を意味した。レーニンは第1次世界大戦の勃発直前に著した「民族自決について」において，民族自決とは「ある民族が多民族の集合体から国家的に分離することを意味し，自立した民族国家を形成することを意味している」と論じている。レーニンはまた別の論考「社会主義革命と民族自決権」において，民族の自決権とは「もっぱら政治的意味での独立

権」，被抑圧民族が「政治的に分離する権利」を意味すると述べている。その分離独立は分離しようとしている民族の「人民投票」という民主的方法で実現する，とも論じている。

　第1次世界大戦中，各国の政治指導者の間で民族自決主義が戦争の宣伝に，そして戦争を勝ち抜く戦略として用いられた。戦争が膠着状態にあった1917年，ロシアのレーニン，アメリカのウィルソン（Woodrow Wilson），フランスのクレマンソー（Georges Clemenceau），イギリスのロイド・ジョージ（David Lloyd-George）といった欧米の指導者は盛んに「自決」を呼びかけた。それは戦争で敵対する帝国の国民の士気を挫く戦略であり，帝国の分裂を狙ったものであった。特にアメリカのウィルソン大統領はロシア革命直後のロシアがもつ和平イニシアチブを奪回するために，1918年1月8日，後に戦後秩序の構想に多大な影響を及ぼす14カ条の原則をアメリカ議会で発表している。ウィルソンは，そのなかで民族境界線に基づくイタリアの国境画定，オーストリア＝ハンガリーの諸民族の「自治の発展」機会の保障，オスマン帝国の諸民族の「自治の発展」機会の保障を提案し，ポーランドに関しては独立と領土保全を提案している。

　民族自決主義は，多民族国家の国民を分裂させ帝政を崩壊させる上でたしかに奏功した。第1次世界大戦後にロシア帝国，オーストリア＝ハンガリー帝国，オスマン帝国，ドイツ帝国の4つの帝国が崩壊し，その広大な領域に幾多の民族国家が誕生する。ロシア帝国からエストニア，ラトヴィア，リトアニア，フィンランド，ポーランドが独立を達成した。オーストリア＝ハンガリー帝国からハンガリー，チェコスロヴァキアなど民族自決が達成され，オーストリアはドイツ語を話すオーストリア人700万人の小国になった。ドイツは同じドイツ語を話すオーストリアとの併合が禁止された。オスマン帝国からイラク，ヨルダン，パレスチナがイギリスの，そしてシリアとレバノンがフランスの委任統治の下に置かれた。クルド人にもつかのまの独立が認められた。

国際問題としての民族問題

　民族自決で誕生した国家は決して100％の単一民族国家ではない。民族自決による国家が誕生するとなると，その新しい国境内に新たに民族マイノリティが誕生するものである。ポーランドとチェコスロヴァキアでは，およそ人口の3分の1を民族マイノリティが占めた。特にドイツ系住民が各地で民族マイノリティの地位に陥った。それに民族国家の誕生時に自決が認められることのなかった民族マイノリティには不満が残る。民族対立で国内が不安定になると，それが人道的干渉の原因ともなろう。国家の領土と政治的独立を脅かすのは外部からの侵略であると一般には考えられてきたが，オーストリア＝ハンガリー帝国の崩壊に見られるように民族自決の動きも領土的一体性への内部からの挑戦であることが明らかになった。

　民族自決主義は，それが分離独立志向の場合，それを押しとどめようとする政府との間で国内民族紛争の原因となり，それが民族統合志向の場合，複数の国の国境変更を伴う領土保全への脅威となることから，国際紛争の原因となる。それでは民族紛争の予防にどのような方策が考えられようか。歴史的に見て民族紛争の予防策は3つの方策に大別されよう。第1の方策に，民族マイノリティの存在を物理的に除去する民族浄化である。民族浄化には，民族マイノリティの一方的な追放，特定の民族集団の虐殺（ジェノサイド），2国間で民族マイノリティを交換しあう住民交換，さらには国境を民族境界線に合わせるための国境線変更という手法がある。第2の方策に，民族マイノリティ保護制度の確立である。マイノリティ独自の文化・伝統を尊重し，その保護のための国際保護体制を設立してマイノリティ権利の尊重を奨励し，その履行監視を行う。そして第3の方策に，非差別，平等の原則に基づく人権の国際保障体制である。民族集団の権利を認めることなく，すべての国民に市民的・政治的権利を平等に保障する。こうした自由主義的な国民国家創造においてはマイノリティに対する同化政策は暗に認められるものである。

2　国際平和論としての民族問題

民族浄化の狙い

　民族浄化は民族自決主義の台頭と深いかかわりがある。19世紀後半からオスマン帝国の衰退に拍車がかかるが、旧帝国の版図において生じた民族問題の解決策として民族浄化、住民交換、そしてジェノサイドが行われている。第2次バルカン戦争後、オスマン帝国とブルガリアの間で初の住民交換協定（1913年1月）が結ばれているが、この協定において「住民交換」という用語が初めて用いられている。同協定に基づき、両国国境から15キロメートル以内に居住する民族マイノリティの交換が行われ、ブルガリアのムスリム1万人と、オスマン帝国のブルガリア人1万人とが交換された。

　なかでも第1次世界大戦後にギリシャとトルコの間で行われた住民交換は、歴史上、最大規模のものである。第1次世界大戦前のオスマン帝国領内には、いくつもの民族自決主義の動きがあった。その1つは大ギリシャ主義（メガリ・イデア）に伴うギリシャ人の民族自決主義であり、もう1つはアルメニア人の民族自決主義である。第1次世界大戦の戦勝国ギリシャは、トルコの内乱に乗じて1919年5月、西アナトリアのイズミルに上陸する。その後第1次世界大戦の連合国の対オスマン帝国講和条約であるセーブル条約において、オスマン帝国は東トラキアをギリシャへ割譲し、イズミル周辺のギリシャ行政権を認めるなど同国は領土分割の危機に直面した。しかし、ギリシャはオスマン朝に対する国内抵抗勢力を結集したケマル・パシャの率いるトルコ軍に敗北した結果、新生トルコ共和国と連合国との間に新たにローザンヌ条約が締結される。同条約に基づいてギリシャはアナトリアおよび東トラキアを放棄するとともに、ギリシャとトルコの間にギリシャ・トルコ間の住民交換協定が結ばれ、トルコからギリシャ正教徒およそ120万人がギリシャへ、またギリシャからムス

リム40万人がトルコへと移住させられた。この住民交換の対象となったギリシャ人120万人のなかに1912年のバルカン戦争以降のギリシャ人難民が多く含まれている。トルコ側は，ギリシャ人難民の帰還を認めようとはせず，これに加え，新たにアナトリアのギリシャ人20万人とギリシャのすべてのムスリム35万人を含む住民交換に合意したのである。こうした住民交換に両国が合意したのも，双方の利害が一致したからに他ならない。トルコ側は大ギリシャ主義による失地回復主義を恐れるあまりにギリシャ人を追放したいと考え，ギリシャ側は難民の受け入れ対策の一環として特にギリシャ難民へ住居を提供するためにトルコ人の追放を望み，ここに両国の利害が一致した住民交換協定が実現したのであった。当時の国際社会では，こうした民族純化の試みは国際平和に寄与するものと評価されていた。

　大ギリシャ主義と並んでオスマン帝国領内のもう1つの大きな民族問題がアルメニア人の民族自決主義の動きである。19世紀末にロシア帝国内のアルメニア人の民族主義運動が活発になる。ロシア帝政の打倒を掲げるアルメニア革命連盟（ダシュナク党）は，オスマン帝国のアルメニア人の民族解放を運動目標に掲げた。特にダシュナク党のオスマン支部はオスマン帝国領内のアルメニア人自治を要求した。そうした背景をもとに東部でトルコ人とアルメニア人の民族対立が発生したのをきっかけに1913年以降，アルメニア人自治の拡大が検討され，アナトリア東部で2つの自治州を設ける計画まで具体化していた。そこに第1次世界大戦が勃発し，オスマン帝国とロシアは対戦することになるが，オスマン帝国の側はアルメニア人の分離独立主義者がロシア軍に呼応し，協力することを懸念した。そこでオスマン帝国の東部ヴァン州でアルメニア人の反乱が起こったのを契機にロシア国境地帯のアルメニア人をシリア，イラクへ追放する一方で，およそ100万人のアルメニア人を虐殺したのである（その数には諸説ある）。アルメニア人ジェノサイドは民族自決主義がジェノサイドによって封じ込められた悲惨な事例である。

マイノリティ保護制度

　民族自決の実現の具体策の1つとして，また民族紛争の予防策として，第1次世界大戦後には民族境界線に合わせた国境線の再線引きも行われている。住民交換が国境の固定を前提に民族マイノリティの交換によってより純化された民族国家を創造しようとする方法であるとすれば，民族マイノリティの固定を前提に民族集団の境界線に国境に合わせることでより純化した民族国家を創造しようとする方法が国境線の再線引きの試みである。この場合，係争地域の住民がどちらの国に帰属するかは住民投票によって住民自身の選択に任せられた。ドイツおよびオースドイツと周辺国との国境は，こうした住民投票によって確定されていった。ヴェルサイユ条約のもとで最後の住民投票は1935年にフランスとドイツの国境のザールラントの帰属をめぐって行われ，同地は圧倒的多数の賛成票によってドイツに帰属することになった。

　さらに，第1次世界大戦後のヴェルサイユ体制下で紛争予防策として民族マイノリティ国際保護制度が確立されたことにも注目したい。住民交換の対象とはならず国内にとどまる民族マイノリティの存在は国際平和への潜在的脅威と認識されるようになる。将来の民族マイノリティの自決を思いとどまらせ，さらには民族問題に端を発する人道的干渉を予防するために国際社会はマイノリティ保護の国際制度を構築したのである。その制度枠組みは，戦勝国と戦敗国との講和条約においてまた戦勝国と新たに独立した国との間のマイノリティ保護条約において，マイノリティの権利を保障した。それは，宗教，社会，慈善のための施設および協会を設立する権利，マイノリティの文化的権利の保護，独自の言語を使用する権利といった社会的文化的権利に加えて，マイノリティ言語による初等教育施設を保障する国家の義務，そして教育，宗教，または慈善目的の活動のために相当の公的資金援助を行う国家の義務についての取り決めである。国際連盟にはマイノリティ課が設置され，常設国際司法裁判所には民族紛争について解釈と執行に関する管轄権が与えられ，こうして民族マイノ

リティ保護の履行監視に国際連盟と国際司法裁判所が責任を負うマイノリティ保護制度が確立されたのである。国際連盟は保護を求めるマイノリティ集団からおよそ900件の請願を受けたといわれる。特にドイツおよびハンガリーのマイノリティからの苦情に連盟は忙殺された。

　民族マイノリティ保護制度の確立によって従来のマイノリティ保護の名の下に政治目的をもって行われた人道的干渉が発生する危険性はかなりの程度，緩和されることにはなった。しかし，そのマイノリティ保護制度は1930年代に入ると機能不全に陥る。1934年にポーランドが条約義務を正式に破棄したことで，以後，有名無実と化した。なぜマイノリティ保護制度は危機に陥ったのであろうか。その原因として，なによりも国際連盟自体がマイノリティ保護に及び腰になったことが指摘できよう。もともとマイノリティ保護制度の適用は欧州域内に限定されていた。しかもマイノリティ保護義務は民族自決で誕生した東中欧諸国および戦敗国にのみ求められ，欧州域外には適用されなかったからである。しかしながらマイノリティ保護の動きや民族自決による国家誕生の事実が世界に知れ渡ると，欧州のマイノリティは言うに及ばず，アフリカ各地，オーストラリア，インド，アメリカ各地から人種差別を訴える請願書が国際連盟に届いた。マイノリティ保護制度の存在が世界各地に民族自決の夢を与えたのである。帝国主義勢力には想定外の出来事であった。次に本来であれば取り決めの履行を迫るはずの大国の側がマイノリティ保護制度の運用に消極的になっていったことを指摘せねばならない。イギリスは同化政策を重視し，フランスは自国の安全保障への関心を優先させるあまりに東中欧諸国との友好関係や同盟関係を重視した。違反国を訴えるとなれば友好関係にひびが入り，国際平和を損なうことになりかねない。大国は国際平和を最優先するあまり，マイノリティ問題を棚上げしたのである。

ミュンヘンの教訓

　マイノリティ保護制度が機能不全に陥るころ，民族マイノリティ保護を逆手にとって国際平和を脅かす国が出現する。ドイツは，周辺国のドイツ系マイノリティの保護と「祖国」ドイツへの民族統合を訴えて民族自決を大義名分に領土併合を試みる。そして1938年3月には国民投票によってオーストリアを併合し，ついでチェコスロヴァキアに侵略の矛先を向けた。チェコスロヴァキア国内のズデーテン地方にはおよそ300万人のドイツ人系住民が住んでいた。ヒトラーはドイツ系住民に対する社会的，経済的な不当待遇を難じ，ズデーテンの割譲を迫ったのである。ドイツのヒトラー（Adolf Hitler），イタリアのムッソリーニ（Beinto Mussolini），イギリスのチェンバレン（Neville Chamberlain），フランスのダラディエ（Édouad Daladier）の4カ国首脳は1938年9月にドイツのミュンヘンに集まり，その場で4カ国首脳はズデーテンのドイツへの割譲を認めた（ミュンヘン協定）。一方，ポーランドに対してはダンツィヒの返還など失地の回復を要求した。そして1939年9月，ドイツはポーランドに侵攻し，ついに第2次世界大戦の火蓋が切られたのであった。

　ミュンヘン協定は重い教訓を残した。民族マイノリティ保護の原則が大国による領土拡張の口実になるとの教訓である。マイノリティ保護が実際の国際政治の舞台で主張されるとき，それは事実上，「民族の統一」「失地回復」「民族の独立」と同義語となり，それは国家の分裂を促す政治用語となる。マイノリティ保護を口実に周辺国の同胞に民族自決を促し，さらには自決と併合が組み合わされて領土拡張につながる。戦争の予防策であったはずのマイノリティ保護が，実際には侵略戦争の口実となったのである。

3　人民の自決と友好関係

封印された民族問題

　第2次世界大戦後にも戦後処理の一環として民族浄化が行われている。ドイツ周辺国のドイツ系住民の一方的な追放に加え，チェコスロヴァキアとハンガリーの間で，またソ連とポーランドの間で住民交換が行われた。なかでもドイツ系住民に対して連合国は徹底した民族浄化策で臨んだ。連合国主導でポーランド，チェコスロヴァキア，ハンガリーのドイツ系住民は強制移動の対象となり，その他，東プロシア，バルカン諸国のドイツ系住民も追放され，難民となり，そしてドイツへ「帰還」させられた。民族浄化されていったドイツ系住民の数は1947年7月までに950万人以上に上る。こうした民族浄化や住民交換の結果，ドイツ，チェコスロヴァキア，ポーランド，ハンガリーは，いずれも1つの民族が90％以上を占める民族国家になった。

　ところで第2次世界大戦後から冷戦が終結するまでの間，民族マイノリティ権利の保障の動きはなく，民族マイノリティ保護制度も形成されることはなかった。国連憲章には国連の活動目的として「人民の同権および自決の原則の尊重に基礎を置く諸国間の友好関係」を発展させるとある（第1条2項）。「人民の自決」という用語が使用されているが，しかしどこにも民族の自決についてはふれられていない。

　それでは「人民の自決」に言う「人民」とはいったい誰を指すのか。「自決」とはいったい何を意味するのか。国連憲章で定められた自決とは「人民」の自決であり，けっして民族の自決を意味しない。ミュンヘンの教訓が重くのしかかり，国連憲章の起草過程でマイノリティ保護という考え方を意図的に否定する動きが主流となっていたからである。マイノリティ保護は国際平和に資するどころか，逆に国際平和と安全への脅威となると認識されるようになったから

である。結局，国連憲章に人民の自決が登場することになるが，その人民の自決の定義そのものについては合意に達することはできなかった。しかし，国際法学者カセッセ（Antonio Cassese）によれば，少なくとも次の4つの点は「自決」には含まれないとの消極的な合意があったという。すなわち，①民族マイノリティやエスニック集団が分離独立する権利，②植民地住民が政治的独立を達成する権利，③主権国家の人民が自由選挙を通して自分たちの指導者を選ぶ権利，④複数の国に分断された同一の民族が統合する権利という4つの点は自決に含めないとの合意である。このことは国連憲章の成立過程において民族マイノリティ保護を含め民族問題を国際問題とはしないとの了解が成立したのに等しい。2つの大戦の間に民族自決主義をめぐって国際平和観の転換が生じていたのである。

　第2次世界大戦後から冷戦の終結までの期間には，民族問題は国際政治の舞台から消え去る。国際社会は意図的に民族問題を封印したのである。第2次世界大戦後は，国連が中心となって人権の国際化を図る一方で，主権尊重，領土保全，人民の自決，内政不干渉の諸原則に基づく友好関係を優先する国際関係秩序を形成していく。その結果，同化政策が容認されることにもなる。

　人民の自決

　国連は，経済社会理事会に設けられた人権委員会を中心に世界共通の人権基準の作成に取り組んだ。1948年には国連総会においてすべての人民と国とが「達成すべき共通の基準」として世界人権宣言が採択される。世界人権宣言の起草過程で，人権の範疇に民族マイノリティ権利を入れようとする試みがあるにはあった。ソ連とユーゴスラヴィアが民族マイノリティ保護に関する提案を行ったが，しかし大半の国はそれには反対した。アメリカやオーストラリアは，民族マイノリティの保護は同化政策を禁止することにつながるとの理由で反対し，フランスや一部のラテンアメリカ諸国は，国内の不安定化を助長する

ことになるとの理由で反対した。民族問題は国際平和への脅威となるとの共通認識が支配的となっていた証左である。

　人民の自決の定義が初めて確立するのは「アフリカの年」として知られる1960年のことである。第15回国連総会において「植民地独立付与宣言」（1960年12月）が採択された。同宣言はすべての形態の植民地主義を速やかにかつ無条件に終結させることが必要であると宣言した上で、人民の自決権を次のように定義している。「外国による人民の征服、支配および搾取は、基本的人権を否認するものであり、国連憲章に違反する」（第1項）。「すべての人民は、自決の権利を有する。この権利に基づき、すべての人民は、その政治的地位を自由に決定し並びにその経済的、社会的、および文化的発展を自由に追及する」（第2項）。そして「政治的、経済的、社会的、または教育的準備が不十分なことをもって独立を遅延する口実としてはならない」（第3項）と無条件の植民地独立に念を押している。

　植民地独立付与宣言は国際秩序の変容において転機となる重要な宣言である。同宣言において人民の自決の「人民」とは植民地住民のことであり、「自決権」とは人民自身の責任で国家建設を進める権利との定義を得た結果、植民地主義は不法なものであるとみなされるようになる。同宣言を契機に国連が脱植民地化に協力的になり、比較的平和裏に独立が達成されることになる。

　脱植民地化で誕生した国が国際社会で多数派を占めるようになると次第に自決の規定に変化が見られるようになる。国際人権規約のA規約とB規約の両規約には共通第1条として人民の自決権が規定されていることが象徴しているように、自決権は人権の筆頭格に位置づけられることになる。「人民の同権と自決」は国連友好関係宣言（1970年10月）において国際関係原則のひとつに位置づけられるが、そこでは人民の自決に新たに制約が追加されている。自決とは「人種、信条または皮膚の色による差別なくその領域に属する人民全体を代表する政府」を有する人民の自決であると規定された。自決に民主的政府要件

が加わったのである。このような定義がなされた時期といえば、南アフリカのアパルトヘイト問題と南ローデシアの独立問題が自決権と国際平和とのかかわりで国際問題化した時期である。先述の通り、人民の自決とは植民地支配下の人民の無条件の独立を意味していたが、人種差別主義者のスミス白人政権による「ローデシア共和国」の一方的な独立宣言は想定外のことであった。本来、無条件の植民地独立の承認を意味した自決権の定義にはそぐわないので、自決権に民主的政府要件が追加されたのである。

4 再び民族自決主義

国際政治問題化する民族問題

　冷戦が終結すると同時に民族自決主義の時代が再び到来する。東西ドイツの統合に始まり、それまで「民族共生」を誇っていたソ連とユーゴスラヴィアの2つの社会主義連邦国家が冠民族（多数派民族名を冠する共和国の呼称）単位に分裂した。すると、ユーゴスラヴィアとソ連の旧版図を中心に東中欧各地で民族の自治、民族の分離独立を求める動きが勢いづき、そして民族問題が再び国際政治問題となる。興味深いことにソ連とユーゴスラヴィア両国の領域的な分裂は、十全に民族自決の装いを整えていた連邦構成共和国単位による冠民族の民族自決であり、しかも住民投票を行っての独立である。ソ連から15の国が誕生し、ユーゴスラヴィアから6つの国が誕生し、しかもその分裂過程で民族紛争が発生した。ユーゴスラヴィア紛争（クロアチア紛争、ボスニア紛争、コソヴォ紛争）、あるいはコーカサス紛争（ナゴルノカラバフ紛争、グルジア紛争、チェチェン紛争）の例に見られるように民族紛争というものは凄惨な民族浄化を伴うものであり、しかも民族自決の波はさらなる民族自決を促すものである。

　冷戦期に民族問題が封印されていたとはいえ、ソ連とユーゴスラヴィア両国で民族自決主義が蘇生し、さらには民族紛争が勃発したのは両国に民族自決の

構造が温存されていたからに他ならない。両国は民族単位の政治的自治制度に基づく独自の連邦制を構築し，それが民族アイデンティティの維持に貢献したのみならず，体制変動期になると民族主義を煽り，そして民族紛争へと駆り立てていく民族自決の政治基盤となったのである。共産党独裁体制が崩壊するや，それまでの共産主義者エリートは民族主義者へと変貌し，にわか作りのエスニック政党を立ち上げ，そしてエスニック政治へと向かい，それが民族対立を育み，そして民族紛争へと発展したのである。

　冷戦後に，民族問題が再び国際政治問題化する背景には政治的に活性化するマイノリティの存在があった。民族主義化する国家，民族同胞本国と結びつきを強める民族マイノリティ，そしてその民族マイノリティの存在するホスト国との三者関係がこじれ，それがしばしば国際紛争へ発展したのである。しかも欧州各地の民族マイノリティを刺激し，国境を越えて民族アイデンティティの一体化を促す新たな動きもあった。民族マイノリティ権利の復活と「地位法」（「ディアスポラ法」）の制定の動きである。民族主義化する国家，とりわけ東中欧の旧社会主義諸国では，東西イデオロギー対立の終焉で国境の敷居が低くなり，それにインターネット，電子メールの普及による情報の自由化が進んだおかげで，各地に「想像の共同体」が復活する。民族主義化する国家は，同胞としての各地の民族マイノリティの社会的，経済的地位を向上させ，あるいは国外同胞（ディアスポラ）に準市民権を保障しようと，エスニック・ネットワークを充実させ，しかもこうしたネットワークを通じて海外ディアスポラが民族紛争へ介入し支援することになる。

国際安全保障の「人間的側面」

　ソ連やユーゴスラヴィアの分裂に伴う民族紛争をきっかけに，欧州で民族マイノリティ権利の復活の動きが始まる。地続きの欧州各国に難民が陸続と押し寄せ，しかも民族紛争がさらに周辺地域へ波及し拡大する可能性があっただけ

に，民族紛争の解決と予防は国際安全保障の喫緊の課題となると同時に，民族紛争で窮地に立たされた民族マイノリティの国際保護が急務となった。ユーゴスラヴィアからの独立を認める際にEC諸国が民族マイノリティの保護を迫ったのも，ソ連から分離した国の国際承認条件に民族マイノリティ保護を確約させたのも，欧州のこうした国際安全保障上の現実的な要請に基づくものであった。

　欧州の共通の安全保障を協議するOSCE（欧州安全保障協力機構。CSCEはその前身）を舞台に民族問題が欧州の安全保障問題の対象領域に取り込まれ，人権尊重，法の支配，民主制度，民族マイノリティ権利，それに人道的分野の協力が安全保障の「人間的側面」と規定された。そして人間的側面を共通のグッドガヴァナンス基準に位置づけるとともに，民族アイデンティティの保持の自由，母語の使用の自由，宗教活動の自由，団体設立の自由といった文化的権利の尊重を国際安全保障の実現要件に組み込んだのである。加えてOSCEは民族マイノリティの国際関心事項化にも積極的に取り組んでいった。まさにユーゴスラヴィア紛争が勃発する1991年7月，ジュネーブでCSCE民族マイノリティ専門家会議が開催されたが，その会議の最終文書において民族マイノリティに属する者が意思決定機関または諮問機関に適切に参加する権利，すなわち集団としての民族マイノリティの政治参加の権利として伸長された。しかも，同文書ではマイノリティ問題は「正当なる国際関心事項であり，当該国家の排他的国内問題ではない」と記されているように，民族問題が国際関心事項に位置づけられることになる。以後，一連のOSCE文書において民族問題および民族マイノリティ権利の尊重を含む人間的側面に関する国際規範は拡充され，その取り決めの履行はOSCE地域の正当な国際関心事項であり，当該国の管轄事項ではないという合意が繰り返し確認されるようになる。

政治的自治への歯止め

　同化政策の禁止，民族マイノリティの文化的権利の伸長，エスニック・ネットワーク形成の自由，さらには地方自治に関する欧州共通の国際規範形成の動きは，多国間協議の場である OSCE で始まり，欧州審議会においても同様の動きに発展する。しかしながらマイノリティ自治の勧めはほどなく低調となる。ソ連とユーゴスラヴィアから分離独立した国々が強く抵抗したからである。民族マイノリティの自治を認めればそれが分離独立に発展することを心配する「エスカレーション恐怖」から，またどこかで自治が認められれば，それが他地域でも同様な政治的自治を求める動きに発展することを心配する「波及恐怖」から，新たに独立した国の多くが反対したためであった。それにフランス，スペイン，ギリシャ，トルコのように自国領域内に政治的に活発な民族マイノリティが存在する国も，政治的自治の勧めが自国の分離主義へ波及するのを恐れて尻込みしたのであった。

　欧州諸国は，1995年2月，欧州民族マイノリティ枠組み条約を採択する。マイノリティ権利に関する包括的文書である同条約においてマイノリティの意思に反する同化政策は明示的に禁止され，様々な文化的権利の尊重について取り決められた。民族マイノリティが国外の民族同胞やディアスポラと接触を保ち，接触を維持する自由も認められた。さらに民族マイノリティが文化，社会，経済生活または公共政策に適切に参加できるように条件を整えることも取り決められた。しかしながら，同条約では政治的自治に関する権利については触れられていない。それどころかマイノリティ権利は，「領土保全原則および政治的独立に反する活動」に従事するいかなる権利をも意味しない，と民族マイノリティの権利の尊重が民族自決に及ぶことに釘を刺している。自治の保障が国家の分裂に及ぼす影響を恐れてのことである。

マイノリティ保護制度の復活

　欧州で民族問題が国際安全保障問題として位置づけられ，またマイノリティ権利が伸長されると，ヴェルサイユ体制下の民族マイノリティ保護制度を彷彿させるマイノリティ保護制度が復活する。先述の通り1990年代前半にOSCEは国際安全保障の人間的側面として人権や民族マイノリティ権利を含むグッドガヴァナンス規範を確立する。それと並行してOSCE域内の人権問題および民族問題に端を発する紛争を予防するために民族マイノリティ高等弁務官（HCNM），民主制度・人権事務所（ODIHR），自由メディア事務所といった専門機関を中心に予防外交体制を整えるとともに，自由化・民主化の促進援助体制を整えていった。

　一方，1992年から96年にかけて，ドイツは東中欧諸国との間にマイノリティ保護規定を含む2国間の善隣友好条約を締結し，ハンガリーも周辺5カ国との間でハンガリー系マイノリティの保護を謳う善隣友好条約を締結するなど2国間マイノリティ保護条約が締結されていった。こうした2国間のマイノリティ保護条約は片務的であった旧制度の民族マイノリティ条項に比べ，マイノリティ権利の保障を双務的に規定している点に特徴がある。

　EUもOSCEも民族マイノリティ保護を目的とするこうした2国間条約の締結を支持し，同時にその遵守と履行を促進するために多国間条約の枠組みを整備していった。その1つがEUの共通外交安全保障政策の最初の試みである欧州安定化条約の締結である。同条約は東中欧諸国やバルト諸国の間で結ばれた民族マイノリティ権利と国境線の尊重を謳うおよそ50の条約を束ねて，それに民族マイノリティ権利と国境の尊重を謳った政治宣言を付したものである。同条約の調印がNATO，EUへの加盟条件とされたことから，一挙に欧州安定化条約の採択にこぎつけることができた。欧州安定化条約は上記の2国間善隣友好条約を欧州全体で責任をもつために考案された多国間条約であり，OSCEがその履行監視を行うことになった。

民族マイノリティの文化的権利の保障は，東中欧諸国では概ね履行され遵守されている。となると民族マイノリティ保護の履行を迫るパワーとはいったい何であろうか。それは，一言でいえば，欧州国際社会の中核に位置するEU（欧州連合）やNATOへの加盟動機につきる。相互依存が進むなか分離独立した国にはEUやNATOを軸にした欧州国際社会に加盟し，その一員となることが自国の経済的な繁栄のためにも，また国家安全保障のためにも不可欠であり，そうするためには欧州国際規範を受容せざるを得ないことになる。こうした国際安全保障構造と地経学的メカニズムが機能する限り，マイノリティ保護制度がそうたやすく機能不全に陥ることはなさそうである。

5　民族自決の果てに

ここまで民族自決主義の興亡の歴史をたどってきた。それでは民族自決主義は，国際秩序にどのような影響を与えてきたのであろうか。民族自決主義が国際秩序に及ぼした功罪を検討してみよう。

民族自決主義の直接的な影響として何よりも国家数の増加を指摘せねばなるまい。20世紀初頭にはおよそ50カ国が存在していたが，それから100年後の21世初頭の今日，国家の数は未承認国家を含めおよそ4倍増にあたる200カ国に増加している。19世紀から今日に至るまでに分離独立による国家誕生には3つの大きな波がある。第1の波は，第1次世界大戦前後の民族自決の波，第2の波は1960年代前後の脱植民地化の波，そして第3の波は1990年代前半のソ連とユーゴスラヴィアの崩壊による民族自決の波である。誕生した国はいずれも欧州の帝国主義勢力からの分離独立であり，しかも脱植民地化の第2の波を除けば，民族自決の舞台は欧州である。

民族自決主義の功績として，国家数の増加と関連するが，第1に，民族自決によって帝国主義支配が崩壊し，その結果，主権平等と人民の自決を基調とす

る西欧的国際政治システムのグローバル化に貢献したことが指摘できよう。第2に，民族自決主義は，マイノリティ保護に関する国際規範の形成に貢献し，その結果，民族マイノリティには住みよい国になったといえよう。第3に，民族自決主義は従来の国際政治の権力政治にディアスポラ政治を絡ませる重層的な国際関係の構造変容に寄与したといえる。冷戦の終結を境に国際政治の基本的な対立軸はイデオロギー対立からエスニック対立へとその重心を移行し，ディアスポラが民族紛争を支える重要な国際政治アクターになった。欧州国際社会にあっては集団としてのマイノリティ権利の伸長に加え，その履行監視体制が確立された。ディアスポラ政治の台頭は，各地の民族マイノリティを勇気づけ民族自決の果てしない夢を与え続けることになろう。

　民族自決がもたらした明らかに負の遺産もある。民族自決の動きは民族紛争へ発展し，これまで実に多く人々が民族紛争の犠牲になった。しかも民族自決の過程で，あるいは民族自決の達成後に，民族浄化，住民交換，ジェノサイド，難民流出など民族自決という排他的な自治領域を確保しようとする試みは民族マイノリティに多大な犠牲を強いずにはおかなかった。

　国家誕生の手続きとして住民投票という民主的な手続きの導入も民族自決主義の産物である。かつて国境の修正に住民の賛否を問う手続きとして導入された住民投票であるが，その手法がソ連・ユーゴスラヴィアの分裂と独立を皮切りに1990年代から民族自決の賛否を問う手続きとして実施され，その後，エリトリア，東チモール，近年では南スーダンの独立の際に実施されている。住民投票の実施は諸条件を伴うにせよ，今や民族自決で国際社会に国家承認を取り付ける正当な手続きとして認知されたかのようである。住民投票による民族自決の実現手法は，独立の機会をうかがうあちこちの民族マイノリティには喜ばしいことであろう。しかしながらそうした手続きを国際社会が認めるとなれば，果たしてこれからいくつの民族国家が誕生すれば落ち着くというのであろうか。この点は功罪相半ばするところであろう。

文献案内

アンダーソン，ベネディクト著／白石さや・白石隆訳『想像の共同体』NTT出版，1997年。
　　活字印刷技術の進歩による民族意識の形成過程，並びに公定ナショナリズムと民族マイノリティの相克に関する分析。

Jackson Preece, Jennifer, *Minority Rights: Between Diversity and Community*, Cambridge: Polity, 2005.
　　国際政治における民族マイノリティ問題の歴史と国際社会におけるマイノリティ保護の歴史的変遷の分析。

Cassese, Antonio, *Self-Determination of Peoples: A Legal Reappraisal*, Cambridge: Cambridge University Press, 1995.
　　民族自決の歴史と人民の自決の国際法的解釈の変容に関する分析。ユーゴスラヴィアとソ連の崩壊過程における人民の自決の変容と援用に関する分析。

吉川元『民族自決の果てに──マイノリティをめぐる国際安全保障』有信堂高文社，2009年。
　　19世紀末から今日までの民族マイノリティ問題をめぐる国際安全保障論。人種，民族，マイノリティ権利の伸長と国際政治構造の変化の関連の分析。

唐渡晃弘『国民主権と民族自決──第一次世界大戦中の言説の変化とフランス』木鐸社，2003年。
　　民族自決の起源と発展に関する分析。第1次世界大戦前後の民族自決の言説が戦争を遂行する戦略として用いられたことに関する優れた分析。

第3章
帝国主義の台頭とその国際的影響

古内洋平

― この章で学ぶこと ―

　19世紀末，少数の大国が世界の大半を分割した。大国の海外膨張によって築かれた版図は帝国と呼ばれた。ローマ帝国やモンゴル帝国など，強大な軍事力を背景に支配領域を大陸に拡大した帝国は，それ以前にも存在した。しかし，海を越えて広大な地域を支配した19世紀末の帝国は海洋帝国と呼ばれ，上記の大陸帝国と区別される。

　帝国主義という言葉が一般的に使われるようになったのは1890年代頃からである。大国の海外膨張政策や，それを支えた思想や文化などを帝国主義と呼んだ。20世紀になると，ホブソン（John A. Hobson）の『帝国主義論』（1902年）が出版され，帝国主義研究が本格化した。それ以来，様々な分野の研究者が帝国主義台頭を論じてきた。国際政治学では，国家が領土拡張する背景，それが引き起こす他国の反応，それらが国際秩序に与える影響に焦点を当ててきた。

　本章の目的は，国際政治学の視点から帝国主義と国際秩序の関係を考察することである。第1節では，19世紀末〜20世紀初めの帝国による世界分割を概観する。第2節では，帝国主義台頭の原因に関するこれまでの研究を整理する。第3節では，帝国主義台頭がヨーロッパ国際秩序に与えた影響を考える。第4節では，戦後世界における帝国主義と国際秩序の関係を検討する。

　本章では，帝国主義を「大国が弱小政治体の対外関係や国内政策を公式・非公式に統制すること」（アイケンベリー〔G. John Ikenberry〕）と定義する。帝国主義とは本来，大国の行動を表すだけでなく，その背景にある思想・文化・社会的態度などを含む包括的な概念である。しかし本章では大国の行動に議論を限定する。国際政治学は大国の帝国主義的行動の原因とその結果に大きな関心を寄せてきたからである。

1 帝国の時代

世界の分割

歴史家ホブズボーム（Eric J. Hobsbawm）は，1875〜1914年までを「帝国の時代」と名づけた。この時期，イギリス，フランス，ドイツ，ベルギー，イタリア，ロシア，ポルトガル，スペイン，オランダ，アメリカ，日本など一握りの大国が，ヨーロッパとアメリカ大陸を除く世界のほとんどを分割・支配した。

1876〜1914年までの間に，イギリスは1100万平方キロメートル，フランスは970万平方キロメートルの領土を新たに獲得した。新興帝国ドイツは290万平方キロメートル，ベルギーは240万平方キロメートル，イタリアは160万平方キロメートルの領土を獲得した。ロシア，ポルトガル，スペインもわずかばかりであるが領土を拡大した。ヨーロッパ域外の国家では，アメリカが主にスペインから，日本が中国・ロシア・朝鮮から，それぞれ30万平方キロメートルの領土を手に入れた（表3-1）。その結果，地球の表面積の実に約4分の1が，これらの国々に植民地として分割された。

公式帝国

「帝国の時代」は植民地時代だった。一握りの大国は拡張した領土に入植し，本国政府の支配下に置いた。植民地の対外関係と国内政策は本国から完全に統制された。そのような本国＝植民地の階層関係は「公式帝国」と呼ばれる。

アフリカとオセアニアはほぼ完全に分割され，公式帝国の支配下に入った（表3-2）。20世紀初めまでにアフリカ大陸では，エチオピアとリベリアの2カ国とモロッコの一部地域を除くすべての領土が，イギリス，フランス，ドイツ，ベルギー，ポルトガルなどに植民地として分割された。同時期に，オセアニアは小さな島々に至るまでイギリス，フランス，ドイツ，アメリカなどに分

表3-1　主な帝国の植民地保有面積（1876年と1914年）

	1876年	1914年	増減
イギリス	22.5	33.5	+11.0
フランス	0.9	10.6	+9.7
ドイツ	0	2.9	+2.9
ベルギー	0	2.4	+2.4
イタリア	0	1.6	+1.6
ロシア	17.0	17.4	+0.4
ポルトガル	1.8	2.1	+0.3
スペイン	0.4	0.6	+0.2
オランダ	2.0	2.0	±0
アメリカ合衆国	0	0.3	+0.3
日本	0	0.3	+0.3

注：単位は100万平方キロメートル。
出所：レーニン「資本主義の最高の段階としての帝国主義」『世界の名著52巻』中央公論社，1977年，354ページなどから作成。

表3-2　世界各地域の土地面積において独立国が占める割合（1913年）

国名	％
北アメリカ	32.0
中央・南アメリカ	92.5
アフリカ	3.4
アジア（ロシアを含む）	43.2
オセアニア	0
ヨーロッパ	99.0

出所：エリック・ホブズボーム『帝国の時代（第2巻）』みすず書房，1998年，241ページ。

割された。

　アジアの多くの国々も公式帝国の領域となった。イギリスはすでに領有していたインドにビルマを併合した。ロシアは中央アジア・太平洋岸に侵攻した。フランスはインドシナを征服し，日本は台湾・朝鮮半島・南樺太などを領有した。この時期，オランダは新たに領土を獲得しなかったが，インドネシア諸島を長い間領有していた。

非公式帝国

「帝国の時代」を植民地時代と呼んで片づけるのは適切ではない。帝国は本国＝植民地関係だけで成り立っていたわけではないからだ。大国が弱小政治体を統制する手段は，植民地支配に限られない。植民地支配を免れた独立国でも，その対外関係と国内政策を大国に統制されることがあった。そのような名目上の独立国と大国の関係は「非公式帝国」と呼ばれる。

アジアでは，中国，ペルシャ（現在のイラン），シャム（現在のタイ）などが独立を保った。しかし，中国は日清戦争（1894〜1895年）敗北後，日本，ロシア，イギリス，フランス，ドイツなどに勢力範囲を切り取られた。ペルシャはイギリスの影響下に置かれたし，シャムはイギリスとフランスの緩衝地域として独立を与えられていたに過ぎなかった。

南北アメリカ大陸には多くの独立国が存在し，大国による領土分割を免れた。これは，アメリカが同大陸に対する諸外国の不干渉を掲げ（モンロー主義），ヨーロッパ列強もそれを侵さなかったためである。そのため，アメリカは一部のカリブ諸島とカリブ海沿岸地域こそ直接領有したが，植民地を作ることなくこの地域一帯を非公式帝国として治めることができた。

2 帝国主義台頭の原因

経済的利益の追求

なぜ帝国主義が台頭したのか。この問題は帝国主義研究のなかでも論争がある。20世紀前半に影響力をもったのは，ホブソンやレーニン（通称，本名はVladimir Ilyich Ulyanov）らの経済的説明である。彼らによれば，資本主義経済では少数の者に富が集中し，貧しい人が多くなる。このような状況では国内需要は増えず，消費は生産力増加のスピードに追いつかない。国内で利潤を獲得できなくなった先進資本主義国の資本家たちは，資本が欠如した経済後進国に

投資の機会を見出す。資本家たちが競って外国へ投資するようになると，資本主義国家間の競争が始まる。なぜなら，資本主義国の政府は，他国の資本家を排除して自国の資本家を支援しようとするからである。

ホブソンやレーニンは，国内の過剰生産と余剰資本が外国へ投資する動機を生み出し，その動機に応えようとする国家同士が競争することで帝国主義が台頭すると考えた。帝国主義とは「私的な利害，主に資本家によって，自国以外の場において彼らの経済的利益を確保するために，政府機構が利用されることを意味する」（ホブソン）。

ホブソンは，政府が所得の不平等を是正する政策をとれば，帝国主義の台頭を防げると考えた。これに対してレーニンは，政府を支配する資本家たちがそのような政策を容認しないため，資本主義の発展は帝国主義に必ず行き着くと考えた。いずれにせよ彼らは，帝国主義台頭の背景として資本主義経済を挙げた。

現在までに，この説明はいくつかの観点から批判されている。第1に，事実に関する批判である。実際のところ，資本家にとって植民地は魅力的な投資先ではなかった。たとえば，イギリスは19世紀末には資本の半分を植民地の外に投資した。その最大の投資先は後進国ではなく，新興国アメリカだった。フランスも所有する領土への投資や貿易の額で言えば2番手か3番手だった。また，日本やロシアは帝国主義政策をとったが，当時は先進資本主義国とは言い難かったし，過剰生産国でもなかった。

第2に，理論的な批判である。たとえばシュンペーター（Joseph A. Schumpeter）は論文「帝国主義の社会学」（1921年）のなかで，資本主義は本来平和的であり帝国主義の台頭とは結びつかないと説いた。資本主義の論理から言えば，植民地を維持するには膨大な費用がかかるため，利潤を得られず非合理的である。したがって，資本主義にとって帝国主義は「厄介な妨げ」となる。ではなぜ帝国主義が台頭したのか。彼によれば，国家を統一するためにかつて必

要だった「軍人階級」(戦いを生業とする人々)は、その後も生存理由を守るために戦争を必要とする。そうした前資本主義的な時代遅れの軍国主義の名残によって帝国主義が台頭すると論じた。資本主義が帝国主義を生み出すのではなく、むしろ資本主義が未成熟だからこそ帝国主義が台頭する、とシュンペーターは考えた。

権力の追求

帝国主義を領土拡張政策と読み替えるならば、そうした政策をとる国家の出現は「帝国の時代」に限らない。19世紀初めのナポレオン (Napoléon Bonaparte) 率いるフランスや戦間期の日本など、領土拡張国家の例は多い。そして領土拡張政策はときに戦争を引き起こしてきた。では、なぜ国家は戦争を誘発して自国民に犠牲を強いるような領土拡張政策をとるのか。20世紀半ば以降、国際政治学者たちは帝国主義政策 (＝領土拡張政策) の原因に関心をもった。

戦後国際政治学に大きな影響を与えたモーゲンソー (Hans J. Morgenthau) は『国際政治』(1948年) において、国家は権力欲をもっており、他国を攻撃して支配する機会を常にうかがっていると考えた。彼は、経済的利益の追求ではなく、国家の権力欲が帝国主義につながると考えた。

では、なぜ国家は権力欲をもつようになるのか。ギルピン (Robert Gilpin) は、戦争後の権限配分の不平等という国際要因に注目した。通常、国際秩序は大戦争の後に構築される。その際、戦勝国には大きな権限が与えられ、戦敗国にはそれ相応の権限しか与えられない。権限配分に不平等が生じるわけである。ところが、勝敗にかかわらず、その後の国家の経済成長や軍拡のスピードは一様ではない。ここで、かつての戦敗国が相当の経済力と軍事力を蓄積すれば、戦後配分された権限に不満を覚えるはずであり、現状を変革しようと考える。こうした戦敗国のなかから、好戦的な領土拡張政策をとる国家 (ギルピンの言葉で言えば「挑戦国」) が登場する。たとえば、第1次世界大戦で敗れたド

イツはその後，ヒトラー（Adolf Hitler）の下で領土拡張政策を採用した。ギルピンによれば，国家間の力関係の変容という国際環境が帝国主義を生み出すのである。

　また，ミアシャイマー（John J. Mearsheimer）は，『大国政治の悲劇』（2001年，邦訳は2007年）のなかで次のように説明する。世界にはすべての国の安全を守ってくれる権威は存在しない（この状況を「アナーキー」と呼ぶ）。そのため，大国は互いに対して恐怖心を抱き，権力を求めて争う。したがって，すべての国家のもっとも重要な目標は，世界の権力争いのなかで自国の力の配分を最大化すること（他の国から権力を奪って獲得すること）である。国際政治がアナーキーであるため，ほとんどの大国は「現在の力の分布状況を変えたい」という欲望をもち，軍事的手段を用いてでも領土拡張を実行に移して覇権を獲得しようとする。

　しかし，大国はいつでも領土拡張できるわけではない。なぜなら，ある大国が領土拡張すれば，それを脅威と考えるライバル国に抑止されるからである。しかし，他国の領土拡張を抑止するには戦争も覚悟しなければならず，それなりの犠牲を払うことになる。そのため，多極システム（地域にいくつかの大国が存在しているような状態）において領土拡張国家が出現すると，各々の大国はその抑止を別の大国にやらせようと様子見をしてしまう。これは「責任転嫁（buck-passing）」と呼ばれる。この責任転嫁の連鎖が起きると領土拡張国家が野放しになり，やがて帝国となる。ミアシャイマーは，アナーキーと多極システムという国際環境が帝国を生み出すと考えた。

　以上のように，ギルピンやミアシャイマーは，国際環境に注目することで帝国主義の台頭を説明した。

国内圧力と政治体制

　ギルピンやミアシャイマーの説明に従えば，大国内部の性質がどうであれ，

表3-3 本章で紹介した帝国主義台頭に関する研究の比較

	国内要因	国際要因
限定的	ホブソン レーニン	—
普遍的	スナイダー	ギルピン ミアシャイマー

注：ホブソンやレーニンらは，帝国主義の台頭を国内経済から説明し，「帝国の時代」の先進資本主義諸国の行動に限定して理論を構築しようとした。これに対して，ギルピンとミアシャイマーは国際要因に，スナイダーは国内政治要因に注目するという違いはあるが，時代を超えた普遍的な理論構築を試みた。
出所：筆者作成。

国際環境が大国に帝国主義政策を取らせることになる。これに対して，大国内部の政治が帝国主義を生み出すという国際政治学の立場がある。

代表的研究はスナイダー（Jack L. Snyder）の『帝国の神話』（1991年）である。国民の愛国心を高めることで政権運営の安定化を図りたい政治家や官僚，名声や威信を獲得したい軍部，軍需や市場獲得を望む経済界など，領土拡張を望むグループはたいていの国家に存在してきた。1つひとつのグループは最初は微力だが，同じ利害をもつ他のグループと連合して勢力拡大したり，領土拡張こそが自国の安全を保障するという論法（スナイダーはこれを「戦略的神話」と呼んだ）を用いて，自分たちの狭い私的利益を公共の利益であるかのように繕って正当化する。集権的な政治体制の国家では，ひとたびこれらのグループが強力な政治連合を組んでしまうと権力の濫用が横行する。立法府や司法府がこれを抑えられなければ，一般国民に犠牲を強いるような領土拡張政策へと突き進んでしまう。このように，スナイダーは，国内グループからの圧力や国内統治の仕組みが領土拡張政策の主要因だと考えた。

以上のように，国際政治学者たちは，国際環境と国内政治のどちらに注目するかという違いはあるが，大国の領土拡張政策という歴史上繰り返される現象に対する普遍的な説明を試みた（表3-3）。

国際政治学からの説明に対して，例外を挙げて批判することはできる。たとえば，ギルピンの説明に対しては戦後日本が思いつく。第2次世界大戦で日本は敗戦したが，その後目覚ましい経済成長を遂げた。現在の日本の国際的地位に不満を感じる人は多いかもしれないが，戦争に発展しかねない領土拡張に訴えてまで不満を解消したいと考える人はほとんどいないだろう。

また，帝国主義が台頭した19世紀末という時期とヨーロッパという場所にこだわれば，国際政治学の説明は大雑把過ぎて不十分と感じるだろう。ヨーロッパにおける19世紀末の経済不況，資源や原材料の供給地としての植民地の重要性，ヨーロッパを「文明地域」と考える思想・文化など，帝国主義台頭には「帝国の時代」特有の事情があった。さらに，帝国主義政策がイギリスで採用された過程とフランスでのそれは当然異なる。したがって，帝国主義政策を取るか否かはそれぞれの政府や国民の政治的選択の結果であって，普遍的な説明など不可能だと批判することもできよう。

3　国際秩序に与えた影響

帝国主義戦争は起こったか？

帝国主義の台頭はこの時代のヨーロッパ国際秩序にどのような影響を与えたか。「帝国の時代」は第1次世界大戦（1914～1919年）に行き着いた。そのため，帝国主義を戦争と結びつける議論が登場した。レーニンは，古くからの帝国主義国と新興の帝国主義国との間で植民地の利権争いが生じ，それは帝国主義戦争に発展すると主張した。

しかし，帝国同士が植民地争奪で戦争した事実はほとんどない。この時代，植民地獲得競争をもっとも激しく展開したのはイギリスとフランスだった。もしレーニンの主張が正しければ，両国が真っ先に戦争に突入したはずである。実際，両国の利害はたびたび植民地で衝突した。特にアフリカ大陸では，イギ

リスが南アフリカとエジプトを南北に結ぶ政策を推し進め，フランスは東西に横断する植民地を建設しようとしていたところ，1898年，スーダンのファショダで両国の植民地軍が対峙し，あわや武力衝突かと思われた（ファショダ事件）。しかし，このときにはフランスが譲歩して兵を引いたし，その後もイギリスとフランスは戦争するどころか話し合いで両国の勢力圏を確定し，1904年には英仏協商を結んだ。

また，1890年代以降，新興国ドイツは植民地獲得のための野心的な行動をたびたび起こした。ドイツがフランスの影響下にあったモロッコの支配権を獲得しようとしたため，両国は対立し，1905年と1911年の2度にわたって緊張状態に陥った（モロッコ事件）。しかし，2度とも両国は交渉による問題解決を図り，戦争を回避した。

レーニンは，新たな投資先を求める資本家が政府に働きかけることで帝国主義が台頭し，帝国主義戦争が勃発すると考えた。もちろん海外膨張を求める資本家たちも当時存在したが，多くの資本家たちは戦争に抵抗する態度をとった。なぜなら，彼らの繁栄には自由な国際貿易と金融取引が必要であり，それを下支えするのは国際平和だったからである。多くの資本家にとって戦争は不利益をもたらすものだった。

第1次世界大戦勃発には様々な原因があり，それらを本章で論じる余裕はない。しかし少なくとも言えることは，ヨーロッパ帝国の植民地獲得競争が直接的な原因ではなかったし，資本家が政府をそそのかしたためでもなかった。第1次世界大戦をレーニンの言う意味での帝国主義戦争と呼ぶことはできない。

植民地という分け前をめぐる争い

帝国主義戦争は起きなかったが，帝国による世界分割はヨーロッパ帝国間の競争をエスカレートさせた。その背景には，ドイツの台頭とイギリスの相対的地位の低下という力のバランスの変化があった。1860年時点で，イギリスは世

表 3-4　1900年のイギリスを100としたときの主要国の工業力（1880〜1913年）

	1880年	1900年	1913年
イギリス	73.3	**100**	127.2
ドイツ	27.4	71.2	137.7
フランス	25.1	36.8	57.3
ロシア	24.5	47.5	76.6
オーストリア・ハンガリー	14.0	25.6	40.7
イタリア	8.1	13.6	22.5
アメリカ	46.9	127.8	298.1
日　本	7.6	13.0	25.1

出所：ポール・ケネディ『決定版 大国の興亡（上）』草思社，1993年，305ページ。

界の鉄鋼生産の53％，世界の繊維生産の49％を占めており「世界の工場」と呼ばれた。しかし，ドイツは工業育成政策に取り組み，急速に工業化を遂げ，1913年までにイギリスの工業力を追い抜いた（表 3-4）。たとえば，ドイツの鉄鋼生産高は1890年にはイギリスの半分だったが，1913年になるとイギリス，フランス，ロシアを合わせたよりも多くなった。また，1880年にはイギリスの半分にも満たなかったドイツの工業品輸出額は，30年後にはイギリスの額を上回った。その結果，イギリス一国中心の時代は終わった。もっとも世界経済はイギリスの金融や海運業に依存していたため，イギリスはまだ世界経済の中心に位置していた。しかし，工業生産力は軍事力に直結すると考えられていたし，実際ドイツでは軍需産業が飛躍的に拡大したので，ヨーロッパ地域の力関係に大きな影響を与えた。

　このように力関係が大きく変わったことで，世界の分割をめぐる国家間対立がエスカレートした。ドイツが新興帝国としての分け前を求めたからである。急速な経済成長で自信をつけたドイツ支配層は，海外に領土拡張する必要があると信じた。ドイツ首相ビューロー（Bernhard von Bülow）は「我々は好むと好まざるとにかかわらず植民地化しなければならないのである」と述べたし，ドイツ皇帝ヴィルヘルム 2 世（Friedrich Wilhelm II）は「世界政策」を掲げて，

「(ドイツは) 旧ヨーロッパの狭い世界の外に，なすべき大きな任務をもっている」と宣言した。1890年代には，ドイツ民族の優位性を主張し海外におけるドイツの影響力拡大を歓迎する団体が国内にいくつも出現した。

しかし，ドイツが台頭するよりも前に，すでに世界は古くからの帝国によって分割されていた。1899年，ビューロー首相は次のように宣言している。「我々はいかなる外国の勢力にも，神々の長からも指図を受けることはできない。『もうどうすることもできないのだ。世界はすでに分割されている』などという言葉に納得できようか」。この宣言は，新興帝国ドイツ支配層の苛立ちを代弁していた。

国際政治学では，国家は「利得（領土獲得や経済成長など）」の〈絶対量〉と〈相対量〉のどちらを気にするかという論争がある。利得を〈絶対量〉で考える場合，国家は自国の利得の最大化だけを考え，他国がどれだけの利得を得たのかを気にしない。これに対して，〈相対量〉で考える場合，国家は自国の利得だけを考えるのではなく，他国との分け前の差を気にする。ドイツは利得を〈相対量〉で考えたので，国力をつけたにもかかわらず植民地というパイの分け前が再配分されないことに苛立ったのである。

植民地が再配分されなかったのは当然である。フランスやイギリスなど古くからの帝国もまた利得を〈相対量〉で考えており，自国の分け前を明け渡すまいとしたからである。当時，海外の植民地や勢力圏は大国にとって当然の取り分であると信じられていた。ドイツが特別変わった信念をもっていたから植民地獲得に野心をもったわけではない。イギリスやフランスも同様に，植民地というパイの分け前を守るのに必死だった。それらの国から見れば，分け前を要求するドイツは国際秩序を覆そうとする勢力だった。その結果，現状を維持しようとする古くからの帝国と，現状を変えようとする新興帝国ドイツが激しく対立することとなった。

大国による勢力圏合意

　しかし帝国にとって，植民地の分け前をめぐる争いのほとんどは，武力ではなく外交で解決する問題だと考えられていた。ブル（Hedley Bull）によれば，大国は，ある地域に対する優越的地位を一方的に利用して他国と対立を起こすよりは，勢力圏を互いに認め合うことで国際秩序の形成に貢献してきた。彼は，古典的な勢力圏合意の時代として19世紀末を挙げている。この時代の勢力圏合意には3種類あった。第1に，大国間で無主地や主権未承認地域に関して相互の排他的権利を承認した合意である。これには，アフリカとオセアニアにおけるヨーロッパ諸国の膨張に伴って結ばれた合意がある。第2に，独立する第三国の領域に関する大国間の合意である。これはもっぱらアジアに関するヨーロッパ列強の合意であり，たとえばシャムをそれぞれの勢力圏に分割した英仏合意やペルシャに関する英露合意があった。第3に，大国と地元国家の間の合意である。これは，地元国家がその領土と利権をいかなる第三国にも譲渡しないことを約束するものであり，たとえば諸外国と中国の間で結ばれた合意があった。これらの合意を通じて，大国は互いの利害を調整した。

　しかし，この時代の勢力圏合意は，ある地域に対する互いの優越的地位という「事実」を承認したが，支配の「権利」まで与えているかはあいまいだった。そのため，ある国の見解では権利として存在する勢力圏でも，別の国には単に事実として存在するだけの変更可能な勢力圏と見なされる場合もあった。たとえば，イギリスはドイツやイタリアと締結した合意で上ナイル地方（現在の南スーダンの北東部）の権利をもつと考えていたが，フランスはこれを権利と見なしておらず，このことが前述のファショダ事件（1898年）の原因のひとつになった。

　また，この時代の勢力圏合意は，ある国がその勢力圏内でとる行動について他国は全く関知しない（つまり無関心でいる）ことを確認したに過ぎない。通常，勢力圏合意は条約で認められた限定的な行動のみを大国に許可すると考え

られていたが，他国の無関心をいいことに，条約の範囲を逸脱して勢力圏で自由行動をとる大国もあった。

このように勢力圏の合意はあいまいなものだったが，ヨーロッパの大国は他国の植民地を戦争で奪うよりは，世界を勢力圏に分割・管理することを選択した。ただし，注意しておくべきは，大国はヨーロッパ世界に秩序を構築しようとか，国際平和を樹立しようとして勢力圏合意を結んだのではない。それは，大国にとって植民地は他国と全面戦争をしてまで奪うほどの死活的な利益ではなかったという単純な理由による。19世紀末には，経済のグローバリゼーションと植民地の拡大によって，ヨーロッパ地域だけでなく，地球のあらゆる場所で大国の利害が衝突する可能性が生まれた。周辺地域での不要な衝突を防ぐために大国間の調整と合意が必要とされたのである。

以上のように，帝国主義の台頭それ自体は第1次世界大戦というヨーロッパ国際秩序の崩壊をもたらしたわけではなかった。しかし，古い帝国と新興帝国の間で植民地という分け前をめぐる争いがグローバルに展開した。そこで，ヨーロッパ域外での利害対立が帝国間の大戦争に発展しないように調整する必要性が生まれた。つまり，帝国主義の台頭は，ヨーロッパ域外での周辺的な出来事がヨーロッパ域内の国際秩序と連動する状況を作り出したのである。

4 戦後世界における帝国主義

冷戦時代の覇権と勢力圏合意

第2次世界大戦後しばらくの間，ヨーロッパの帝国は植民地に対する優位を維持しようと，「帝国の時代」以上の直接的で暴力的な支配を試みることもあった。たとえば，戦後から1950年代にかけてイギリスは，アフリカ・東南アジア・中東で支配を強化した。フランスもまた同時期に，最初はインドシナ，次にアルジェリアにおいて武力で独立を阻止し続けた。

しかし，植民地ではナショナリズムが高揚し，民衆蜂起が相次いだ。戦争で疲弊したヨーロッパ帝国は植民地を支配する体力を失っていた。また，国際連合では反植民地主義勢力が伸長し，1960年には「植民地独立付与宣言」が圧倒的多数の賛成を得て総会で採択された。その後も脱植民地化の流れは止まず，1970年までにヨーロッパの公式帝国はほぼ解体した。

　脱植民地化は公式帝国を終わらせたが，大国による弱小国の統制が国際政治から消えたわけではなかった。もっとも世界は冷戦時代に入ったことで，国際政治の主役はヨーロッパからアメリカとソ連に移り，また，帝国よりも覇権という概念が適用された。山本吉宣の『「帝国」の国際政治学』（2006年）によれば，帝国は，大国が弱小国の対外関係だけでなく国内政治をも統制する場合に用いられる。これに対して覇権は，対外関係は統制されるが国内政治は統制されない国家間関係に用いられる。覇権体制の下では，弱小国は主権を認められており，大国もそれを無視はしない。しかし，大国は自国の指導的役割が弱小国にも得になることを示し，弱小国もそれを承認する。大国は直接的な武力行使や威嚇ではない方法を好むが，死活的な利益を侵すような場合にはそれらを用いる意思がある。覇権体制は，帝国に比べて支配の程度は弱いが，やはり大国の力の優越に支えられている。

　東ヨーロッパ諸国に対するソ連の立場は覇権の典型例だった。ソ連は東ヨーロッパ諸国が主権をもつことを承認した。また，ソ連は共産主義運動の中心として政策の手本を示し，西側の脅威から東ヨーロッパ諸国を守る防波堤として軍事同盟（ワルシャワ条約機構）を構築した。しかし，ソ連が「脅威」と認定したときは，諸国内の変革を武力の行使や威嚇で阻止した。同様に，アメリカとラテンアメリカ諸国の関係も覇権関係だった。アメリカはそれら諸国の国際法上の権利を認め，米州機構（OAS）憲章で不干渉原則を宣言した。しかし，アメリカは，もしこの地域に共産主義が広がれば，それを外国の侵略的干渉と見なして軍事介入する意思をもっていた。

大国による勢力圏合意が戦後世界から消えることもなった。19世紀末と異なり，米ソは勢力圏に関する条約を結んだことはないし，共同宣言を出すこともなかった。しかし，米ソはあたかも相互の勢力圏に直接干渉することを禁じる規則があるかのように振る舞った。たとえば，ソ連が1956年ハンガリーに，1968年チェコスロヴァキアに武力行使した際，アメリカはそれらの国に軍事介入しなかった。もしアメリカが介入していたら，ソ連は勢力圏の侵害と受け止めたであろう。また，1962年，ソ連がキューバに攻撃用ミサイルを配備しようとしたとき，勢力圏に関する規則を侵したと受け止めたからこそアメリカは報復措置を検討した（キューバ・ミサイル危機）。両大国は互いの勢力圏を認めることで，周辺における出来事が両国の直接的な全面戦争に発展するのを回避していた。ここに，「帝国の時代」との連続性を見てとれる。

冷戦後における帝国論の再燃

　冷戦後には帝国の議論が再燃した。アメリカ帝国論である。第2次世界大戦後，アメリカは海外に軍事基地を積極的に構築し，他国に影響力を行使してきた。そのため，20世紀半ばから，アメリカは，ローマ帝国や大英帝国になぞらえられ，賞賛されたり非難されたりしてきた。2000年代にはブッシュ（George W. Bush）政権の下で，アメリカが単独で他国に軍事介入する帝国主義的行動を示したため，このことが特にアメリカ国内で活発に議論された。ネオコンと呼ばれる賛成派は，「自由主義的帝国主義」は世界で民主主義を促進し独裁を打ち倒すことでアメリカの国益に利すると主張した。他方，反対派の多くは現実主義の立場から，海外への過剰な関与・介入は重い財政負担，多国間制度の破壊，同盟関係の亀裂を招き，アメリカの国益を損ねると考えた。

　国際政治学の分野では，一極システムの世界でアメリカが用いる秩序形成の手段が問題とされた。ここで言う一極システムとは，アメリカが圧倒的な経済力と軍事力を保有する状態で，かつ，アメリカに均衡を取る対抗勢力が出現し

ないため，アメリカの対外政策がチェックされない国際環境を指す。アイケンベリーは，一極システムで大国が取りうる秩序形成の方法を，自由主義的秩序形成と帝国的秩序形成に区別した。自由主義的秩序形成とは，大国が国際的なルールや制度を作って弱小国から合意を得ることで国際秩序を形成することであり，帝国的秩序形成とは，大国が力の威圧的な行使によって弱小国を従わせてそれを維持することで国際秩序を形成することである。彼は，戦後アメリカは自由主義的秩序を構築してきたと論じた。たしかに，対抗勢力がなかったとしても大国が弱小国を支配するとは限らないので，一極システムが必然的に帝国を生むわけではない。アイケンベリーは，明示的に述べてはいないが，帝国主義的行動をとるかどうかは大国次第であると考えたのである。

再燃した帝国論から学ぶべきは，帝国主義と国際的な力の分布（一極システム，多極システムなど）の関係である。一方で，帝国主義と力の分布はあまり関係がないとする立場がある。帝国主義は大国の政策選択の結果であり，一極か多極かにかかわらず帝国主義は台頭し得るし，また回避することもできるという考え方である。他方で，両者は密接に関係するという立場がある。前述したように，帝国主義が台頭した19世紀末のヨーロッパはいくつもの大国が凌ぎを削る多極システムであり，ミアシャイマーによれば，多極システムでは帝国が出現しやすい。また，国家は利得の〈相対量〉を気にかけるという立場からすれば，いくつもの大国が存在している状態（多極システム）だったからこそ，大国が植民地という分け前を最大化するよう行動し，帝国主義が台頭した。このように，一極システムより多極システムの方が帝国主義は台頭しやすいと考えることもできる。帝国主義と力の分布の関係性は，残された研究課題である。

国家間の不平等と国際秩序

「帝国の時代」では，植民地に主権保有は認められず，本国との関係は法的

にも政治的・軍事的にも不平等だった。これに対して，戦後国際関係の特徴の1つは，法的な平等と政治的・軍事的な不平等の緊張関係である。あらゆる独立国は主権を認められ，法的な平等を約束されている。しかし他方で，国家間の軍事力の差は歴然としており，各国の政治的影響力に差があることも明らかだ。

国際政治経済分野のいくつかの研究はこの緊張関係を明らかにしようとしたが，それらはもっぱら"経済的な"不平等を論じることに終始した。これと比べると国際政治学は，"政治的・軍事的な"不平等と国際秩序の関係に，あまり注意を払ってこなかったといえる。代表的な国際政治理論であるネオリアリズムは，国家間の力の不平等を認めるが，国際関係はアナーキーであり，平等な主権をもつ国家間の関係を秩序立てる権威は存在しないと考えた。もう1つの代表的理論であるネオリベラリズムは，国際的なルールや制度が国家間のやり取りに影響を与えることを認めるが，国家は自律的に自己の利益を決定でき，それは不可侵だと想定する。その意味で，国際制度は諸国家を秩序立てる権威ではない。

これらに対して，少数ではあるが，政治的・軍事的に不平等な国家間関係には何らかの権威が働いており，階層秩序が成り立つと主張する研究がある。たとえばウェント（Alexander Wendt）とフリードハイム（Daniel Friedheim）は，政治的・軍事的に不平等な国家間の関係には「非公式帝国」と呼ぶべき階層秩序が構築されると考えた。非対等な軍事的つながりのある2国間関係では，従属国は自国の安全を支配国に依存し，その影響下に置かれる。支配国は従属国にとって何が脅威であるかさえも決定でき，この点において従属国は実質的には主権をもたなくなる。しかし同時に，支配国は，従属国に主権があると認識させることで，支配の同意を得ようとする。そのため従属国は定期的に自律を主張するが，支配国を味方につける必要があるため自己抑制もする。このやり取りが繰り返されることで，両国のアイデンティティと利益が構築されて，支

配国は従属国に対する権威になるという。

公式帝国が消滅した戦後世界にも，国家間の政治的・軍事的な不平等は明らかに存在する。問題は，その不平等な関係から権威（暴力的な手段を用いず関係国を従わせることのできる主体）が生まれ，その権威の下で国家間関係が階層的に秩序立てられてきたかどうかである。国際政治学の主要理論は権威に基づく階層秩序の存在を認めなかったが，ウェントたちのようにそれに挑戦する研究もある。

階層秩序の問題は今後の国際政治学の研究課題として重要である。これまで様々な場面で，発展途上地域は先進諸国との政治的な不平等を是正すべきであると主張してきた。そして，この主張は規範的観点から説得力をもって語られてきた。しかし，もし国家間の政治的・軍事的不平等が国際関係に秩序をもたらしてきたとすれば，不平等は是正すべきではないという意見もまた説得力をもつのである。ブルの次の指摘は重要である。「もしかりに国家が，法の下で平等であるのと同じように，国力においても平等であって，かつ，いずれの国家も，いずれの他の国家とも同一の程度の実力を用いて，自らの権利を主張できるとすれば，（中略）およそ国際衝突を解決したりうまくそれを覆い隠したりすることは難しくな」る。「（国家間の力関係が不平等であるがゆえに，）ある国際問題が結果として解決されたり，ある国家（弱小国）の要求が，実際，無視されて，他のある国家（大国）の要求が，目下の問題に重要性を有する唯一のものであると認められたりするのである」（ヘドリー・ブル『国際社会論――アナーキカル・ソサイエティ』岩波書店，2000年，250ページ）。

文献案内

エリック・ホブズボーム著／野口建彦・野口照子訳『帝国の時代1875-1914（１）』みすず書房，1993年。

　「帝国の時代」の国際政治経済と国内政治を概観できる。特に資本主義経済の発

展と帝国主義の関係がバランスよく記述されている。なお第2巻（1998年刊）では，同時代の社会・文化・人々の生活などが描かれている。

Robert Gilpin, *War and Change in World Politics*, Cambridge: Cambridge University Press, 1981.

大国間の力の不均等な発展が，現状打破を狙う挑戦国を生み出し，現状維持勢力である覇権国と衝突して覇権戦争が起きると主張。国際政治学の視点から大国の台頭と国際秩序変動の関係を論じた。

ジョン・ミアシャイマー著／奥山真司訳『大国政治の悲劇——米中は必ず衝突する！』五月書房，2007年。

攻撃的現実主義を提唱。国際政治はアナーキーであり，他国と協力関係を取り結ぶことが難しい以上，大国は必ず地域的な覇権を求めて生存を確保しようとする。大国の行動を理解する上で必読。

Jack L. Snyder, *Myths of Empire: Domestic Politics and International Ambition*, Ithaca, NY: Cornell University Press, 1991.

国家による過剰な領土拡張政策の原因を国内政治に求めた。20世紀初頭のドイツ，戦間期の日本，ビクトリア朝時代のイギリス，第2次世界大戦後のソ連，冷戦期のアメリカの5つの事例を検討している。

山本吉宣『「帝国」の国際政治学——冷戦後の国際システムとアメリカ』東信堂，2006年。

アメリカ帝国論争を知ることができる。また，フォーマル帝国とインフォーマル帝国，帝国と覇権，帝国的と帝国主義的など，類似の概念を整理できる。

G. John Ikenberry, "Liberalism and Empire: Logics of Order in the American Unipolar Age," *Review of International Studies*, 30（4），2004, 609-630.

冷戦後の一極システムはアメリカを中心とする階層秩序であると主張。無政府秩序と階層秩序の違い，階層秩序の類型など，帝国と国際秩序の関係を考える際のヒントを提供してくれる。

Alexander Wendt and Daniel Friedheim, "Hierarchy under Anarchy: Informal Empire and the East German State," *International Organization*, 49（4）, 1995, 689-721.

　政治的・軍事的に不平等な国家間関係には，構成国のアイデンティティと利益を構築する国際的権威構造が存在すると主張。冷戦期のソ連と東ドイツの関係を事例に考察している。

第4章
ヨーロッパの没落と欧州統合

高瀬幹雄

この章で学ぶこと

　第1次世界大戦の衝撃的惨禍は，ヨーロッパが世界の中心であった時代の終わりをつげ，欧州の没落観が広まる。伝統的な主権国家システムへの挑戦とされる欧州統合の思想と運動は，国際秩序形成から見れば，ワールド・パワーを失ったヨーロッパが，ヨーロッパ地域の戦後の秩序のなかでどのような地歩を築くべきかの模索の過程でもある。

　勢力均衡と帝国システムの解体から一新された戦間期のヨーロッパでは，あらたな広域秩序圏による欧州統一を目指し多様な統合構想が語られる。しかし，戦後秩序の要であるヴェルサイユ体制と国際連盟は第2次世界大戦の勃発を防ぐことはできなかった。米ソ冷戦という深刻化した国際情勢において，ヨーロッパの没落と影響力の低下は一層深まり，ヨーロッパは，経済復興，ヨーロッパ域内の安全保障の構築，戦間期と大恐慌から引き継がれた国内の社会・経済体制の危機への処方箋をせまられる。

　1920年代の没落意識を契機に1950年代までのヨーロッパは，戦間期，第2次世界大戦後を通じる統合理念を定着させ，史上初の統合機関の誕生と今日に至る統合路線が確定されていく。その軌跡は必ずしも単線的な発展ではなく，一元的な構想やリーダーシップに基づくものではなかった。そこには多様な構想と国益，民衆の思いが衝突し，調整されるなかで実際の統合が進められていったのである。

　なかでも戦後の荒廃から復興に至る展開とリーダーシップにおいて，アメリカの後ろ盾から他の諸国より相対的に影響力を保持したイギリスと，国土と国家体制を徹底的に破壊された大陸諸国の行動は異なったものになる。この2つの勢力の対立に通底するのは，統合の根幹たる理念と方法論において今日に続く不協和音である。

　没落から，再生へ，戦間期から冷戦期を通じて統合の基盤が形成された50年代までにおいて，現在に継承される協力と妥協，対立の根源を軸に欧州統合を通じた新秩序を模索するヨーロッパの姿を考えてみる。

1 ヨーロッパの没落

没落の前兆

　フランスの思想家 P・ヴァレリー（Paul Valéry）は，『現代世界の考察』の序言で次のように語る。「かなり短時日のあいだに相ついで起こったシナに対する日本の軍事行動と，イスパニアに対する合衆国の軍事行動は，その当時，私に特別の印象を与えた。(中略) 私は，この別々の事件を偶発事や局限された現象としてではなく，徴候あるいは前提として，内在的重要性や外見上の有効限度をはるかに超えた意義をもつ意味深い事実として，強く感じたのである。前者はヨーロッパ風に改造され，装備されたアジア国民の最初の実力行為であり，後者はヨーロッパから描き出され，いわば発展した国民のヨーロッパ国民に対する最初の実力行為だったのだ」(『ヴァレリー全集12』，1931年所収)。

　ヴァレリーは，ヨーロッパから遠く離れた極東における日清戦争（1895年）と大西洋を隔てたアメリカが起こした米西戦争（1898年）という2つの事件とその結果に，ヨーロッパの精神の危機の前兆を見ている。そこから，これらの事件によって打撃をうけ，その存在を不安ならしめるなにものかの存在に漠然と気づき，ヨーロッパとは何か，ヨーロッパ人とは何かという問題に考察を進める。そこには，第1次世界大戦後の疲弊したヨーロッパで，同じく「精神の危機」考察を行ったO・ガセットの『大衆の反逆』とともに当時の厭世的風潮が色濃くあらわれていた。

　19世紀以降少なくとも第1次世界大戦まで，ヨーロッパ史によれば，西欧諸国が政治・経済・文化的にも他の地域より優越し，世界の中心としてその動向が欧州のみならず，外部世界にも反映していたとする。それはいわば，ヨーロッパの世界化，世界のヨーロッパ化であった。第1次世界大戦後，こうしたヨーロッパ中心史観を文明論の立場から痛烈に非難したのが，O・シュペング

ラーであり，世界の諸文明の比較から「歴史の研究」を世に問うたA・トインビーであった。

シュペングラーの『西洋の没落』における「世界史の比較形態学」によれば，これまで世界に存在した「高度文化」は，それぞれ生きた有機体として，誕生期から青年期，壮年期などの周期をたどるが，固有の原理は各文化に独特のものである。いかなる文化もその生命力を使い果たせば，彼の「文化断絶説」によれば，民族とともに文化の伝承や継承は考えられず，ヨーロッパは老年期にはいり，民族の衰滅とともに文化も衰滅する。そこから導き出された「没落」という予言には，当時の学界からは，その内容の独断性や論理の不備において批判が寄せられた。しかし，敗戦とともに，帝政期のドイツ文化に絶対的であった大学，アカデミーの権威は揺らいでいた。一般大衆や学生，戦線から帰還した青年達は，敗戦後の混乱を生き抜く指針に悩み，専門化した哲学や学問に失望するなか，シュペングラーの悲観論は，一般社会の大衆に「不安」が遍く広がるのに少なからぬ影響を与えたのである。

欧州統合の前史としての19世紀

ヴァレリーの悲観論のもととなったヨーロッパの19世紀は，遠藤乾の『ヨーロッパ統合史』によれば，「長い19世紀」といわれる統合前史に位置づけられる時代であった。フランス革命から第1次世界大戦勃発までの「長い19世紀」に，ヨーロッパ社会はかつてないほどの一体性をもたらし，諸国家と社会の経済的な相互依存関係が飛躍的に増大した。この時期に，近代民主主義の理念，自由貿易主義と保護主義，帝国主義から社会主義といった20世紀を彩る主なイデオロギーのほとんどが姿を現してくる。

19世紀の自由貿易の隆盛と越境的な交易や接触の増大は，諸国家の相互関係を密にするとともに，そこから起こる争いの処理も必要となる。国家の堅い殻による衝突を避け，国際行政協力のための国家連合などの初期の国際機構が出

現してくる。これらを背景に19世紀の後半には，市民革命による「民主主義」，ドイツの国家統合に見られる「関税同盟」，初期国際機構の成立を促した「機能主義」「連邦主義」など，今日の欧州統合を彩る様々な方法論が姿を現した時期でもあった。

一方で，この世紀にはヨーロッパ意識（アイデンティティ）の観点から，あらたな「境界」がうまれてくる。古くからヨーロッパには，イスラム世界との対決や，「タタールのくびき」といわれるモンゴル帝国による東方系民族による侵攻の記憶がある。そうした背景に，19世紀にはヨーロッパ意識と後の欧州統合の形成と展開に大きな影響を与える2つの勢力があらたな「他者」として姿を現してくる。

第1は，ロシアの動向である。イスラムの脅威以降，「ヨーロッパ」の境界を規定する「他者」として重要な役割を果たしたのはロシアである。そもそもロシアはナポレオン戦争の雌雄を決した当事者であり，戦争後のウィーン会議における「ヨーロッパ協調」の一角をしめる強国であった。しかし，ポーランドへの介入や，ウィーン体制を揺るがす1848年の欧州各地の市民革命への対応を通じて，ロシアは次第に東方の専制国家として抑圧的な強国として理解されるようになる。さらに1853年のクリミア戦争は，そうしたロシアのイメージを決定づける出来事であった。このロシアはヨーロッパと異なるという意識は共産主義革命によるソ連誕生で一層強められることになる。すでに19世紀から，このロシアに対するイメージを通じて，「西」と「東」の意識が重要な意味をもつようになり，進んだ「西」に対する遅れた「東」といったイメージとあいまって，東西の境界線がヨーロッパの境界線として意識されていく。

第2にあげられるのは，アメリカの存在である。孤立主義の外交姿勢により第1次世界大戦までヨーロッパと距離をおいていたアメリカであるが，仏政治思想家A・トクヴィル（A. Tocqueville）が『アメリカの民主主義』で著したように，アメリカが将来大国として台頭するであろうという予想はかなり流布し

ていた。また，ヴァレリーが指摘したように，1898年の米西戦争は，郷愁のなかにあったとはいえ，かつて世界に君臨したヨーロッパの強国スペインの凋落を白日の下に晒した。ヨーロッパを旧世界と呼び，イギリスからの独立革命によって成立した連邦としてのアメリカ合衆国は，以後，「欧州合衆国」構想に見られるように欧州統合のモデルのひとつになる。

アメリカの力強い興隆のイメージは，ヨーロッパ文明の先行きに関する不透明感と対照的に，ヴァレリーやV・ユゴー，のちに見るクーデンホーフ＝カレルギーなどの欧州統一思想家達の対米観に大きな影響力を与えたのであった。

2　戦間期の欧州統合思想と汎ヨーロッパ運動

ヨーロッパ広域秩序の再編と欧州統合構想

アメリカの参戦でようやく終息した第1次世界大戦は，ヨーロッパが世界の中心であった時代の終わりを告げた。戦争の結果，それまでの秩序の基盤となっていた4つの帝国（ドイツ，オーストリア＝ハンガリー，ロシア，オスマン・トルコ）が崩壊し，伝統的な勢力均衡が消滅し，ヨーロッパの地図は一変する。大規模な国家の荒廃と敗戦国に対する懲罰的なヴェルサイユ体制がしかれるとともに，「民族自決原則」の名のもと，オーストリア＝ハンガリー帝国が解体し新興国が独立する。しかしこの新秩序は，予想に反して欧州域内の諸国家と国内体制の安定をもたらさなかった。特に過酷な賠償の負担によってドイツやオーストリアでは国内政治の緊張が高まった。こうして，第1次大戦から第2次大戦までの戦間期に，「平和」の回復と維持，ヨーロッパ域内の国家間秩序の動揺，各国体制の混迷をまえに，新たにリセットされたヨーロッパの全体を意識して，ヨーロッパ広域秩序の再編を目指し欧州統一の構想が練られることになる。

たとえば，はやくも1915年に，F・ナウマン（Friedrich Naumann）は，『中欧論』でドイツを中心とする広域経済圏を唱えていた。西の英仏，東のロシアに対抗し伝統的な「中欧」という歴史的・文化的概念にドイツ民族を主導とする共同体という新たな意味づけを与え，その後のドイツの外交に大きな影響と方向性を与え，その底流は後の中・東欧地域に脈々と受け継がれていく。このほかにも，社会主義から，レーニン，トロツキーの「ヨーロッパ合衆国論」，ナチズムの「生存権（Lebenstraum）」の構築や，教皇ピウス11世のキリスト教的世界統一など様々な構想が語られた。

そうしたなかで，特に今日の欧州統合につながるものとして，思想と理念の背景，具体的な方式において対照的な3つの構想について述べることにする。クーデンホーフ＝カレルギー（Richard Coudenhove-Kalergi）の「汎ヨーロッパ論」，A・ブリアン（Aristide Briand）の「ヨーロッパ連邦構想」，A・スピネッリ（Altiero Spinelli）の「ヨーロッパ・レジスタンス宣言」である。

クーデンホーフ＝カレルギーの汎ヨーロッパ論

「民族自決」で寸断された中欧地域の「再統合」をはかり，域内の平和と欧州の世界的地位の復活と維持を目指し，世界的な文脈にも言及したのが，クーデンホーフ＝カレルギーよる「汎ヨーロッパ」運動である。彼の思想と運動は，戦間期にとどまらず，第2次世界大戦後までも影響力を及ぼす。その活動は，1920年代の「汎ヨーロッパ」運動の提唱から，1938年にナチスのオーストリア併合によって亡命を余儀なくされるまでの高揚と苦悶の時期，第2次世界大戦中のアメリカ亡命時代の活動，大戦後の欧州統合組織の実現以降の時代，と長期にわたっており，その構想は，戦後の欧州統合実現の時代を含めて汎ヨーロッパ運動の中心的な役割を担い続けた。

彼によれば，「欧州の没落の原因は，（シュペングラーのいうような）生物学的なものではなく，政治的な要因にある。世界戦争は欧州の政治地図を劇的に変

えたが，その政治制度はそのままである。階級相互間の衝突，欧州国家相互の競争は激化の一途である。他方，技術の進歩は著しく，『距離』の概念も様変わりし，鉄道・通信手段の革命的向上で，国家間の距離は格段に接近している。つまり狭い国境で仕切られた国家の有用性は限界を超えている。そして特に，アメリカ，ソ連，アジアでは日本が力を得ている。これに対し，欧州は政治・経済的分裂状態であり，このままでは没落し大国の餌食となる」として，その最大の障害は「不倶戴天の敵」であるドイツとフランスの対立であり，この2国の和解の必要を強く唱える。

その主張は次の3点にまとめられる。①欧州の没落を回避するための組織の根本的変更，②分裂欧州を襲うロシアの脅威，③アメリカとの競争に敗れることによる経済的破綻である。その処方箋として，欧州の国境を排し，欧州に一大経済・政治的領域を実現する欧州諸国による汎ヨーロッパ組織の創出を希求する。そのために，第1段階では26カ国の政府代表による汎・ヨーロッパ会議の開催，第2段階では仲裁裁判所の創設とイギリスを除く安全保障条約体制の樹立，第3段階は，関税同盟，欧州防衛条約の締結，第4段階では，連邦憲法の制定をあげている。さらには，二院政の議会の設置，単一通貨の導入も提唱している。イギリスを除くのは，クーデンホーフ＝カレルギーの世界観として，世界を以下の5つからなる地域ブロック，汎ヨーロッパ，英帝国，汎アメリカ，ソ連および東亜（日本を中心とした東アジア）に分け，ブロック間の競争や調整をへて世界規模の連合を目指すことで世界平和を実現しようとしたからである。さらに，国際連盟については，機能不全で，その加盟国も人類の半分も包含していないとして否定的であった。これは次のブリアンの考えとは対照的であった。

クーデンホーフ＝カレルギーの構想には，世界ブロック概念に残余する植民地体制など当時の時代情況からくる限界も指摘され，没落した貴族主義的な欧州への郷愁とテクノロジーの進展に期待した新秩序の提唱であるともいわれ

る。しかし，その構想で語られた統合の理念，独仏対立の解消，段階的方式の組織と制度設計のかなりの部分がのちに実現されることになり，彼は欧州統合に寄与した第1回のシャルルマーニュ賞の受賞者となる。

現場からの欧州統合構想

仏社会党出身で外相と首相を何度も歴任したA・ブリアンは，1927年に，各地に広がっていた汎ヨーロッパ運動の名誉総裁に就任した。1929年の国際連盟総会の場で，ブリアンの欧州統合構想が提案される。その提案の要旨は国家を基礎とする「ヨーロッパ連邦的な秩序」をつくることであった。ブリアンは対独戦を勝利に導いた現役政治家であり，ヴェルサイユ体制を構築したひとりであった。ブリアンは，仏外務省を通じた外交交渉により，独外相シュトレーゼマンの支持も得て仏外務省事務総長レジェによる「ヨーロッパ連邦連合体制に関する覚書」を起草した。その構想は，クーデンホーフ＝カレルギーと反対に，国際連盟に類似した総会，理事会，事務局を基盤として「連邦秩序を構成する国家主権のいかなる部分に対しても影響を与えないという原則」に沿った欧州統合を主張していた。

ブリアンの提案は，フランスの同盟国であるチェコスロヴァキア，ルーマニア，ユーゴスラヴィアには好意的に受け止められたものの，その支持は広がらず棚上げになった。その原因には，国家主権の絶対性は維持し，国際連盟の諸条約を遵守するやり方は，その背後にフランスが獲得したヴェルサイユ体制を固定化しようとする意図があること，ヨーロッパ全体の統合推進という観点からすれば，各地域の利害を糾合する上で物足りないものであった。

ブリアンはナチスドイツの登場の前年没しその役割を終える。しかし，ブリアンは，知識人の思想にとどまっていた構想を現実政治の場に提示した点で画期的であり，またその連邦主義は現在のEUでの論争を含めて，国家主導の連邦主義の主張の水脈のなかに続いている。

第4章　ヨーロッパの没落と欧州統合

　汎ヨーロッパ運動のなかで，社会主義者や民間の運動家も大きな影響力を発揮する。A・スピネッリは，イタリアの共産党出身で汎ファシズム運動家であり，後にレジスタンス運動による欧州統合思想に大きな影響を与えた。スピネッリはE・ロッシとともに，1941年，ムッソリーニによってヴェントネーテ島の政治犯収容所に送られた。そのなかで「ヴェントネーテ宣言——自由で統合されたヨーロッパのために」を起草した。この宣言はヨーロッパ連邦構想の記念碑的な宣言として多くのレジスタンスに影響を与えた。スピネッリらの行動と思想は，1944年に欧州各国に広がった9カ国（デンマーク，仏，伊，蘭，独，ノルウェー，チェコスロヴァキア，ポーランド，ユーゴスラヴィア）のレジスタンス運動の代表によって，「ヨーロッパ・レジスタンス宣言」にまとめられた。その理念は，国家主義に鋭く対立する共産主義や反ファシスト戦線を根源とし，戦争の原因は，何にもまして国家の存在そのものにあるとする。そして知識階級と労働者階級を糾合し，市民に直接責任をとるヨーロッパ連邦こそが，国際秩序の安定に貢献できるとしていた。その考えは，ブリアンの仏政府の連邦主義と違って「下から」の連邦主義といえ，後の連邦主義論争の重要な源泉となった。グラス・ルーツの活動家としてのスピネッリは，第2次世界大戦後にEEC欧州委員会委員長に就任し，初の直接選挙による欧州議会議員としても活躍する人物となる。

　以上見てきた1920年代から30年代にかけてのヨーロッパは，自発的で協力的か，武力による強制的かその形態は様々であれ，西は大西洋の海岸から，東はウラル山脈までの，スラブ，ドイツ，ゴールおよびラテン人をふくめた広い範囲での何らかの全ヨーロッパ統一秩序の構築を考えていたのである。

　しかし，「ひとつのヨーロッパ」では共通しても，実現の方法と手段においては，競合し，ときには対立するものであった。

　クーデンホーフ＝カレルギーのように「文明論」か，政治家ブリアンの国家を基盤とし「条約や国際法」を重視した制度か，あるいはスピネッリらの「下

からの民衆運動」として国家主義に対抗し革命的に行くか。こうした多義的な統合構想は，後の冷戦のような外圧のない状況で，欧州地域内で限定された環境で展開され1つの現実に糾合されることはなかった。

3 　第2次世界大戦後の欧州統合

イギリスのイニシアチブ

　第2次世界大戦は，ヨーロッパ諸国と国民にとって国家とナショナリズムがもつ危険性をそれまでと比較にならない規模で明らかにした。戦争は非戦闘員を含む全く新しい「総力戦」となり国民1人ひとりが犠牲となった。国際関係のウェストファリア体制の存在基盤である，「外部の敵からの保護を目的とすることで正当性をえていた」国民国家は，一転，国民と国家自体の生存さえ脅かす最悪の状況をもたらしたのである。この意味で，平和の回復と維持が求められた先の大戦と違って，第2次世界大戦は，国民さえ滅ぼしかねない国家主義をいかに抑制していくかという，国民国家の根源的問い直しを緊急の課題として提起したのである。

　第2次世界大戦後にまずイニシアチブをとったのはアメリカであった。大戦中にこそイギリスと大西洋憲章によって戦後世界の基本方針を提示したアメリカは，連合国として加わったソ連とヤルタ会談等を通じて戦後秩序を形成していく。戦争直後にヨーロッパに突きつけられた経済復興，冷戦，ドイツ問題は，もはやヨーロッパだけで手に負えるものではなく，1947年のマーシャル・プランから欧州経済協力機構（OEEC），北大西洋条約機構（NATO）の結成まで圧倒的な政治・経済力を誇るアメリカ主導の戦後体制の構築が続けられる。

　こうした戦後の国際環境のなかで，欧州においてヨーロッパの再生と復活への試みは，イギリスのチャーチルの演説から始まる。

　1946年9月，チャーチルはスイスのチューリッヒ大学で「欧州合衆国（a

kind of United States of Europe)」の創設演説を行う。彼はすでに大戦中、戦後のヨーロッパに列強を含め少なくとも10カ国程度からなる機構の設立を提案していた。演説では、2度の世界大戦が、ドイツとフランスの抗争によるものであったこと、ドイツが再度侵略戦争を起こす危険性を排除すべきこと、ヨーロッパの再生の第一歩は仏独両国の和解であることが強調されていた。また、チャーチルは半年前の3月、ミズーリ州フルトンで「鉄のカーテン」演説を行い、忍び寄る冷戦の脅威に警句を発し、「ヨーロッパ合衆国をつくるのであれば、その呼称や形態はどうであれ、今すぐに始められねばならない」と緊急性をうったえていた。

欧州の統一に希望と熱意をもっていた人々がこのチャーチルの呼びかけにとびついた。それまで分散していた欧州統一運動が、大同団結して1948年5月7日から10日にかけて「ハーグ欧州会議 (Congress of Europe)」に結集する。この会議には、ヨーロッパ各界を代表して19カ国からおよそ1000人をこえる人々が結集した。そのなかには12人の元首相、60人の現職・元職の閣僚、200人の国会議員が含まれていた。この会議は、こうした各政界のリーダーだけでなく、経営者、労組活動家、経済学者、作家、知識人、芸術家や教会、婦人団体などありとあらゆる団体と人々が参加していた。その後3日間の会議は、政治、経済、文化委員会に分かれて話し合われ、各委員会提出の決議の採択とともに、大会最終日の総会で、思想家のD・ルージュモンによる「ヨーロッパ人へのメッセージ」を発表し、欧州統一の実現をうたった。

この会議を包んだ熱狂と成果は、今日まで続く欧州統一運動にとって1つのクライマックスであった。また、そのメッセージと提案は、その後の欧州統合の方向性を考える上できわめて示唆的である。

結集された統一運動と欧州審議会

「ヨーロッパ人へのメッセージ」の前文は次のように語っている。「我々は、

人，思想および物が自由に移動することが再び確立される統一されたヨーロッパを欲する。我々は思想・集会・表現の自由および政治的反対派を形成する権利を保障するヨーロッパ人権保障を欲する。我々は，この憲章を実施するために適切な制裁を加えうる司法裁判所を欲する。我々は我々のすべての国の生きた勢力が反映されるヨーロッパ総会を欲する」。

参加者たちは欧州統一の夢とその運動への支持を訴え，この目標を実現する原則について決議を採択した。その要点は，次の4点にあげられる。

①厳格に分割された国家主権を基礎にしたのではヨーロッパの再建のいかなる試みも成功しない。②ヨーロッパの国々は安全と経済的独立と社会的進歩を達成するために，経済的および政治的同盟を創設しなければならない。③このヨーロッパの同盟ないしヨーロッパ連邦は，基本的人権を尊重するすべての民主的ヨーロッパ諸国に対して開放されるべきである。④統一ヨーロッパの創設は，統一世界への必須の第1歩である。

大会の熱狂のなかでメッセージは，まず，第1に国家主権の放棄をあげている。それには，ナチズムに激しく抵抗し，戦争の原因を国家そのものに求めた国家主権に否定的なレジスタン・グループの欧州連邦への強い願いがあらわれていた。さらに，経済同盟にとどまらない「政治同盟」の創設，「民主主義」「基本的人権」の尊重など，その後の欧州統合論争と現在の欧州連合（EU）を支える根幹となっている要素があまねく含まれていた。

とはいえ，ヨーロッパ統一という大目標と「民主主義」「基本的人権」などではコンセンサスが存在する一方，寄せ集めで包括的な会合のために，具体的な組織について様々な主張がなされて紛糾する。特にその対立は，組織原理をめぐり，熱狂的な「連邦主義者」が国民国家システムの大改編を要求するのに対して，より現実的な路線を目指す「連合主義者」が長期的かつ漸進的な統合の実現を主張する形になった。

「ハーグ欧州会議」から3カ月後の9月，フランスとベルギー政府は共同で

多数決制による大きな権限をもつ各国会議員から構成される「欧州議会（European parliament）」の設立を提案する。それに対してイギリスは「閣僚理事会（ministerial council）」を中核とし，伝統的な政府間交渉型の組織を主張する。これは加盟国に対して拘束力が弱い政府間協力主義の案であった。

チャーチルやベヴィン英外相は様々な機会にヨーロッパ統一に前向きな発言をしていたが，その具体的政策と優先順位については大陸諸国と異なっていた。イギリスはコモンウェルスとの結びつき，およびアメリカとの「特別な関係」を優先し，国家の手を縛るような統合にはあきらかに反対であった。イギリスの好むヨーロッパ政策は，従来型の外交交渉の活性化によるヨーロッパの一体性・協調にあり，大陸諸国が求めるヨーロッパ機関の設置や国家主権の移譲には強く反対していた。そのために，「ヨーロッパ議員」が主導する欧州議会ではなく，「政府代表」からなる閣僚理事会を中心とした制度を主張した。

英仏の対立は，最終的に「諮問議会（consultative assembly）」と「閣僚委員会（committee of ministers）」を並立させることで合意に達することになる。この解決策は，英仏両国の要求を入れた妥協的な産物となり，伝統的な全会一致方式を踏襲し，主権に制限を加える超国家機関の設置には失敗したといえる。しかしながら，推進論者の多くが重視していたのは，「ヨーロッパ」をとにもかくにも「制度化」する具体的機構の設置であった。

こうして，チャーチルの欧州合衆国の呼びかけに結集した「ハーグ欧州会議」は，設立作業のあいだに深刻化した冷戦も反映して，西側諸国のみによる機関の設立となった。参加しなかったのは共産主義に組み込まれた東欧諸国のみならず，「民主主義」体制の要件としていたため，軍事独裁下にあったスペイン，ポルトガルも排除された。

1949年5月5日，10カ国（ベルギー，デンマーク，フランス，アイルランド，イタリア，ルクセンブルク，オランダ，ノルウェー，スウェーデン，イギリス）によって「欧州審議会（Council of Europe）」が設立された。この組織は，永年の欧州

統一運動が結実した具体的な機関の誕生という意味で歴史的なものであった。

　欧州審議会は，欧州人権裁判所や人権規約を通じて現在も活動を続けており，人権，民主主義の浸透，文化協力などの分野で大きな貢献をしている。この組織は，その後のEC（EU）とNATOとともに，西欧の地域秩序維持の枠組として欧州統合の一翼を担っている。

　しかし，欧州審議会は，すでに見てきたように組織原理をめぐる対立と，アメリカの擁護を不可欠とする冷戦の深刻化から，当初期待された包括的で総合的な機関ではなく，政治，経済を除く結束の緩やかな政府間機構となった。その結果，西欧を中心とした戦後協力体制は，アメリカの強い指導のもとに経済問題はOEECで，軍事問題は，ブリュッセル条約機構や西欧同盟およびNATOで扱うことになる。

フランスの2つのイニシアチブ

　後世「ヨーロッパ統合の父」と呼ばれるジャン・モネ（Jean Monnet）は，ずんぐりした，小柄な人物でフランスのコニャック地方の出身である。「人間だけが思想を生み出せる。だが，機構によってのみ思想は永続する」という信念をもつモネは，第1次世界大戦後のヨーロッパに永続的な平和を築こうとする様々なヴィジョンが第2次世界大戦で潰えたことを目のあたりにした（フローラ・ルイス「機構としてのヨーロッパ」）。彼の統合思想と方法そのものに特段のユニークさがあるのではなく，むしろ，統合を実現し，推進する好機を逃さないリーダーシップにおいて誰よりもぬきんでていた。

　1950年5月9日，モネの要請をうけたG・ビドー仏首相とR・シューマン仏外相はシューマン・プランを発表する。

　「世界平和は，平和を脅かす危険に応じた創造的な努力無くしては守ることはできない。フランスは20年以上にわたって統一ヨーロッパの擁護者として平和のために尽力してきた。しかしそれは実現することなく戦争に直面してき

た。フランスとドイツの長年にわたる対立を解消するため、両国の石炭と鉄鋼の資源を共同の機関のもとにプールする」。

フランスのイニシアチブを明確にだしたこの原案を考えたモネは、「OEECや欧州審議会は単なる政府間協力の域をでず、真の統合は、たとえ限られた分野であっても、国家主権に対して大胆な取り組み方をしなければ達成できない。ヨーロッパはひとつのプランによって一度に成り立つものではなく、具体的な積み重ねによって建設される」と述べている。

シューマン・プランは、アトリー英首相の冷たい反応にもかかわらず、イタリアのガスペリ、ベルギーのA・スパーク、オランダのヒルシュや、C・アデナウアー西独首相やアチソン米国務長官などの賛同を得ることができた。

フランスの呼びかけに大陸6カ国(西ドイツ、イタリア、ベネルクス3国)は、仏外務省「時計の間」で1951年月21日「欧州石炭鉄鋼共同体(ECSC)条約(パリ条約)」に調印した。その調印文書は、用紙はオランダ製、インクはドイツ製、印刷はフランス、製本はベルギーとルクセンブルク、そして絹のしおりはイタリア製であったといわれる。ここに史上初めて、現在に至るまで唯一の超国家機関が誕生した。

ECSCは、執行機関としての「最高機関(High Authority)」を筆頭に独自の議会、裁判所をもった共同体として、加盟国政府代表で構成する閣僚理事会を設けて調整を諮るものであった。なかでも最高機関は、条約に「超国家(supra-national)」という言葉を盛り込んで、石炭・鉄鋼政策の管理について、独自予算と課税、投資・カルテル禁止や通商政策から私企業の活動に関するものまでの権限をすべて掌握した。これは関係各国からすれば国家主権の重大な侵害となるが、モネからすれば、自らの国際連盟事務次長の苦い経験から、譲歩できないシステムであった。ウィルソン米大統領の提案による国際連盟は、全会一致方式であり、そのため戦争解決のための数多くの提案が断念され、拒否権によって葬り去られた。それにもかかわらず戦後、再び創設された国際連

合やOEEC、そして期待された欧州審議会が伝統型機関となり、モネに言わせれば、以前の経験に懲りずに政府間協力型を踏襲していたことが我慢ならなかったのである。

フランスを中心にECSC設立の動きが進行している1950年6月、アジアにおいて朝鮮戦争が勃発した。この危機が第3次世界大戦に発展することを恐れたアメリカは、対ソ関係を有利に展開するために西ドイツの力を再興する方針に切り替える姿勢を示した。ここに西ドイツの再軍備問題が浮上してくる。このアメリカの要請に、フランス国内に根強く残る対独不信のなかで西ドイツの処遇がフランスを悩ませることになる。この問題の解決に仏計画庁長官であったモネは、再びR・プレヴァン (Rene Previn) 首相を通じてにECSC構成国の6カ国によって「欧州防衛共同体 (EDC)」を創設するプレヴァン・プランを発表する。

1952年5月27日にEDC条約は6カ国で調印される。それによれば、ドイツ「国軍」の復活は認めず、防衛共同体のなかで「統一欧州軍」としてドイツ人部隊を編入し、超国家的な権限をもつ事務局を設置するとしていた。さらに、この防衛共同体の発足と同時に、連邦的性格を有した「欧州政治共同体 (EPC)」を将来創設することで合意し、その草案も作成された。このEPCは、「政治共同体」の名が示すとおり、条約規定のなかで、外交政策、防衛、経済・社会的統合および人権の保護を含めた広い範囲の権限をもち、2年以内に、ECSCとEDCを吸収しその総合的な権限を執行することが予定されていた。欧州審議会の諮問議会による宣言 (1953年5月30日) で、ECSC、EDC、EPCの3共同体は同じ発展路線上に置かれた。ここに仏主導の欧州統合と、米英主導の西側防衛体制の2つが調和的に融合する可能性もあいまみえた。

しかし、「欧州防衛共同体」の批准は難航し、調印から4年後の1954年8月30日、仏国民議会は自らこれを葬り去ってしまう。その理由は多岐にわたるが、1954年までに、朝鮮戦争の休戦、スターリンの死去などにより、厳しい冷

戦からデタントへの風潮の広まり，ドイツ再軍備の緊急性が遠のいたこと，仏国内における条約批准是非の激論でプレヴァン以降7つの内閣が交代し，調印時の政権は野党となっていたことなどから，フランス以外の4カ国はEDC条約を批准していたにもかかわらず，この野心的で性急であったプランは，欧州統合の流れからその幕を閉じることになる。

　EDCの流産によって宙に浮いた西ドイツの再軍備問題に解決を与えたのは，再びイギリスである。A・イーデン英外相は，1952年，イーデン・プランを発表し，ブリュッセル条約に西ドイツと伊を加えて西欧同盟（WEU）に再編するとともに，アメリカの指導のもとソ連の軍事的脅威に対処する西欧の措置として，西ドイツをNATOの一員に迎え入れ，独軍をその枠内で規制することにしたのである。

4　没落から再生への道を求めて

欧州統合運動の「再出発」──ベネルクス諸国の活躍

　1954年11月，ジャン・モネは，挫折した欧州統一運動を再び前に進めるために，ECSC最高機関委員長を辞任し，「再出発（relance）」のための「欧州合衆国行動委員会（Comité d'Action pour les États-Unis d'Europa）」を結成した。そこで，モネは，次世代のエネルギーとして注目されていた原子力に目をつけ，原子力という特定分野の部門別統合としての共同体の樹立に努力を傾ける。

　しかし，この時期に再出発に向けてより主体的に行動を起こしたのは，ベネルクスの国々であり，なかでもベルギーのP・スパーク（Paul-Henri Spaak）外相による活動が大きいものとなる。スパークは，当時ブリュッセル条約機構，欧州審議会，ECSC，NATOなど複数の機関で要職を務め，欧州統一運動の中心的な位置にいて「ミスター・ヨーロッパ」とも称されていた。

　すでにEDCをめぐる激しい論争が繰り広げられているなかで，1950年に農

業分野の統合を目指すオランダのマンスホルト農相による「マンスホルト・プラン」や，1952年には，関税同盟を目指すオランダのベイエン外相の構想が発表されていた。それらが再び浮上して，外交交渉の舞台で討議されたのが，1955年6月のイタリアのメッシナで開かれた ECSC 6 カ国外相会議であった。

　スパークは「再出発」へ向けてのイニシアチブをモネと緊密な連絡をしながら周到に準備した。会議では，どのような方法で今後の統合を進めていくかが焦点となる。争点は，モネがそれまで主張してきたような部門別の統合を進めるか，あるいはベイエンが一貫して唱える全般的な経済統合としての「共同市場」を創設するかであった。この結論を託された「スパーク委員会」は，ECSC の活動領域を，原子力を含めたあらゆるエネルギーと運輸までに拡大すること，域内の共同市場の創設と加盟国の経済政策の漸進的接近を目指す統合を内容とする報告書を作成した。スパークは，当初は，モネの提案にある超国家性に同調していたといわれるが，結局は，様々な提案と各国の思惑を調整し妥協を導き出して統合の新しいイニシアチブを発揮する。その結果，それまでの「部門別統合」指向から「全般的統合」へとヨーロッパ統合の舵を大きく変えながら，EDC でいったん頓挫した欧州統合の再出発を果たしたのである。

　1957年3月25日，スパーク報告をもとに「欧州経済共同体（EEC）」と「欧州原子力共同体（EAEC）」を創設するローマ条約が調印され，翌年2つの共同体は正式に発足した。このローマ条約は後の EC から EU を通じた基本条約となる。

　EEC は超国家主義と政府間主義原理の妥協を反映し，機構の面でも二重構造になっていた。すなわち「委員会（Commission）」は，超国家性を代表して，加盟国から独立して意思決定をする機関であり，「閣僚理事会（Council of Ministers）」は，政府間協力主義を代表し，加盟国の閣僚がそれぞれの問題領域を審議・決定する機関として機能するという仕組みになっていた。EEC はこのほか欧州議会と司法裁判所を備えた。

第4章　ヨーロッパの没落と欧州統合

　EECの組織的性格は、ECSCと比べその超国家性は後退した。モネの部門的統合を排し、統合運動を再生するためとはいえ、「ハーグ欧州会議」に結集した民衆の連邦主義の理念からは距離をおいた現実的な選択となったといえよう。

　大陸諸国によるEEC結成に、1960年5月、イギリスは残りのOEEC諸国の北欧3カ国とポルトガル、スイス、オーストリア7カ国でFTA（自由貿易連合）を結成して対抗を試みる。しかし、この対立は長く続かなかった。

　その後、イギリスは国内の論争と、加盟に反対したフランスの抵抗を乗り越えて、ECの加盟の道を選び、その他の諸国もECに糾合されることになる。ここに、現在のEUに連なる欧州統合には、大陸6カ国を発祥とする1950年のECSCからEEC、EAECの3共同体、それを融合したECへという路線が確定する。

欧州統合——秩序の模索のなかで

　これまで見てきたように、クーデンホーフ=カレルギーやブリアン、スピネッリ、モネの思想や、英仏のイニシアチブによる統合運動は、欧州審議会、ECSC、EDC、EPCからEECといった組織をうみだしていった。その展開は、それぞれの思想や思惑が、ある部分では実現し、あるものは捨象され、現在までつながる「断絶」と「連続」の軌跡である。

　振り返れば、2度の世界大戦によってワールド・パワーを失ったヨーロッパは、戦間期の広域秩序の主体的な再編に失敗し、米ソ冷戦の表舞台としてアメリカの強い影響力のもと、ヨーロッパ独自の内発的な構想とは違った西側ブロックの強化という文脈のなかで展開せざるを得なかった。それをうけて、戦後まもなく実現したのは、イギリスによる国家主権に手を触れない政府間協力型の組織であった。しかし、過去の戦争を忌避し、再生を熱望するヨーロッパは、ハーグ欧州会議における「ヨーロッパ人」へのメッセージを原点とする国

家主権への何らかの制限を加える道を選んだのである。そこには，レジスタンス運動に象徴されるナチズムへの抵抗や主権国家という「過去」の克服を目指す精神が存在する。

とはいうものの，その後の国家主権の移譲はむしろ遅々として進まず，組織的には，ECSCを除けば，議会や理事会等の制度上の超国家性は薄められ，首脳や政府間会議の交渉の比重は増していく。それは，国家主権に挑戦する「国家か共同体か」ではなく，「国家も共同体も」という形で歩んできたともいえる。この側面を見れば，少なくとも冷戦崩壊以降を除けば，欧州統合のプロセスは，国家を超えることや否定するのではなく，2度の大戦で明らかになった国家の機能不全から「再生」を意図した「国家のヨーロッパ的救済」による秩序再構築であったとも評価されている。このように「断絶」と「連続」の両方の要素を繰り返しながら，ヨーロッパの秩序構築は模索されていったのである。

没落から再生を目指した1950年までの欧州統合の軌跡は，単なる主権国家への復帰ではヨーロッパの新秩序は構築できないとの決意をもって統合路線を確定した時期として画期的であった。同時に，その過程において，今日の欧州統合の抱える将来構想，制度や方式での論争にあらわれた同床異夢的EUの根源も内包していた。

たとえば，それはユーロ導入国における分裂や条約・規則におけるオプト・アウト，建設的棄権などの共通政策の留保や不参加に見られる。他方，敗戦国ドイツが，過去の遺産を払拭し，欧州統合のなかで将来の活路を見いだす根拠も，この50年代の欧州統合揺籃期にある。第2次世界大戦の影響を差異的に被った大陸諸国と英・北欧諸国の外延的諸国との確執が現在の欧州統合の2つの系譜の水脈につながっているという意味でこの時期の欧州統合の経緯は原点として今日的意義をもっている。

文献案内

R. N. クーデンホーフ＝カレルギー著／鹿島守之助訳『ヨーロッパ国民』鹿島研究所，1962年。

> クーデンホーフ＝カレルギーの汎ヨーロッパ運動とヨーロッパ合衆国の構想が語られた演説や宣言等を収録した資料的文献。日本人の血を引きまさに混血思想の代表である著者による戦間期の欧州統一理念の雰囲気がよく伝わってくる。

金丸輝男編『EC 欧州統合の現在』創元社，1987年。

> 改訂版である辰巳浅嗣編『EU 欧州統合の現在』（2012年）とともに，欧州共同体（EC）の研究者の共同執筆による政治・経済・文化など多角的な視点から分析した解説書。

デレック・ヒーター著／田中俊郎監訳『統一ヨーロッパへの道──シャルルマーニュから EC 統合へ』岩波書店，1994年。

> 欧州統合の歴史的・思想的背景を17世紀から1950年代に至るまでの多くの統一構想と実際に統合の扉を開いた思想家の軌跡を追うことで，欧州統一と統合の「理念」を鳥瞰するのに適したものである。

遠藤乾編『ヨーロッパ統合史』名古屋大学出版会，2008年。

> 同編著による姉妹編『原典ヨーロッパ統合史 史料解説』とあわせて，膨大な史料に基づいて，政治，経済から軍事安全保障，規範，社会イメージなど複合的な視点から，通史としてのヨーロッパ統合の成立と変容の全体像を描いている。

児玉昌己『EU・ヨーロッパ統合の政治史──その成功と苦悩』日本放送協会出版，2011年。

> ヨーロッパの政治統合を12のテーマ別に扱い，なかでも本章で参考にした貴族的，実践的，社会主義思想家としてのクーデンホーフ＝カレルギー，ブリアン，スピネッリの紹介を含め，最新の EU の課題と将来をわかりやすく論じている。

Wilfrid Knapp, *Unity and Nationalism in Europe since 1945*, Oxford : Pergamon Press, 1969.

Richard Mayne, *The Recovery of Europe: from Devastation to Unity*, London : Willmer Brothers Limitted, 1970.

　ともに，第2次世界大戦前後のヨーロッパの分裂と再生・復興のなかでの各国の動きを詳細に分析したもので原著によるヨーロッパ再生の歴史を見る上での参考文献として適している。

第5章
ヨーロッパの安全保障

上原史子

―― この章で学ぶこと ――

　安全保障というのは「その主体がもっている中核となる価値に対する他者による脅威から自由であること」であるというのが一般的な理解であるが，その安全保障のレベルが個人，国家，あるいは国際的安全保障のいずれなのかは時間・空間によって異なる。

　第2次世界大戦後から現在に至るまで，ヨーロッパはいろいろな形で安全保障政策の共通化と発展を模索してきた。当時のヨーロッパにおける安全保障政策ではとりわけ防衛・軍事的要素が顕著であった。したがってヨーロッパ統合の流れのなかでは共通の防衛・軍事的安全保障政策としてのヨーロッパ防衛共同体の実現が主要課題となり，その計画の基盤を導き出すことが東西分断のなかで西ヨーロッパ各国の政策目標となっていた。このヨーロッパ防衛共同体構想は，実現には至らなかったものの，これはヨーロッパ統合における共通の安全保障政策の原点とも言うべきものであり，この創設過程と発展は現在EUで進められている共通外交安保防衛政策の起源となっている。

　とはいえ冷戦終焉後の現在，安全保障の問題は冷戦期のような軍事的用件のみ，あるいは国家安全保障の観点のみでは解決できないことから，非伝統的安全保障への取り組みが不可欠となっている。ヨーロッパでは第2次世界大戦後から現在まで安全保障政策の見直しが様々なレベルで行われてきたのはこれゆえである。

　この章ではヨーロッパが安全保障政策においてどのような変遷を遂げてきたかを学び，ヨーロッパの安全保障政策から見えるヨーロッパの国際秩序とはどのようなものなのかを考える。

1　ヨーロッパの戦後復興と安全保障枠組み

ヨーロッパの戦後復興

　ヨーロッパで共通の安全保障政策が検討され始めたのは，第2次世界大戦が契機となった。第2次世界大戦によってヨーロッパの伝統的政治構造は壊滅し，それまで国際政治の中心的存在であったヨーロッパ諸国は史上最大の勢力失墜を経験した。また，戦勝国となったアメリカとソ連が世界の2極となった戦後世界では，ヨーロッパにとってはヨーロッパ統一が戦後復興に不可欠であると認識されるようになった。

　第2次世界大戦後のヨーロッパ統一では，とりわけ2つの思考様式が生まれた。1つは，アメリカとソ連がグローバルな権力システムの支配的2極となった世界情勢において，この両極に対抗するべく，ヨーロッパが世界で自らを鼓舞するための，ヨーロッパにおける連携の必要性である。もう1つは，どのようにヨーロッパ統一と当時予定されていた超国家的世界機構とを同一化すべきかという問題への関心であった。多くのヨーロッパ人は，2つの大戦を経験し，ヨーロッパ諸国の協調が均衡のとれた世界的平和秩序の権力構造にとって不可欠なことであると確信していた。その結果，ヨーロッパにとっての安全保障はヨーロッパ統合の主たる目的となり，ヨーロッパでどのような新秩序を構築するべきか，という問題について様々な議論が繰り返されることとなった。

　こうしてヨーロッパ統合が議論され始めたのと同じ時期，西ドイツの再軍備問題も浮上していた。第2次世界大戦後のヨーロッパ国際関係はドイツの復興を巡る各国の攻防でもあり，東西対立の激化によってドイツ再建はますます急務となっていったからである。

　このようななか，第2次世界大戦後の欧州安全保障体制はイギリスとフランスを中心に欧州諸国によって模索された。その結果，イギリスとフランスの相

第5章　ヨーロッパの安全保障

互防衛を目的とする1947年のダンケルク条約にはじまり，ダンケルク条約にベネルクス3国が加わる形で1948年に調印されたブリュッセル条約（経済・社会・文化的協力と集団防衛のための条約）が生まれ，西ヨーロッパの安全保障体制がドイツの再建を踏まえて構築されることとなった。

ドイツ再建に向けての西側諸国の動きに対し，ソ連は1948年6月29日にベルリンを封鎖した。この封鎖に対して西側は空輸作戦で西ベルリン市民に食料等を支援したが，これは西ドイツと西欧をソ連の攻撃から守り，ソ連の西側への影響力の拡大を阻止しようとするアメリカの意図を反映する出来事となった。その後間もない1949年4月4日，NATO（北大西洋条約機構）というアメリカを中心とする安全保障・防衛同盟の枠組みが創設され，西欧の防衛に積極的に関わっていこうというアメリカの意図はより明確なものとなった。

多国間で統一され，共通の指揮管轄を備え，また，アメリカの欧州安全保障問題への関与を規定することとなるNATOという集団軍事機構の誕生により，ヨーロッパ諸国間での安全保障上の国家間協力への努力は薄れた。ブリュッセル条約参加国に西ドイツとイタリアを加える形でWEU（西欧同盟）が1955年に誕生したものの，この同盟は西ドイツのNATO加盟を橋渡しする防衛機構に過ぎず，西欧における結束の動因になると考えられていた安全保障機構の創設という西ヨーロッパ諸国の欲求も減退した。

ヨーロッパ統合と安全保障

ヨーロッパ諸国の安全保障上の目的ともなってきたヨーロッパの統合に尽力したのはジャン・モネ（Jean Monnet）であった。彼が提案し，フランスのロベール・シューマン（Robert Schuman）外相が発表することになったのが，1950年5月9日の欧州石炭・鉄鉱共同体を設立し，フランス，ドイツおよびその他のヨーロッパ諸国の石炭および鉄鋼の生産を共同で管理するという構想である。

石炭・鉄鋼産業はヨーロッパの主要産業であり，これを共同で管理・運営していけば自ずとヨーロッパの経済復興につながると考えられた。また，ヨーロッパの長い歴史のなかには，これらの資源獲得をめぐり，ドイツとフランスが紛争を繰り返してきたという苦い経験があった。これらを共同で管理するための国際機関の創設は，事実上加盟国間の戦争を不可能にすることになる。つまり石炭・鉄鋼の共同管理機構の創設はまさに紛争回避に役立つとも考えられたのである。さらに，このような共同体の設立が欧州連邦への第1歩になることが期待された。

　この結果ドイツ・フランス・イタリア・ベネルクス3国は，1951年4月18日，ECSC（欧州石炭鉄鋼共同体）を設立するための条約に調印し，同条約が発効した翌年の7月23日に最初の欧州共同体が発足することとなった。こうしてヨーロッパの安全保障のためのヨーロッパ統合の第1歩は，これまでの戦争の材料であり火種であった石炭と鉄鋼のヨーロッパレベルでの共同管理による不戦共同体として始まった。

2　冷戦期ヨーロッパの安全保障枠組みの具体化

ヨーロッパ軍創設構想

　ヨーロッパの統合の第1歩がスタートした時期，ヨーロッパの安全保障をめぐっては，2つの考え方が争点となっていた。1つが大西洋的解決法であり，もう1つがヨーロッパ的解決法であった。前者がアメリカ主導のNATOの枠組みでドイツの軍事貢献を期待するものであり，後者はドイツ軍を可能な限り抑え込んで統合し，支配下においておこうというフランスが強く主張するものであった。NATOの誕生でアメリカのヨーロッパへの安全保障上の関与が強まる一方，ヨーロッパでは朝鮮戦争の勃発を契機に，ヨーロッパ独自の防衛共同体創設構想が語られ始めることとなった。

第5章 ヨーロッパの安全保障

　モネはシューマンやルネ・プレヴァン（Rene Pleven）とともに，ヨーロッパ軍のための枠組みを石炭鉄鋼共同体の制度的規範にのっとって構築することを試みた。西ヨーロッパ独自の安全保障政策をヨーロッパ的解決法で打ち出そうというこの提案は，1950年10月のフランス国民議会の直前にプレヴァンプランとして懸案事項にされた。プレヴァン首相が1950年10月24日の国民議会で提案したヨーロッパ軍創設計画は，超国家的権力が軍需生産をコントロールし，フランス，イタリア，ベネルクス諸国，西ドイツ等の加盟国で共通防衛予算をもつことを想定しており，軍自体は一支配下に統合された国家軍の派遣団からなるものが想定されていた。西ドイツは自国軍をもっていないことから，西ドイツ軍は連隊に組み込まれる小隊（Regimental Combat Teams）として組織され，東側境界線に沿った西ドイツにのみ置かれることとなった。また，西ドイツ以外の独自軍をもっている国々はヨーロッパ軍に含まれない自国軍への権限を保持しつづけることとなった。

　ドイツ再軍備を争点に西側で展開されたヨーロッパにおける共通の安全保障機構創設をめぐる議論は，このプレヴァン・プランを経て，EDC（ヨーロッパ防衛共同体）の創設へと発展することとなる。この計画はドイツの再軍備とNATO加盟を阻止する代わりに，西ドイツの軍備をヨーロッパの軍備とすることで，東側諸国との衝突の際には西欧諸国が共同で創設する軍があたることを目的としていた。しかしながらその草案提出直後の国際情勢の変化，つまり西ヨーロッパにとっての脅威となっていたソ連でスターリンが死去したことにより，当初計画されていた西ドイツの再軍備が急務ではなくなったこと，またその再軍備に対するフランスの反対もあり，EDCは1952年に条約として調印されたものの，1954年のフランス議会での批准否決によって発効には至らなかった。

ヨーロッパ統合の深化と新たな安全保障枠組み

　ECSC は比較的スムーズに誕生したものの，EDC は失敗に終わり，ヨーロッパ統合が足踏みする気配が見られたが，モネは再び統合推進のきっかけ作りに躍起になっていた。モネはベルギーのポール＝アンリ・スパーク（Paul Henri Charles Spaak）外相とともにヨーロッパ統合の将来に関して検討し，ヨーロッパの統合を運輸・原子力など，石炭や鉄鋼以外の分野にも広げることが必要であるという点で一致した。こうしてモネは経済統合を進めるための EEC（ヨーロッパ経済共同体）設立に尽力し，また，原子力を共同体管理下におくという新たな統合の進展を模索し始めた。というのも，新しいエネルギーとして核燃料がクローズアップされ，石炭や鉄鋼の重要性が薄れつつあったからである。この原子力の共同管理構想はまさに EURATOM（ヨーロッパ原子力共同体）創設構想へと発展した。

　1960年代に入ると特に西ドイツのコンラート・アデナウアー（Konrad Hermann Joseph Adenauer）首相とフランスのシャルル・ド＝ゴール（Charles André Joseph Pierre-Marie de Gaulle）大統領という2人の大物政治家の友好関係がヨーロッパ統合を後押しすることとなる。この2人が中心となって1961年に発表されたフーシェ・プランは，ヨーロッパの政治連合構想であり，ヨーロッパの自由主義国間の安全保障枠組みの誕生が期待された。しかし独仏が主導するこの構想に対し，ヨーロッパの中小国が反発し，実現には至らなかった。

　以上のようにヨーロッパ独自の安全保障枠組みは流産を繰り返したものの，経済面でのヨーロッパ統合は進展を見せ，その後関税同盟へと成長し，さらなる発展が見込まれていた。

　そのようななか，1969年12月にオランダのハーグで開催された首脳会議で，政治統合を進めるための議論が始まり，EPC（欧州政治協力）というヨーロッパ共同体の加盟国の間での政治・外交面での協力に関する政策調整が試みられることとなった。しかしこの EPC はあくまで政府間協力の枠組みにとどまっ

ており，加盟国への強制力を伴うものとはならなかった。またNATOが扱う領域に重複することがないようにと，安全保障の問題は議題にされなかった。

　戦後のヨーロッパ統合の大きな一歩となることが期待されていたヨーロッパ防衛共同体が失敗に終わり，西ヨーロッパ市民の安全保障分野での関心を1つにすることは非常に難しくなった。しかし，一方でその失敗に至るまでの過程で繰り返された交渉は，ヨーロッパ各国に共通の安全保障の必要性を再認識させることになった。また，ヨーロッパ防衛共同体は実現に至らなかったものの，その後，西側での同盟は，WEUやEPCなど，形を変えて発展し，これらの試みは，ヨーロッパにおける統合計画をさらに前進させ得る基盤を生み出した。

　1950年代以降，ヨーロッパ統合の進展のなかで模索されていたヨーロッパ各国の安全保障面での協力は，1970年代に入るとヨーロッパ統合の外でも見られるようになった。1975年にはヘルシンキでCSCE（ヨーロッパ安全保障協力会議）を設立することが決定した。CSCEは法的拘束力をもたないものの，アメリカ・ソ連・カナダを含む東西ヨーロッパ諸国が国家主権の尊重，武力不行使，国境不可侵，領土保全，紛争の平和的解決，内政不干渉，人権と諸自由の尊重などの原則，信頼醸成措置の促進などの安全保障や技術協力など，安全保障に関する定期的な会合の機会を提供することとなり，東西対立のなかでの対話チャネルとなることが期待された。さらに冷戦の終焉という国際環境の劇的な変化が欧州の安全保障政策に再び一石を投じることとなる。

3　冷戦後のヨーロッパ安全保障

米ソ対立の終焉とヨーロッパの安全保障政策の変化

　冷戦の時代，ソ連の軍事的脅威に対抗するため，NATOを介して米国の軍事力に依存してきたヨーロッパであったが，冷戦の終焉に至る過程でソ連の軍

事的脅威が実質的に消滅した。したがって軍事面での対米依存を脱する戦略環境が生まれたことから，東西対立を前提とした安全保障政策の改革が不可欠となり，ヨーロッパ統合における政策も劇的に変化した。また，冷戦後の世界情勢の変容に伴い，次々と現われる新たな脅威に対して，ヨーロッパ各国の協力のもとにヨーロッパが独自の体制を構築して対処していく必要性が高まったのである。

特に1990年の湾岸戦争の際，EC 諸国が一致した対応策を打ち出すことができなかったという反省をふまえて，1991年12月にオランダのマーストリヒトで開催された欧州理事会では，ヨーロッパ統合の根幹であるローマ条約の改正案を採択し，EU を創設することに合意した。この結果，EC（将来の EU）の加盟国は共通の外交安全保障政策の策定や共同行動を実施するための諸原則に合意することが求められた。また WEU は安全保障にかかわる共同行動の枠組みとしての機能を備えることとなった。こうして WEU はヨーロッパ独自の安全と防衛に主体的に関与することを目的に，EU の一部としてその役割を次第に強化していくことになり，また WEU の活動が NATO への貢献度を高めることが期待されるようになった。1992年にマーストリヒト条約が調印されると，ヨーロッパ統合は共通防衛というパースペクティヴを，そして共通外交政策という目的を含むこととなった。これは同時にヨーロッパにおける安全保障構造の重心が微妙に変化し始めたことを示していた。

CFSP の誕生

こうして発展したのが EU の CFSP（共通外交安保政策）である。CFSP の誕生により，ヨーロッパは一致団結して地域紛争等に対応できるようになることが期待されていた。とはいえマーストリヒト条約では CFSP は全会一致が規定されていたことから，1カ国の反対が CFSP 全体を機能不全に陥らせる可能性があり，安全保障政策としては不十分なものであった。その上，CFSP は

軍事的な政策を除外していることから、具体的な軍事的機能は備えていなかった。そのため欧州独自の軍事行動については、1992年6月にドイツのペータースベルクでWEU閣僚理事会を開催し、ペータースベルク任務という、人道的・国際的救援、平和維持、危機管理のための戦闘任務を採択した。この取り決めによってWEU加盟国間では軍事行動についてはほぼコンセンサスが得られていたものの、EUとWEUの加盟国は同一とはなっていなかったことから、EU内では欧州統合過程に軍事的側面を包含することについての議論は進んでいなかった。さらに冷戦の終焉によって、オーストリア・フィンランド・スウェーデンなどの中立諸国のEU加盟が具体化していた。しかし、中立諸国も含めた軍事的安全保障政策のヨーロッパレベルでの共通化は現実には困難であることから、EUの対外政策の目標はあいまいな表現で定義されていたのである。

そのため次の条約改正、つまりアムステルダム条約でEU対外政策の目標を再定義することとなった。アムステルダム条約ではEUの安全保障の強化が強調され、EU域内で共通の価値や基本的利益を守ること、平和の保全と国際的な安全保障協力体制を強化すること、そして民主主義を発展させることが謳われたのである。こうしてEUは共通外交安保政策での共通防衛政策の段階的構築を想定して、人道支援、平和維持活動、平和構築なども共通外交安保政策に含めることとなった。また、WEUはEUの発展のための構成要素のひとつであり、将来的にはWEUのEUへの統合の可能性があることが示唆されるなど、NATOやWEUとの関係強化も含んでおり、加盟国にペータースベルグ任務を法的に課すものであった。このような条件の下、EUはヨーロッパでの重要な安全保障アクターとなっていたが、EUには共通の軍隊はなく、軍事問題に対して効果的に活動する能力ももち合わせていなかったのが実情であった。

以上のように90年代後半のヨーロッパは、周辺地域における民族紛争・地域

紛争において軍事的要件を欠くCFSPでは共通の安全保障政策を効果的に展開することができなかった。特に1990年代後半のコソボ紛争は，NATOが軍事介入し，終結へと向かったものの，ヨーロッパを舞台とする問題にEUとして効果的な対応ができず，EU共通の安保政策は機能不全であることが露呈された。この反省から20世紀の終わりごろから，ヨーロッパではCFSPの軍事面での更なる強化が模索されることとなった。

ESDPの展開

そのようななか，1998年12月にフランスのサンマロで開催された英仏首脳会談で，ブレア首相とシラク大統領がEU独自の緊急展開軍を創設することに合意した。このような大きな進展が見られた背景には，コソヴォ紛争の解決を目指したランブイエ和平会議の共同議長を務めていたのが両国であったこと，他のヨーロッパ諸国にも近隣の紛争への対応が不可欠であるという決意があったことがあげられる。これにより，EUは独自の軍事力を保持し，自律的な作戦を遂行することが可能となった。つまり第2次世界大戦後の段階では失敗に終わった欧州軍の創設構想が，冷戦後にEUとしてヨーロッパ独自の軍事力を保持するという形で再浮上したのである。

しかしヨーロッパ独自の安全保障政策が発展して，EU共通の枠組みにおいて軍事活動が開始されるに至ると，アメリカのマドレーヌ・オルブライト（Madeleine Albright）国務長官は米欧間に亀裂が入ること，またEUとNATOの間で任務などの活動領域が重複することに懸念を示した。独自の緊急展開軍の創設に向かうEUが危機管理活動において米国との距離を置くばかりでなく，いずれその役割を拡大し，米国の主導するNATOが担うべき領域防衛任務にまで侵食するのではないかとの疑念を抱いたからである。アメリカは，ヨーロッパでのNATOの存在意義は徐々に失われる可能性があり，アメリカがNATOを通じてヨーロッパの安全保障に関与し続けることが難しくなるこ

第5章　ヨーロッパの安全保障

とを懸念していたのである。

　アメリカのこのような懸念をよそに，EU は1999年6月にケルンで開催された欧州理事会において，CFSP に軍事的要素を加えたヨーロッパの防衛政策として，ESDP（ヨーロッパ安全保障防衛政策）の創設に合意した。また同年12月のヘルシンキにおける欧州理事会では，2003年までに6万人からなる緊急展開部隊を60日以内に展開できるようにするヘッドライン・ゴールが設定され，WEU の機能の EU への吸収などが具体化することとなった。

　さらに2000年になると ESDP のアクションに危機管理という民生部門が加えられるとともに，ESDP が PSC（政治安全保障委員会）・EUMC（EU 軍事委員会）・EUMS（EU 軍事幕僚部）といった組織を備えるようになる。PSC は危機管理における政策策定等を担い，EUMC は PSC に対する EU での軍事問題で助言・勧告を行い，また EUMS は早期警告，戦略立案，事態の判定を行うことが決まり，ESDP は次第に軍事機構としての体裁を整えていくこととなる。

　こうして ESDP がその活動範囲を広げていくにつれ，EU の活動と NATO の活動は共通する部分がますます大きくなってきたことから，アメリカがヨーロッパの安全保障問題に関与し続けるためには，EU とのより一層の利害調整を図らねばならなくなった。そこでアメリカは EU が独自の作戦を遂行する際に NATO の軍事力や資産を使用するように求めてきた。EU 独自の軍事能力は未だ不十分であることから，EU 自身も NATO の軍事力や資産に頼る必要があった。このように EU と NATO は双方の利害が一致していたことから，相互関係を調整することとなる。

　しかしながら EU による NATO の軍事力や資産の活用については，トルコの反対があった。EU 非加盟の NATO 加盟国であるトルコは，EU にも NATO にも加盟しているギリシャとの間でキプロスやクルド人の人権問題を巡って対立が続いていたからである。しかしながらトルコの反対にもかかわらず，2002年12月のコペンハーゲン欧州理事会で「ベルリン・プラス」という，

ESDP が NATO を補完しつつも，ヨーロッパとして自律した行動をとること，NATO が関与しない行動に EU が NATO の軍事力や資産を活用できる取り決めが発表された。こうしてヨーロッパでは，EU が危機管理や平和維持活動を EU 単独で，あるいは NATO の支援を受けて行うことが可能になったのである。

冷戦期の 2 極対立から地域紛争・民族紛争への対応という安全保障政策の転換点に差しかかったなかで，NATO や EU といった地域機構はその活動をグローバルに展開するようになってきた。この結果，ヨーロッパの安全保障政策も国際社会全体に少なからず影響を及ぼすこととなり，現在に至っている。

また冷戦期の東西対立の緩和に重要な役割を担った CSCE は，冷戦の終焉に伴ってアメリカと対立していたソ連，そして NATO と対峙していたワルシャワ条約機構が消滅したなかで，その存在意義を増すことになった。1992年 1 月にプラハで開催された CSCE 外相会議では，ロシア以外の CIS（独立国家共同体）諸国の加盟が決定された。さらに CSCE は政策決定方式を従来の全会一致から「コンセンサス・マイナス・ワン」方式，つまり紛争当事国 1 カ国の反対があっても決議できる方式へと変更し，紛争処理や調停機能を強化することを目指した。また，1994年12月のブダペスト首脳会議で CSCE はその名称を OSCE（全欧州安全保障協力機構）と改めるとともに，さらなる制度整備が図られることとなった。こうして OSCE はヨーロッパ独自の紛争解決機能を制度面からも補強することとなり，ユーゴからの独立を果たした国々も加盟する国際機構へと発展し，現在に至る。

4　ヨーロッパ共通の安全保障政策の新展開

ESS によるヨーロッパの安全保障政策の発展

以上のように冷戦後の EU は CFSP/ESDP を導入することで，ヨーロッパ

第5章 ヨーロッパの安全保障

共通の安全保障政策に軍事的要素も備えたヨーロッパ独自の安全保障戦略を展開することとなった。これは結果として冷戦期の同盟であったアメリカと距離を置くことになっていく。たとえば2001年9月11日に米国で発生した同時多発テロ以降、アメリカは武力介入を軸とした安全保障政策をとっていたが、それとは対照的に大陸ヨーロッパの国々は、法の支配に基づいて、人権を尊重した国際社会の規範や制度のグローバルな展開を試みた。これはEUが過去に軍事大国の間で展開されたような軍事競争を引き起こさないシステムとなり、またヨーロッパ周辺地域の不安定を軽減するための防波堤の役割をも担うようになったことを示していた。

前述の「ベルリン・プラス」の合意以降、ESDPの活動も様々な形で展開された。最初の活動は2003年1月のボスニア・ヘルツェゴヴィナにおける警察ミッション（EUPM: European Union Police Mission in B&H）であった。その後2003年3月からマケドニアで行われたコンコルディア作戦（Operation Concordia）は、ESDPのはじめての軍事活動となった。さらに2003年6月からコンゴで展開されたアルテミス作戦（Operation Artemis）は、EUにとってはじめてのヨーロッパ域外での軍事活動となった。この作戦はフランスが中心となっており、NATOの軍事力や資産は活用されなかった。ヨーロッパがNATOの軍事力や資産を活用しなかった背景には、当時のイラク戦争があった。

2003年のイラク戦争では、独仏がアメリカのユニラテラルな軍事行動を強く批判し、ヨーロッパによるマルチラテラルな対応を試みたが、EUとして効果的な対策を打ち出すことができなかった。コソボ紛争のときと同じく、またしても紛争解決手段としてのヨーロッパのCFSP/ESDPの機能不全が露呈したのである。そのためEUはヨーロッパの安全保障枠組みとしてのCFSP/ESDPの新たな展開を模索し始めることとなる。

このようななか、CFSP上級代表のハビエル・ソラナ（Francisco Javier Solana de Madariaga）は2003年6月20日に開催されたテッサロニキ欧州理事会におい

て「よりよき世界における安全な欧州（A secure Europe for a Better World-European Security Strategy）」という戦略文書を発表した。

　この戦略文書は同年12月12日にヨーロッパ共通の安全保障上の課題をまとめたESS（欧州安全保障戦略）として採択された。ESSはアメリカが最大の軍事大国であることを認めつつも、「今日の複雑な問題に単独で対処できる国はない」ことから、国際テロリズムや大量破壊兵器の拡散、破綻国家・組織犯罪などを「新たな脅威」と規定すると同時に、EUは世界全体の安全保障にも責任を負うべく、これらの脅威の本質を明らかにしてヨーロッパ周辺に安全地帯を拡大し、国際秩序を強固なものにすることで、それらの脅威に立ち向かう、といった戦略目標が示された。しかしながらこれらはいずれも軍事的要素を中心とした大まかな目標であり、具体的な解決策は明らかにされていなかった。

　その後EUではこのESSを補完するべく、大量破壊兵器の拡散防止やEUの安全保障枠組みにおけるNATOの役割などについて、軍事的安全保障を強化するための具体的な戦略を打ち出した。また、ヨーロッパ近隣諸国との関係強化やEUのエネルギー政策、さらには対アフリカ政策などの非軍事的安全保障政策にも積極的に取り組むこととなった。特に気候変動と安全保障をESSの重要な戦略の1つと位置づけたことは、EUが共通の安全保障政策としてヨーロッパの枠組みを超えた気候変動問題に積極的に対応するという新たな道を開くこととなった。

新たな脅威への対応としての気候安全保障

　こうして気候変動問題が「気候安全保障」の問題として位置づけられ、国際社会全体が気候安全保障問題を共有していくこととなった。気候変動問題の安全保障問題化により、世界はこれを国際政治上の重要課題であると認識するとともに、世界共通で取り組むべき優先課題と位置づけるようになることから、EUでは世界に先駆けて共通の安全保障政策において気候変動問題をどう位置

づけていくかが検討されることとなった。

　EUが気候安全保障問題に早い段階から取り組んだ背景には，持続可能な低炭素社会のために不可欠となる技術や制度をいち早く整備することで，それらを世界に普及させることが可能となり，これによってEU域内政策が発展するとともに，EUが国際社会で指導的役割を担える可能性が広がるとの見通しからであった。気候変動が及ぼす影響は環境の変化のみならず，貧困撲滅や平和構築といった活動を妨げる大きな障害となる可能性があり，これは特に脆弱な国にとって直接的な安全保障問題化する恐れがあり，さらには世界規模で経済問題化する危険性をも孕んでいた。このような負の連鎖は，多くの国や地域で安全保障問題化する可能性を増すことから，ヨーロッパでは気候変動による悪影響を緩和する対策はもとより，気候変動がある程度進んでしまうことを前提に，気候変動の影響に適応する対策にも優先的に取り組むべきだという意識が高まった。

　2008年3月になるとソラナCFSP上級代表と欧州委員会は「気候変動と国際安全保障」に関する報告書を提出した。この報告書の冒頭には「脅威が現実のものになった」という強いメッセージが掲げられた。また「脅威を増殖させるもの」としての気候変動を強調し，EUは国家の脆弱性に起因する政治不安，資源・エネルギーの供給をめぐる緊張や境界紛争，温暖化の進行による移民の発生等の諸問題に備え，危機管理と災害対応のための軍事的・非軍事的能力の強化とEUの境界線地域を監視する能力や早期警戒の能力を向上させることが急務であることが示された。こうして報告書では気候変動から生じる様々な現象がヨーロッパの安全保障に与える影響とEUがとるべき対応策が検討され，気候安全保障という予防的な安全保障政策のためのESDP能力の強化が求められることとなる。

　また報告書は，気候変動が世界的な温暖化と天然資源の争奪戦などを引き起こし，ヨーロッパの自然環境や社会経済全体に多大な影響を及ぼす可能性があ

ることから，EU レベル・2国間レベル・多国間レベルでそれぞれ補完的な方法を用いながら，様々な手段で気候変動の安全保障上の問題に取り組むことがヨーロッパ自身の利益になると言及している。

グローバルな安全保障政策としての CFSP/ESDP の発展

　以上のように現在の EU では従来の軍事的安全保障のみならず，非軍事的安全保障の課題，特に気候変動やエネルギーに関わる安全保障問題にもヨーロッパレベルで解決策を探ろうという動きが加速している。そのためにはヨーロッパが独自に気候変動の研究や分析，モニタリングを行い，ヨーロッパレベルでの早期警戒システムを強化することが不可欠となる。そこで EU は CFSP のなかでも特に ESDP の領域での政策決定を支援する ESS 関連の「EU サテライトセンター」や ESDP の分析グループとして発足した EU 情報機関である「EU 合同指揮センター」，EU の対外エネルギー安全保障を強化するために創設された「エネルギー対応 EU ネットワーク」，気候変動や EU 市民の安全保障に関するシンクタンクである「環境と安全保障のための世界的な監視」といった機関の機能強化に努めている。こうして気候変動問題に関する情報・知識を蓄積し，災害や紛争に対する EU 自身の能力を高めることができれば，ヨーロッパは気候変動の国際安全保障への影響を正しく把握し，対応できるようになる。

　ヨーロッパが気候変動に起因する様々なリスクを共通の防衛政策として検討することになったのは21世紀の新しい現象である。このように気候安全保障が EU の安全保障防衛政策の一部と位置づけられたことで，将来のヨーロッパ安全保障においては ESDP の非軍事的側面での新たな展開の可能性が大きくなった。

　「気候変動と国際安全保障」報告書で示されたようなヨーロッパの気候変動をめぐる諸問題を解決することを目指して2008年12月に発表された ESS 履行

報告では，気候変動はEUの安全保障上の脅威であるということが明記され，ヨーロッパの安全保障にとって気候変動とエネルギー政策が大きな課題であることが改めて示された。また，気候変動が自然災害や環境破壊，政治紛争や資源競争のために不安定な地域をますます不安定にさせるような脅威を増大させることから，EUは近隣諸国とより一層の協力を推進し，国連・地域機構の枠組みでの緊密な協力を図り，気候変動に関する分析・早期警戒システム能力を向上させていくことが必要だと結論づけた。さらにこの履行報告では，中国やインドという巨大市場の今後の成長についても言及され，中国・インドが今のペースで経済成長を続けた場合，EUでは気候変動問題や資源枯渇，貧富の格差拡大や組織犯罪，経済システムの不安定化などへの対応が必要となることが明記された。

　こうしてヨーロッパの安全保障上の関心は従来からある軍事的側面のみならず，グローバルな脅威への対応にも向けられることとなった。また，ヨーロッパの安全保障政策では，従来のNATOを軸としたアメリカとの同盟関係の維持・発展のみならず，中国やインドなどの新興国やアフリカ諸国への積極的な関与も盛り込まれていくこととなる。

　21世紀に入り，EUは中東欧・南東欧諸国を新たな加盟国として受け入れ，近隣政策を進展させたことで，周辺諸国との関係強化は進んできたが，2008年夏にロシアがグルジアを侵攻したことで，ロシアとの関係は不安定なものになっている。ヨーロッパはロシアへのエネルギー依存度が高いことから，EUにとって政治レベルでのロシアとの建設的協力が不可欠であるが，このような対ロ関係における不安定要因はEUとロシアの間のエネルギー問題に依然として影を落としている。温暖化対策とともに差し迫った課題となってきた資源・エネルギー対策はヨーロッパのみならず世界全体が直面している喫緊の課題であるが，EUではエネルギー・気候安全保障のための枠組みとして効果的な多国間秩序を構築することも大きな課題の1つとなっている。

そのため，ESS履行報告書が出された翌年の2009年12月に開かれた閣僚理事会は，気候変動とその国際的安全保障上の諸影響はEUの環境・エネルギー・CFSPといった政策に幅広く及ぶものであり，これがEUの温室効果ガス削減とエネルギー安全保障のために展開される様々な活動を強化する動機づけになるとの結論を示した。このようにEUにとって資源・エネルギー問題が重要な課題となってきている点，そしてこれが対ロシア戦略を中心とした外交戦略にも関わる問題となり，気候変動の問題がCFSPの重要な一要素と位置づけられるようになるなか，EU域内はもちろんのこと，EU域外も含めた国際社会全体でこれらの問題に早急に取り組まなければならないことが改めて認識されるようになったのである。

5　21世紀ヨーロッパの安全保障と国際秩序観

ESDPからCSDPへ

ヨーロッパ統合はさらなる発展を遂げるべく，長年加盟国間で駆け引きが繰り返されて現在に至る。その過程で議論され続けていたのがヨーロッパ統合の基盤づくり，つまりヨーロッパの憲法である。EUの憲法は未だ誕生していないが，憲法発布を目指そうというEUの意思を引き継いだ改革条約が2009年12月1日にリスボン条約として発効した。リスボン条約ではEUによる世界や国際機関への対応で一貫性を維持するためにEU外務・安全保障上級代表（High Representative for Foreign and Security Policy）というポストが新設された。このポストは欧州委員会副委員長を兼務し，共通外交・安全保障政策を実行するとともに，EUの代表として国際舞台で第三国との政治的対話を進め，EUの対外活動の一貫性を保ち，EUの対外活動における他の側面との調整を図る役割を任う。また，このポストを補完するため，EUと加盟国の資産を活用したEEAS（欧州対外活動庁：European External Action Service）が設置された。EEAS

はEU外務・安全保障政策上級代表兼欧州委員会副委員長の指揮の下でEUの対外行動を司る外交機関である。このEEASの設置によって，従来CFSP/ESDPを担ってきた各部局がEEASに一元化されることから，EUは対外行動をより一貫性のある効率的なものとし，世界におけるEUの影響力を高めることが可能になるとされている。

　また，リスボン条約はESDPの名称をCSDP（共通安全保障防衛政策）へと変更させた。このCSDPは，従来の軍事的安全保障のみならず，EUの重要政策の1つとなっている気候安全保障の諸問題も自らの中心課題と位置づけることで，非軍事的安全保障のウェイトを大きくしていくこととなる。CSDPが非軍事的安全保障に力を入れるようになってきているのは，従来の安全保障政策が想定していた軍事的脅威のみならず気候変動・エネルギー問題などの新たな脅威に直面し，グローバルな金融不安といった未曾有の不安定要因を抱えた現在の世界では，軍事的安全保障防衛政策のみでは様々な脅威に対応できなくなっていることが背景にある。このような状況はEUの安全保障政策の柱となってきたNATOにも見られる。昨今，NATO首脳陣はサイバーテロやエネルギー供給問題，気候変動の影響といった脅威をたびたび指摘しており，気候変動との闘いという非軍事的安全保障問題にNATOが今後どのように取り組むのか，という問題はヨーロッパの安全保障の将来にも少なからず影響を及ぼすことが予想される。

　こうしてCSDPが気候変動問題という新たな政策に着手することになれば，気候変動への取り組みにおいてしばしば言及される「持続可能な発展」がEU統合での重要な政策と位置づけられることになる。CSDPが新たな脅威に対する予防的安全保障の一手段となれば，CSDPはヨーロッパにおける安全保障防衛政策としてさらに発展していくこととなろう。

ヨーロッパの安全保障から考えるヨーロッパの国際秩序観

　第2次世界大戦後ヨーロッパの安全保障は，ヨーロッパ統合運動のなかで発展し，現在に至る。ヨーロッパ統合の歴史とは，ヨーロッパ各国が議論を深めて協力を進めてきたまさにその道のりであり，その始まり以降現在まで，統合による利益，加盟各国の国益，域内市民の利益，という三つ巴のなかで，繰り返し調整を図りながら最善の解を求めて進んできた運動である。そしてこの運動のなかでも安全保障の問題はときと場合によって統合のなかでも様々な様相を見せた。このような運動における共同行動のさらなる具体化がヨーロッパレベルでの安全保障政策の共通化へと繋っている。

　すでに述べてきたように，第2次世界大戦後のヨーロッパでは軍事力の強化を前提に安全保障戦略が考え出され，不戦共同体としてのヨーロッパ統合の推進のなかで，ヨーロッパ独自の安全保障枠組みの構築を試みた。その1つの動きがEDC構想であったが，これは各国の国益を巡る相克のなかで実現には至らなかった。この過程は統合による利益と国家の利益との相克というまさにヨーロッパ統合における問題を如実に示していた。

　冷戦の終焉によって，従来想定されていたソ連というヨーロッパ統合の加盟国に共通の明確な脅威が消滅し，世界情勢が激変するなかで，ヨーロッパでは従来の安全保障政策における根拠を失い，ヨーロッパ各国の協調に基づく安全保障戦略枠組みを新たに構築することが急務となった。このような冷戦の終焉による安全保障環境および安全保障観の変化は，ヨーロッパ独自の軍事能力を備えるという制度づくりを促すことになったとともに，冷戦期に構築された「同盟」の将来にも大きな影響を及ぼすことになった。

　このようななか，EUはCFSP・ESDPを展開し，EUにおける共通の安全保障防衛政策を実体として示すこととなった。この作業のなかでは，様々な形態で国際社会との対話や協力も図られ，ヨーロッパ域内のみならず，ヨーロッパ域外にもそのインパクトを与えようとしている。また，防衛を念頭に置いた

軍事面を中心にしたヨーロッパの安全保障観は後退し，ヨーロッパ周辺の民族紛争や地域紛争のほか，気候変動や経済危機への対応など，ヨーロッパ自身の安全とともに世界の安全を確保できるような包括的安全保障政策の構築が急務となっている。

　ソフトな安全保障と呼ばれるこのような非軍事的安全保障問題への積極的な関与とその制度化の過程では，ヨーロッパの大国のみならず中小国も積極的に関与してきているとともに，民主主義・平和・人権を広めるといったヨーロッパで伝統的な安全保障アイデンティティも重視されるようになった。また，ヨーロッパの枠組みで地球大の安全保障問題に先進的に取り組み，その結果ヨーロッパ共通の安全保障の枠組みを発展させ，世界に先駆けてこれらの安全保障上の問題への対策の制度化を進めている。ヨーロッパはこれらの作業のなかで構築されたヨーロッパのルールや基準といったものをグローバルスタンダードに押し上げて，世界を牽引していこうとしているが，これがまさにヨーロッパの21世紀型世界戦略である。

　以上のようにヨーロッパの地域的，軍事的安全保障の制度化からはじまったヨーロッパの安全保障政策は，21世紀の現在，ヨーロッパという地域を超えた，そして非軍事的側面も含めた安全保障問題にも取り組む形を整えようとしている。統合がスタートしてからのヨーロッパにおける安全保障政策の制度化の歩みは，非ヨーロッパ世界の安全保障問題への取り組みにもインパクトを与えるものになろう。たとえば1990年代末から議論されるようになった東アジア共同体構想は，東アジアにヨーロッパ統合の経験を取り入れることを模索している。アジアにおける統合の実現の可否や将来の姿はともかくとして，多様性のなかの統一を目指しているヨーロッパ統合の経験は，今後の世界の平和と安定，地域協力といったものに応用され得るものとなっており，CSDPの今後の展開は世界にもインパクトを与え続けるものとなろう。

文献案内

金子譲『NATO 北大西洋条約機構の研究――米欧安全保障関係の軌跡』彩流社，2008年。
　　NATO の誕生からこれまでの軌跡を外交・安全保障の観点から学ぶことができる。米欧の安全保障問題を学ぶ者には必携。

辰巳浅嗣『EU の外交・安全保障政策――欧州政治統合の歩み』阪南大学叢書，2005年。
　　統合の開始から半世紀にわたるヨーロッパの外交安保政策が網羅できる1冊。

宮本光雄『国民国家と国家連邦――欧州国際統合の将来』国際書院，2002年。
　　第1次世界大戦後以降のヨーロッパ統合と EU の将来までが詳述されている。

Barry Buzan, Ole Wæver and Jaap de Wilde, *Security : A New Framework For Analysis*, Boulder and London : Lynne Rienner Publishers, 1998.
　　国際関係における安全保障政策一般について学ぶことができるテキスト。

Johannes Varwick, *Sicherheit und Integration in Europa : Zur Renaissance der Westeuropäischen Union*, Opladen : Leske + Budrich, 1998.
　　西欧同盟の誕生とその展開について詳細な分析がなされている1冊。

Kevin Ruane, *The Rise and Fall of the European Defence Community : Anglo-American Relations and the Crisis of European Defence, 1950-55*, London : Macmillan Press, 2000.
　　第2次世界大戦後のヨーロッパ防衛共同体構想の盛衰を米欧関係から分析。

第6章
人の移動の潮流変化と多文化共生

井上　淳

この章で学ぶこと

　本章では，人の移動の潮流変化，ヨーロッパ諸国の政策，EUの取り組みの3点に注目して，人の移動や多文化共生にかかわるヨーロッパの取り組みが国際政治へもたらす示唆を検討する。

　第2次世界大戦後のヨーロッパは，圧倒的な労働者不足から外国人労働者を積極的に募集した。石油危機後に各国は外国人労働者受入を停止したが，人道的理由から家族再結合と難民の受入は容認した。その結果，人口に占める外国人の数が増加しただけでなく，各国は教育，社会福祉にまで政策対象を広げる必要に迫られた。これは財政負担の増加に直結し，雇用や治安等の社会不安と相まって国民と外国人との摩擦が生じた。

　冷戦後さらに高まる人の流入圧力と国内経済の成熟化に直面したヨーロッパは，徐々に人道的立場からの受入容認を後退させて，外国人の選別と統合を進め，経済的に持続可能な多文化共生へと舵を切る。各国が加盟しているEUでは，中東欧諸国のEU加盟（EU拡大）を契機に外部からの人の流入を管理する共通移民・難民政策が模索されている。

　人の主要な移動先であるヨーロッパで生じている一連の動向は，人道的配慮より経済的な持続可能性を重視した形の「多文化共生」を特徴としており，経済の成熟化に直面する先進国の先例として，EUという集団的な政策実践例（政策規範）として，国際政治に影響を与え得る。

1　多文化主義の失敗

多文化主義政策の行き詰まり

　2010年から2011年にかけて，ヨーロッパでは「多文化主義の失敗」という言葉がメディアをにぎわせた。メルケル（Angela Merkel）独首相，キャメロン（David Cameron）英首相，サルコジ（Nicolas Sarkozy）仏大統領といった主要国首脳が，相次いで多文化主義政策の行き詰まりを示唆する発言をしたためである。それぞれが多文化主義の機能不全――様々な民族が共存するというよりは，交流もせずただ並存していること――を問題視し，新たな社会のビジョンを提供して人々融合させる必要性を強調した。

　主要国の首脳が同時期に同趣旨の発言をした事実は，国際政治上大きな意味をもち得る。国連の資料 *Trends in International Migrant Stock* によれば，2億1000万人いる移民のほぼ3分の1がヨーロッパに流入している。また，国連難民高等弁務官事務所（UNHCR）によれば，2010年の難民申請35万8800件のうち65％相当が，EU（European Union: ヨーロッパ連合）加盟国で受け付けられている。冒頭に紹介したような動向がヨーロッパへの人の流入抑止につながれば，人の移動に対して世界規模の影響を与えることになる。

　本章では，人の移動と多文化共生にかかわるヨーロッパの取り組みを概観して，ヨーロッパで何が起こり，それが国際政治上どのような示唆をもつのかを検討する。労働者や移民・難民といった人の移動，彼らに対する受入国政府の取り組み，彼らと受入国国民との間の摩擦といった諸現象間の相互関係は，現実には長い時間軸のなかで変化している。したがって，本章では9.11同時多発テロやイスラム問題といった単一の（そして比較的近年の）要因からではなく，人の移動の潮流変化，ヨーロッパ諸国の政策，EUの取り組みの3点に注目した説明を試みる。

第6章　人の移動の潮流変化と多文化共生

人の移動の潮流変化とヨーロッパ諸国，EU——3つの着眼点

　本章でまず注目するのは，第2次世界大戦後から今日に至るまでの人の移動の潮流変化である。人の移動と一口に言っても，人の送出地域，受入地域，移動の背景・動機，移動の形態（労働者，移民，難民）は，世界およびヨーロッパの政治経済情勢に連動して変化する。ヨーロッパの取り組み，とりわけ移民・難民政策を評価するためには，人の移動の実態と政策の対象との乖離を意識する必要がある。したがって，政策内容を検討する前に，それぞれの時期においてヨーロッパが直面していた人の移動潮流に焦点をあてる。

　次に注目するのは，移民政策，難民政策といった，人の移動に関するヨーロッパ諸国政府の政策である。国境を越えた人の移動には，送出国と受入国との間にある生活水準差，給与水準差などといった移動促進要因（プッシュ-プル要因）が介在している。これのみがはたらくと人の流入が止まらないため，受入国政府は査証，労働許可，資格免許，語学能力などといった諸規制を通じて，自国の意図と国益に適うように人の流入を管理しようとする。「人の移動を管理するのは政府（国家）である」と言われる所以である。勿論，ここで「政府」と表記しているとおり，政策は政権すなわち時期によって変わる。時代ごとの政策分析を通じて，各国政府が人の移動に対してどのような利害（国益）をもったのかを把握する。とりわけヨーロッパにおいては，難民条約（難民の地位に関する条約）や欧州人権条約といった国際諸法規との関係で，人道的配慮が政策に少なからず影響を与える。各国が国益と人道的配慮との間でどのような選択をするのか，それがどのような形の「多文化共生」を意味し世界にどのような示唆を与えるのかに焦点があたることになる。

　第3に注目するのは，ヨーロッパ諸国の多くが加盟するEUの動向である。EUは，その基本条約で「人，モノ，サービス，資本の自由移動が保証された内部に国境のない地域の創設（域内市場の統合）」を掲げており，人の自由移動に本格的に取り組んでいる。その結果，EUは加盟国市民に対しては他の加盟

国へ自由に移動する権利を保証し，EUの外から入ってくる人に対しては共通の国境を設けつつある。また，EUの定めた政策は加盟国によって導入・実施されるため，一旦EU（28カ国）の間で政策原理や規範が共有されると，それが世界標準として作用する可能性，つまりEUの取り組みが加盟国の集合的取り組み（集団的パワー）となって世界的な取り組みに影響を与える可能性がある。

以上のような着眼点をもって，次節以降は人の移動に対するヨーロッパの取り組みとそれが人の移動や多文化共生に与える示唆を検討する。

2　第2次世界大戦後の人の移動

大戦後の労働力需要

第2次世界大戦後までのヨーロッパ（特に断りのない限り，ここでは西ヨーロッパを指すものとする）は，移民送出地域であった。その受入先はアメリカやオーストラリア，カナダであり，大戦中にはこれらの地域へ逃避する人が増加した。大戦後は，ヨーロッパへの帰還と冷戦による西側への人の流入により，ヨーロッパは人の移動先となった。

ところで，大戦直後のヨーロッパは深刻な労働力不足に直面しており，他の国や地域からの安定的な労働力確保が至急の課題となっていた。たとえば，「ガスト・アルバイター」で有名な西ドイツは，1950年代半ばから1960年代後半にかけて，イタリア，スペイン，ギリシャ，トルコ，モロッコ，ポルトガル，チュニジアなどと2国間協定を締結して労働者を募集した。同様に，イギリスはポーランド，アイルランド，インド，パキスタンから，フランスはイタリア，スペイン，ポルトガル，マグレブ諸国，マリ，セネガルから労働力を確保した。

各国は，外国人労働者を確実に帰還させるために，有期（イギリス）あるい

はローテーション（西ドイツ）を外国人労働者受け入れの原則にした。ところが，民間企業は労働者入れ替えのコストを嫌って同一労働者の長期雇用を望んだため，そうした原則は早晩維持不可能になった。外国人労働者側も長期契約を望んだため，外国人労働者の滞在は長期化し，国内の外国人労働者数が増加した。労働力を確保したヨーロッパ諸国は，アメリカによる復興支援ならびにヨーロッパ経済統合を経て復興を遂げ，好景気となった。この地域の良好な経済情勢は，旧植民地をはじめ非ヨーロッパ地域からのさらなる人の流入を招いた。この時期は，移民，難民の区別なく，各国が必要とする労働力として人がヨーロッパへと流入した時期であった。もっとも，1950年代から1970年代前半までの難民の多くは，東西冷戦に起因するヨーロッパ系の難民であり，現在の「難民」という言葉から想起される地域・背景とは異なっていたこと（後述）には注意を要する。

石油危機後の外国人問題

石油危機後，ヨーロッパ経済は長期停滞にみまわれ，失業率が上昇した。OECDの統計によれば，ヨーロッパ全体で1970年代初頭には1％台だった失業率が，1970年代末にはおしなべて5％台に上昇した。こうした経済情勢は，国民だけではなく外国人労働者にも大きな影響を与えた。雇用情勢の悪化を受けて，各国が1970年代半ばに外国人労働者受入を一斉に停止したからである。

外国人労働者受入停止は，各国の外国人就業者数を減少させた。ところが，外国人労働者が家族を呼び寄せる（家族再結合）ようになった結果，かえって国内の外国人人口は増加した。各国は，締結している国際条約や憲法（基本法）等との関係で，人道的配慮による家族再結合を容認する立場にあった。そのため，家族結合を抑制することは極めて困難であった。

結果として，国内に居住する外国人の数は相当数にのぼった。たとえば西ドイツの統計（連邦移民・難民局および連邦統計局）によれば，1980年代に入ると全

人口の7％に相当する470万人程度を外国人が占め，トルコ系がそのうちの約3分の1を占めるに至った。各国への影響は，数だけにとどまらなかった。労働者の家族までもが流入したため，各国は雇用・労働市場政策にとどまらず教育や住宅問題といった社会・生活問題にまで取り組みを広げなければならなくなったのである。

1980年代——移民政策と統合，多文化主義の模索

外国人労働者受入停止後の家族再結合および難民の容認は，いずれも文字通り容認にとどまるものであり，各国は従来の外国人労働者獲得政策に代わる政策——具体的には移民受入やその統合（共生）に関する政策——を整備した訳ではなかった。したがって，呼び寄せられた家族およびその第2・第3世代の教育問題，ひいては社会への参入（雇用）といった統合の問題はおざなりにされ，1980年代に入ると自国民と外国人との間で摩擦が生じるようになる。

たとえば，西ドイツでは呼び寄せられた家族への対応に迫られ，1980年には政府が第2・第3世代の社会的統合を重要課題であると確認し，外国人の子どもの幼稚園や学校への完全な統合等を掲げた。ところが，政府自体は自国を移民受入国家だと公式には認めてはおらず，外国人労働者の自主帰国促進策が練られる始末であった。一部の州に至っては，条例を通じて家族呼び寄せすら制限した。

政府が移民の存在を認めていなくとも家族再結合自体は容認されていたため，国内には外国人労働者の家族が数多く入国した。とりわけ目を引いたのは，トルコ系住民であった。彼らの多くは，特定の地域に集住した。集住そのものは，現地国民と外国人との間の収入差，文化・風習の差，迎え入れた家族への影響を懸念した居住地域選定といった要因が作用すれば，人種や宗教を問わずどの外国人にも生じ得る現象である。ただ，当時は国内が景気低迷と失業率上昇に直面していたにもかかわらず難民庇護申請や家族再結合による外国人

の流入に歯止めがかからなかったため，外国人の問題が雇用や社会不安と結びついて容易にエスカレートし，数の多いトルコ系住民への風当たりが強くなった。

フランスでは外国人労働者受入停止後，1977年から外国人労働者の帰国奨励を実施した。ところがこれは成果を生まず，1981年に政権を獲得したミッテラン（François Mitterrand）大統領はこれを打ち切り，非正規移民を正規化して統合政策に比重を移した。

フランスは，「同化」という言葉を歴史的経験から避ける西ドイツとは対照的に，外国人や移民に対して「同化」することを求めた。この要求は，共和国概念を受容しフランス人として振る舞うことを条件に，彼らの出自を問わずに対等に扱うことを意味していた。したがって，「同化」の要求は，厳密には冒頭で紹介した多文化主義とは一線を画す。それにもかかわらず，フランスは西ドイツと似たような問題に直面した。

すなわち，ミッテラン政権による非正規移民の正規化は，石油危機後の経済情勢にあってはかえって集住の加速，そして所得差や教育格差を生み出した。これに対して政府は1982年以降，移民の多い地域の教育レベル低下に対して教育優先地域（ZEP）を指定した。しかしながら，現実にはかえって集住や所得差を生む反面，自国民は雇用難のなかで（自身は就かない仕事ではあるが）職を得ている移民に対して不満を覚え，摩擦が生じた。「スカーフ問題」のようにイスラム系住民との摩擦の象徴となるような事件が生じたのも，この頃からである。

このように，1980年代のヨーロッパは，労働目的の移民の流入を停止・抑制しながらも，人道的配慮から受入を容認した人々への対応に追われた。不況と低成長下にあって家族再結合や難民を容認することは，とりもなおさず各国が労働市場問題だけでなく教育や生活支援等の社会問題にも取り組むこと，すなわち財政負担の増加を意味した。現実に存在し増加する「他者」との共存は不

可避となっていたにもかかわらず，どの国も国内の雇用・社会不安と相まって，自国民と国内在住外国人との摩擦が大きくなった。

ところが，1980年代半ばに入ると，人の移動と多文化共生にさらなる影響を与える事象が生じ始めた。ギリシャ，スペイン，ポルトガルがEUに加盟し，EUへの人材送出国がEU「内部」の国となり，そのさらに「外」から移民が流入するという，「ヨーロッパ」の広がりによる人の移動の潮流変化をもたらした。さらに，冷戦終結，東西ドイツ統合といった国際政治上の大事件が，人の移動の潮流変化を大きく変容させた。これ以降，こうした国際政治経済情勢に呼応する形でヨーロッパ諸国とEUの内部に変化が起こり，人の移動と多文化共生は新たな局面を迎えることになる。

3　冷戦終結後の人の移動とヨーロッパ諸国の変容

「難民」の増加

冷戦終結と東西ドイツ統合は，中・長期的には旧共産圏からヨーロッパ諸国への移民圧力を高め，短期的には西ドイツへの人の流入（帰還民）をもたらすなど，人の移動の潮流を大きく変えた。各国が外国人労働者受入を停止していたため，ヨーロッパへの外国人労働者の流入が比較的抑えられている（表6-1）一方で，人全般の流入（表6-2）および難民申請者数（表6-3）が増え，非正規滞在者の数も増加した。

また，冷戦終結後には「難民」のありようも変わった。「難民」の発生要因が，難民条約の定義する人種や宗教，政治・思想的な理由による迫害（のおそれ）のみに限られなくなり，途上国の飢餓，環境破壊，内戦などを背景にアジア，アフリカ発の難民が急増したのである。これは結果として難民申請者数の増加をもたらし，以後は世界のどこかで国内紛争や政変が生じるたびにその数が増え，ヨーロッパへ向かう申請者が増えることになる。

第6章　人の移動の潮流変化と多文化共生

表6-1　主要国における外国人労働者の流入　　（単位：千人）

国／年	1986	1988	1990	1992	1994	1996	1998	2000	2002	2004	2006	2008
フランス	—	—	—	—	—	4.3	4.1	6.9	8.5	7.6	10.9	23.8
ドイツ	37.2	60.4	138.6	408.9	221.2	262.5	275.5	333.8	374.0	380.3	30.1	30.7
イギリス	—	—	—	—	—	26.4	37.5	64.6	88.6	89.5	96.7	77.7
スペイン	—	—	19.8	52.8	23.5	36.6	48.1	172.6	97.6	155.0	101.8	—

出所：OECD。

表6-2　主要国における外国人の流入　　（単位：千人）

国／年	1986	1988	1990	1992	1994	1996	1998	2000	2002	2004	2006	2008
フランス	38.3	44.0	102.4	116.6	91.5	48.4	110.7	91.9	124.2	141.6	135.1	136.0
ドイツ	478.3	648.6	842.4	1207.6	774.0	708.0	605.5	648.8	658.3	602.2	558.5	573.8
イギリス	130.0	127.0	161.0	113.0	132.0	164.0	214.0	260.4	288.8	434.3	451.7	456.0

出所：OECD。

表6-3　主要国における難民申請者数　　（単位：人）

国／年	1986	1988	1990	1992	1994	1996	1998	2000	2002	2004	2006	2008
フランス	26290	34352	54813	28872	26044	17405	22375	39775	51087	58545	30748	35404
ドイツ	99649	103076	193063	438191	127210	149157	98644	78564	71127	35613	21029	22085
イギリス	4266	3998	26205	24625	32830	29640	46015	80300	103110	40620	28335	31315

出所：OECD。

　このような人の移動の潮流変化に対するヨーロッパ各国の取り組みは，人の流入を抑制したいという意図とは裏腹に，大量の人の流入を招くものであった。外国人労働者の受入を停止し移民の受入を抑制しているものの，人道的配慮から家族再結合や難民受入を容認しているため，上記の人の移動圧力を一旦は国内に受け止めることになるからである。とりわけ難民については，庇護申請者の申請を却下した後に彼らを退去させることは人道上不可能に近いため，正規滞在を許可できないにもかかわらず事実上滞在を許すことになる。1990年代以降のヨーロッパは，人道的観点からの受入容認と，現実に生じている不法滞在（就労）問題そして外国人保護のための財政負担増加との狭間に立たされるようになる。

1990年代における主要国の状況——ドイツとフランス

　この時期，人の流入圧力をまともに受けていたのは，ドイツであった（表6-1から表6-3を参照）。ドイツは，統一による帰還民や冷戦構造崩壊による旧東側からの人の流入に直面しただけでなく，湾岸戦争やユーゴ問題などといったヨーロッパの外で発生した紛争による難民をも受け入れたためである。政府は，統一後も20％台の失業率が続き多くの人々が下層に位置する旧東ドイツ市民，この時期に新たに流入してきたヨーロッパ・非ヨーロッパ系の人々，そして従来から国内に居住しているトルコ系の人々と，主として3方面への対応（統合）に迫られた。

　ただ，政府は公式には移民国家と認めぬままここまで来ており，体系的に彼らを統合する術をもっていなかった。このような現実に対して，当時野党であったSPD（社会民主党）や緑の党は，ドイツが多民族・多文化社会になっていることを受け入れるべきだと主張した。しかしながら，コール（Helmut Kohl）政権は自国を移民社会だとは認めず，帰還奨励金によるトルコ系移民の削減，そして基本法改正による難民保護制度「濫用」者（事実上の移民）抑制を試みた。ところが，一連の政策はほどなく行き詰まった。基本法改正は統計上の難民数減少には貢献したものの，これがかえって不法移民を増加させる結果となったのである。また，自国の高齢化が進むにつれ，労働力確保や社会保障維持という観点から，合法的に滞在する移民労働者が不可欠になった。とりわけ，製造業，サービス業，建設業，医療といった産業分野では，移民なしでは成り立たなくなってきた。

　1990年代後半に左派（SPDや緑の党など）が政権を獲得すると，すでに人口の10％近くを移民が占めている現実を受け入れて，ドイツが移民国家であることを認めた。そして，「Gast（外国人）からMitbürger（同胞）へ」という標語に象徴されるように，長期滞在している外国人を正規の移民として位置づけるため，2000年代から具体的な政策を実施するようになる。

フランスでは，冷戦終結による人の流入圧力上昇の影響を受けて，政府が1993年に移民法を改定し（パスクア法），滞在資格や難民審査基準の厳格化，退去処分の強化，非正規滞在者への社会保障サービス停止などを定めた。それだけでなく，国籍認定要件およびフランス人家族をもつ者の正規化（家族再結合）を厳しくした。この法は大量の非正規滞在者を生み出し（サン・パピエ：滞在許可証不保持者），結果として退去処分にもできないが正規化もされない外国人が増加した。1997年には再び移民法が改正され（ドゥブレ法），移民の滞在許可証延長を認めず，非正規滞在者を摘発するための身分証明検査が強化された。

ところが，総選挙で両法の撤廃を掲げた社会党が勝利すると，8万人相当の滞在許可証不保持者に新たな滞在資格を認めた。翌1998年にはシュヴェーヌマン法を施行し，一部条件付きでサン・パピエに滞在資格を認めて家族移民要件を緩和し，人道的観点から難民条約とは別の難民資格を設けた。ただし，当初公約に掲げていたパスクア法などの撤廃は実施しておらず，外国人流入の容認と現実に生じている問題との間の板挟みになっていた。

21世紀のヨーロッパ諸国の変容——選別と統合

このように，各国は20世紀末になっても外国人や移民の問題に抜本的な解決策を見出すことができなかった。ヨーロッパ側が必ずしも求めていない層の人々の流入に歯止めがかからず，各国は自国民と外国人との融和や統合に配慮しなければならなかった。

そうした状況に影響を与えたのが，9.11同時多発テロを契機とする治安への関心の高まりであった。元々，冷戦後は旧東側諸国から組織犯罪や人身売買，麻薬取引などが陸続きにヨーロッパへと流入しており，治安への関心が徐々に高まっていた。そのような時期に，9.11同時多発テロに関連すると目される事件がヨーロッパ諸国内でも発生した。諸国民の治安への関心は否応無く高まり，各国に在住する外国人，移民第2・第3世代，そしてイスラム系住民への

風当たりが強くなった。

　ところが，後に紹介するように，この時期の各国政府は外部から流入する人すべてを締め出した訳ではない。したがって，治安への関心のみがヨーロッパ諸国の人の移動への取り組みに影響を与えたとは考えにくい。各国の取り組みに大きな影響を与えたのは，低成長，高失業率，高齢化に象徴される2000年代のヨーロッパ経済情勢であった。2004年のEU加盟国拡大によって中東欧諸国からの移民圧力が新たに高まり，各国では移民・難民の保護や彼らの統合に関わる負担が増加した。その一方で，ヨーロッパ経済は改善するどころか，2000年代後半にはリーマン・ショックや財政危機等で混迷の度を増し，各国に抜本的な経済（財政）対策を迫った。外国人受入容認そして彼らへの支援は財政上国内で合意をとりつけにくくなり，統合あるいは同化の効果は9.11同時多発テロ以降の治安問題を通じて疑問視されるに至った。各国政府は，同じ外国人でも成長と福祉を支え得る人材を迎えたいと企図するようになった。そのため，ヨーロッパの外から来た（来る）市民に対する選別がますます厳しくなった。

　実際，各国はIT分野など，成長を支えるために必要な高技能労働者を自国民のみでまかなうことができなかった。それは，成長がままならないだけでなく，納税そして福祉にしわ寄せが来ることを意味した。各国は，必要最低限の非熟練労働者（いわゆる3K職種の担い手を含む）以外の外国人，特に財政的な支援を要する外国人を抱えきれないと表明する一方で，成長ひいては納税と福祉をも支える熟練した人材については外国人であっても歓迎するようになった。つまり，各国は，外国人をその技能に応じて区別して扱うようになったのである。

　たとえばドイツでは，シュレーダー（Gerhard Schröder）政権がIT分野の人材不足を補うためにグリーン・カード構想を発表し，人材不足分野における外国人労働者・移民を受け入れ始めた。政権がドイツを移民国家であると認めて

いたことから，人口の10%を占める移民を取り扱う法改正も行った。まず，2000年には国籍法を改正して，帰化要件緩和，条件付の二重国籍容認，出生地主義導入を行った。その結果，2000年から3年ほどの間にトルコ人を含め15万人強が帰化した。

政府は，さらに移民法も改正した。改正された移民法には，新規入国・在留外国人の滞在資格と就労許可の簡素化，難民保護範囲の拡大，社会的統合政策の推進と治安対策が盛り込まれていたが，有資格者に対しては最初から無期限の滞在許可の付与が可能になっていた。また，ドイツ経済への貢献が認められる自営業者の受け入れも緩和されており，経済への貢献のある者を優遇する姿勢を明確にした。

直後にCDU（キリスト教民主同盟）とSPDの大連立によって誕生したメルケル政権は，移民法をさらに改正した。改正法は統合コースを設置しこのコース修了を移民に義務づけた。統合コースは長期滞在外国人と新規移民，EU市民等を対象にしており，語学習得とドイツの法秩序，文化，歴史についての理解が求められた。2007年からは，外国から呼び寄せられる配偶者に対してもドイツ語知識の証明を求めることとした。これらは，移民に対して受入社会への忠誠を求めているようにも映るが，単に流入を容認していた時代とは異なり，受入国社会においてある程度の生活水準で暮らしていくためには教育と統合が不可欠であると政府が認識するに至ったと考えれば，それなりの対応であると評価することができる。

移民統合のための制度だけではなく，対話の場を設けたのもメルケル政権であった。2006年そして2007年には，連邦内務大臣主導のイスラムサミット，メルケル首相が主導する統合サミットが相次いで開催された。これらに対しては，内容や実質的な成果について疑問を呈する向きも少なくない。しかしながら，連邦政府主導で関係者の代表が意見を交換したという事実は，ドイツが国を挙げて統合に取り組むというメッセージを国内外に与えた。

フランスでも，人口に占める移民の割合が増加していた。6200万人の人口の10％に相当する660万人を移民が占めるようになった（2009年）。2002年にシラク（Jacques Chirac）大統領に指名されたサルコジ内相は，治安対策に注力する傍らで移民や難民の規制にも乗り出した。2003年には移民の抑制や外国人の滞在に関する新法を成立させて，入国と滞在条件を厳格にした。難民についても申請者急増によるコスト増大や手続きの長期化に対応するため，より厳しい受入基準を2003年に設けて，安全な第三国の概念や内部庇護の概念を用いるなど，庇護権に制限をかけた。

　2005年秋にパリで起きた移民第2・第3世代による暴動は，治安という観点から移民の統合問題をクローズアップさせた。すると，2006年には移民及び統合に関する法律を成立させ，「押しつけられた移民」を抑制し「選別された移民」を積極的に受け入れるという姿勢を打ち出した。同法は不法移民の正規化を事実上廃止し，家族再結合の条件（滞在期間，収入，居住条件）や結婚のための入国条件を厳格にした。

　サルコジ内相は翌2007年には大統領に就任し，移民・統合・国民アイデンティティおよび共同発展にかかわる大臣ポストを新設し，移民と統合に関する新法を成立させた。この法律は，長期滞在者や家族結合による滞在者に対して入国前にフランス語能力取得義務と共和国的価値を理解する義務を課すものであった。

　このように，フランスは，元々多文化主義を採用せず同化を求める国であったにもかかわらず，ドイツと同様，自国にとって歓迎されざる移民を抑制し，必要な人材を選別し，入国する人々には統合への前向きな姿勢を求める点で共通，収斂した。成熟経済に移行した後のヨーロッパは，外国人労働者を不要だとしながらも人道的配慮から難民受入を容認してきた時代と比べて，必要としている人材像を明確にし，どのような人として国内に滞在してほしいかを求めるという意味において，受入方針や統合のビジョンを明らかにしている。しか

しながら，そこからは従来の人道的要素が後退しており，非正規滞在者や経済的貢献を期待できない外国人を排除する性質をもつため，今後の人の移動のありようを大きく変えかねない。

4　ヨーロッパ統合と人の移動

EUにおける「人の自由移動」

EUの組織や運営を定めた基本条約は，ヨーロッパ規模の経済圏創設を目指すために人・モノ・サービス・資本の自由移動（4つの自由移動）を達成すると定めている。当初，4つの自由移動にある「人」とは，隣国の農園に出向いて働く季節労働者，国境を越えて業務を行う事業者・専門家など，国境を越えて経済活動に従事する労働者を意味した。そのような労働者の移動を妨げないために，EUは各国の規制措置の撤廃を求めた。その一方でEUは，容易に国境を越える組織犯罪やテロに取り組むために，治安や警察についての政府間ネットワーク形成もすすめた。

1980年代半ばには，域内（EU内部を指す）国境の廃止や人の移動に関わる加盟国市民の権利についての報告書が提出された。しかしながら，イギリスが国境管理は国家の役割であると主張して，報告書に反対した。そのため，ドイツ，フランス，ベネルクス3国は，域内国境検問の廃止，締結国外の人に対する共通の査証政策を定めたシェンゲン協定を締結し，締結国（シェンゲン・グループ）の間でのみ人の移動に関する国境を取り払うことにした。

なお，シェンゲン・グループ間では共通情報システムによって犯罪情報，難民申請情報をデータベース化していた。すなわち，シェンゲン・グループは，犯罪履歴のない締結国の国民および共通査証で認められている締結国以外の国民に対しては国境を開きつつも，締結国内外で犯罪履歴のある者，査証に通らない者，あるいは難民などに対しては締結国を包括する「要塞（fortress）」創

設をもって対応した。

冷戦後の EU 統合——統合の深化と人の移動政策の EU 化

シェンゲン・グループへのイギリスの不参加に象徴されるように，1980年代のヨーロッパでは人の移動を管理するのは国家であるという風潮が根強かった。ところが，冷戦終結後に中東欧諸国からの人の流入圧力が加わると，そしてEU統合自体が進展すると（統合の深化），人の移動政策もEUレベルに移そうというモメンタムが高まった。

1992年域内市場統合計画を成功させたEUは，統合をさらにすすめるため，そして冷戦終結後の世界に対応するために，基本条約を更改して経済通貨統合，政治協力，安全保障政策における政府間協力などをすすめた（マーストリヒト条約）。人の自由移動政策は，EUによるイニシアティブを嫌ったイギリスによって政府間協力事項とされ，シェンゲン協定もあくまで基本条約外にある別協定として位置づけられた。

ところが，マーストリヒト条約には欧州市民権の条項が新設されており，EU加盟国市民に対して加盟国間を自由に移動・居住する権利を保障した。この権利はEU加盟国民であれば一様に享受することができたため，締結国間においてのみ有効であるシェンゲン協定とは合致せず，実務的にはいくつかの対応に迫られた。また，このころから，域外国境管理の共通化が取りざたされるようになった。域外国境管理基準が加盟国間で異なっていると，基準の低い加盟国から域外国民が流入し，そこから（本来なら入国できない）別の加盟国への自由移動を享受する可能性があったからだ。

1990年代後半になると，中東欧諸国のEU加盟（2004年）を見越して，EU内部の機構改革，すなわちEU基本条約の更改がすすめられた。1997年に調印された更改基本条約（アムステルダム条約）には，司法・内務関係を除いた人の自由移動規定，具体的には国境管理や移住政策，庇護についての取り決めが政

府間事項から EU の事項（共同体事項）に移された。そしてシェンゲン協定を EU 法体系（アキ）に組み込んだ。難民についての対応もすすみ，EU 内の取り決めではなく国際条約という形で締結していたダブリン条約（1990年）が1997年に発効し，難民申請の受理国（庇護国）の決定とその責任とを定めた。そして，1999年10月に開催されたタンペレ欧州理事会では，外部国境警備，出入国管理基準の共通化，移民発生要因への対応，とりわけ出身国とのパートナーシップ，欧州共通庇護制度，移民の流れの管理，既存移民の社会統合，第三国国民（EU 加盟国以外の国民）の公正な取り扱いを指針にした移民および難民政策を形成すると発表した。元々 EU は，1994年ごろから，難民，出入国管理，社会政策，雇用労働政策などを含めて総合的に移民政策を考えるべきだという立場をとっていたが，加盟国の閣僚・首脳級代表が集うタンペレ理事会での方針は，EU 加盟国の実情に合わせて移民や難民のコントロールと移民の統合を行うことを示唆しており，先述したヨーロッパ諸国の対応もこうした EU の流れに合わせた形となっている。

21世紀の EU——共通移民・難民政策の追求と包括的アプローチ

21世紀のヨーロッパは，9.11同時多発テロ事件以降の治安対策という観点からも，そして低成長・高失業・高齢化への対応という観点からも，域内の外国人そして域外からの人の流入に敏感になった。しかも，EU では2004年に中東欧諸国10カ国を加盟させることが決まっていたため，新規加盟国から既加盟国への人の流入が想定されると同時に，新規加盟国の外部国境からの人の流入阻止を保証する必要に迫られた。そのため，EU は新規加盟国に EU 水準の国境管理体制を敷くよう求めると同時に，EU 共通の移民・難民政策を本格的に模索しはじめた。

まず，EU 域内市民に対しては，欧州市民権で認められている自由移動・居住の権利を実体化させるべく，経済活動や収入，疾病保険加入ではなく合法的

な居住期間のみで居住を認めると定めた市民移住指令を2004年に制定した。域外市民に対しては，2003年に長期在留資格についての指令を制定して，1加盟国に継続して5年間合法的に在住した者に対して永続的な長期在留資格を認めることになった。ただし，これはあくまで個人に対する資格を定めたものであり，家族再結合については別途定めを設けた。

　ただ，この指令に対してはイギリス，アイルランド，デンマークが適用除外を求めた。というのも，移民に対する規制が低い加盟国で移民が受け入れられて長期滞在を許すと，自動的にEU内を自由に移動し職を得る権利を与えることになるからである。実際，少子化による労働力需要が高いスペインやイタリアなどは域外から労働力を多く受け入れており，これが他の加盟国に移動することによって別の加盟国の問題となる可能性が指摘された。こうした加盟国間の規制差を利用した移民を作ることがないよう，移民の共通基準を求める動き，すなわちEU共通移民政策を求める声がさらに高まった。

　難民については，ダブリン条約をEU法規内に組み込む規則を2003年に定めて，庇護申請の審議責任国を規定した。これにより，庇護申請者は最初に入国したEU加盟国で審査されることになり，加盟国によるたらいまわし，そして庇護申請者による申請国選択（ショッピング）や重複申請がなされないようにした。これと合わせて，難民申請者数（表6-3）そして認定率は低下傾向にある。

　このように，EUは域外国境管理に着手したが，その一方で深刻な労働力不足への対応も迫られていた。低成長下にあるヨーロッパ経済を活性化させるべく掲げられた「リスボン戦略」（2000年）は効果をもたらさず，高失業，高齢化，低成長に改善の兆しは見られなかった。そもそも，成長を支え得る新事業分野の人材がヨーロッパ内で育たず，また企図していた労働者の再配置（産業間移動）も低調であり，域内ではITをはじめとする成長産業を支える人材が決定的に不足していた。EU市民だけでは労働市場はおろか，税金ひいては福

祉も支えられないという状況が危惧された。

　実際，EUの調査によれば，2050年までにEU加盟国の65歳以上人口が倍増し（7500万人から13500万人），とりわけイタリアやスペインでは高齢者人口が35％を超えるという試算が出た。このような状況では，ヨーロッパが必要とする分野の労働者をEU域外から調達して，正規経済に組み込み，安定的に居住してもらい（すなわち統合して），労働と納税両面で貢献してもらう必要に迫られる。ここに，EUは，労働市場，雇用情勢，福祉，統合，ひいては移民送出国との関係など，包括的に移民をとらえて政策を準備する必要を改めて痛感したのである。

　そこでEUでは，欧州委員会が通称「ブルー・カード指令」法案を2007年に提案し，理事会が2009年に採択した。この指令は高度人材確保を目的としており，域内の同等の能力をもつ加盟国国民の就労機会を阻害しないこと，なおかつ事前に雇用契約を結んでいることを条件に滞在と居住許可，域内の移動，家族再結合が認められている（有効期限4年）。同時に，非加盟国からの不法居住者雇用に対する罰則を導入する指令も採択された。2010年には，EUが正規の移民への道を開きながらも不法移民には断固として取り組むという姿勢を改めて明確にし，そのために政策の共通化，移民の統合支援，共通難民システム構築へ向けて行動すると表明した。そして非EU諸国民が季節労働や企業間移動のために入国し居住するための条件を明確にしただけでなく，20万人を超えると想定される難民（子どもや未婚女性や病人を含めた）審査処理負担の分担を助けるために，共通の難民支援システムオフィス（the European Asylum Support Office）が設置された。

5　人の移動と多文化共生にもたらす示唆

　第2次世界大戦後のヨーロッパ諸国は労働力を補うために外国人労働者を募

集したが，石油危機後の経済低迷に直面して人の流入を抑えるインセンティブがはたらいた。ただ，人道的配慮から，難民や家族再結合といった人の移動を容認していた。

ところが，冷戦後のヨーロッパはさらに大きな2つの変容を経験した。第1の変容は，低成長，高失業，高齢化に象徴される経済の成熟化であった。各国政府は財政負担軽減のための保護削減（リベラル化），成長を支える労働力確保に重点を置かざるを得ず，それまで容認してきた国内の外国人に対して選別を行うと同時に統合を求めた。それまでのしくみが人道上の容認という形での「多文化共生」だとするならば，近年の各国の取り組みは経済（財政）的に持続可能な「多文化共生」である。外国人に経済的な貢献を期待するという点では戦後の外国人労働者受入と変わらないが，人道的配慮からの受入容認という「多文化共生」を一旦経ているだけに，そこからの後退が注目すべき点である。経済的に持続可能な「多文化共生」は，同じく経済の成熟化に直面している先進国が倣う可能性があり，その場合には人道的な立場からは問題視されることになる。

第2の変容は，EU統合の拡大と深化に起因する，EUにおける移民・難民政策共通化の傾向である。とりわけ国境管理共通化へ向けた動きは，EU全体としてその外からの人の流入を締め出す要塞になる可能性があるという点で注目に値する。また，EUの共通政策が対外的には集団的パワーの行使，もしくはパワーとは言わずとも人の移動に関する政策アプローチや規範の提起を意味する可能性がある。実際，人道的立場から人の移動を受け入れ，難民条約も締結しているヨーロッパ各国が，現在は必要な労働者を選別する傾向に方向転換をし，移民難民政策において送出国（途上国）とのパートナーシップを謳っている。このようなEUの集団的取り組みは，たとえばUNHCRのような国際組織において強調されれば，人の移動に対する対応規範をめぐる対立を生む可能性があり，他の先進国がEUのアプローチに同調する場合には難民レジーム

に大きな影響を与える可能性がある。また，途上国とのパートナーシップはとりもなおさず，人の移動と開発援助とのリンケージ（連繋）を意味しており，人の移動自体だけでなく開発援助等の他の政策分野にも影響を与える可能性がある。その意味で，ヨーロッパは今なお国際政治に大きな影響を与え得る存在なのである。

文献案内

梶田孝道「西欧の移民・難民政策が抱えるジレンマ──『正規化もできず，強制退去もできず』」『国際問題』513号，2002年，31-45ページ。

    「正規化されないが，かといって強制退去もされない」という層の人々に焦点をあてることによって，1990年代以降のEUおよびその加盟国が移民・難民政策で抱えている問題点を浮き彫りにしている。

ディートリヒ・トレンハルト編著／宮島喬ほか訳『新しい移民大陸ヨーロッパ──比較のなかの西欧諸国・外国人労働者と移民政策』明石書店，1994年。

    外国人労働者および移民の潮流とこれに対するヨーロッパ諸国の政策とを，国ごとに章をたてて細かく検討している。

内藤正典『ヨーロッパとイスラーム──共生は可能か』岩波新書，2004年。

    ヨーロッパ内部の移民社会の展開を歴史的に敷衍した上で，ドイツ，オランダ，フランスの事例を通じてイスラムとの共生の可能性を検討している。移民の生活実態，とりわけ集住や共生の実態を明らかにしている。

原島正衛「欧州統合と移民政策──欧州統合は移民問題を解決するか」『国際問題』412号，1994年，50-64ページ。

    移民の潮流変化と1990年代半ばまでのEU統合の進展とを把握しながら，欧州統合が移民問題にどのような影響を与えるのかを検討した論文である。本章が注目した要因をおさえた先行研究でもある。

増谷英樹編『移民・難民・外国人労働者と多文化共生──日本とドイツ／歴史

と現状』有志社，2009年。
　ドイツにおける移民，難民，外国人労働者の実態と政府の政策，とりわけ近年の取り組みを概観することができる。

第7章
東欧から見た欧州東西関係

　　　　　　　　　　　　　　　　　　　　　　　　　　林　　忠行

---この章で学ぶこと---

　1989年にドミノ倒しのように東欧諸国の共産党政権が崩壊し，民主化と市場経済化という体制転換過程が始まった。そのとき，それらの諸国では「欧州への回帰（"Return to Europe"）」という標語が選挙用の宣伝やジャーナリズムの見出しにしばしば踊った。わが国でもこの標語は体制転換を特徴づける表現のひとつとしてよく使われた。それは何を意味していたのだろうか。この欧州とは「豊かで安定した欧州」を意味し，そこへの「回帰」という表現には，冷戦時代に共産党体制下でそこから切り離されていたという東欧の人々の思いが込められている。また，「ひとつの欧州」という願望を西欧の人々に受け入れて欲しいという東欧の人々の思いもそこには感じることができる。
　しかし，東西冷戦やそれに先立つ第2次世界大戦で初めて欧州は東西に分断されたのではなく，それ以前から西欧の人々は東欧を自分たちと同じ世界と感じるよりは，むしろ異なる世界と見ることの方が一般的であったといえる。多様な中小国家群からなる東欧地域は第1次世界大戦の結果として現れたが，この地域は多くの不安定要因を抱え，第2次世界大戦も東西冷戦もこの地域をめぐる問題がその原因となった。この地域はたしかに欧州の一部ではあったが，それは「もうひとつの欧州」でもあった。そのような歴史的文脈におくと「欧州への回帰」という言葉がもつ意味は単純なものではない。本章では，あえて両大戦間期まで歴史を遡り，東欧地域がもつ問題の連続性を意識しながら，欧州の東西関係を特に東側の視点を強く意識しながら考えてみたい。

1　戦間期東欧の民族問題

地域名としての「東欧」について

　冷戦期において「東欧（Eastern Europe）」という地域概念は，ソ連の西側に隣接し，社会主義体制をとっていた諸国を意味するものとして使われることが多かった。具体的にはポーランド，チェコスロヴァキア，ハンガリー，東ドイツ（ドイツ民主共和国），ルーマニア，ブルガリア，ユーゴスラヴィア，アルバニアの8カ国である。しかし，この地域の社会主義体制が崩壊すると，この地域を「東欧」と呼ぶことは少なくなり，「中東欧（Central and Eastern Europe）」というような多少漠然とした呼称が使われることになった。ちなみに，この「中東欧」は冷戦期の「東欧」だけでなく，旧ソ連のバルト諸国（エストニア，ラトヴィア，リトアニア）やベラルーシ，ウクライナなども含めて用いられることが多くなっている。また，西ドイツ（ドイツ連邦共和国）に吸収された東ドイツがそこに含まれていないのはもちろんのことである。いずれにせよ，この地域の人々は自分たちの住む土地が「東欧」と呼ばれることをあまり好まない。ヨーロッパ人にとって「東」は「未開」や「野蛮」を含意することが多く，またそれは社会主義時代の負の遺産を想起させるからである。

　しかし，冷戦期に「東欧」と呼ばれた空間が一定の要素を共有する地域であるという認識はこの地域が社会主義化する前からあった。英国の史家，ヒュー・シートン＝ワトソン（Hugh Seton-Watson）は第2次世界大戦期に『戦間期の東欧——1918-1941年（*Eastern Europe between the Wars, 1918-1941*）』という本を執筆し，その初版は1945年に出版されている。この「東欧」は北と南をバルト海とエーゲ海に挟まれ，西と東をドイツとソ連に挟まれた地域であり，戦間期には独立国であったバルト諸国と，戦後も資本主義世界にとどまったギリシャが含まれ，また当然ながら東ドイツが含まれていない。そのような差は

あるが，このシートン゠ワトソンの「東欧」は，冷戦期の「東欧」とかなりの部分が重なっている。著者はこの本で，第1次世界大戦後に独立もしくは領土の大幅な修正をへて生まれた中小国家群からなるこの地域が，戦間期に直面した様々な問題をとりあげ，第2次世界大戦後のこの地域の安定を展望しようとしていた。

戦間期のドイツでも，ドイツの利害に関わる地域としてこの土地を見ており，ドイツ語でそれは「ツヴィシェンオイローパ（Zwischeneuropa：『狭間のヨーロッパ』もしくは『間欧』）」と呼ばれた。シートン゠ワトソンの「東欧」は地理的な広がりで見るとこの「ツヴィシェンオイローパ」と重なる。ちなみに，第2次世界大戦後の我が国の歴史研究においてもこのシートン゠ワトソンの「東欧」がこの地域概念の基礎として受け継がれている。本章でもこの意味で「東欧」という地域名を用いる。「中東欧」という地域名は現在のこの地域の問題をウクライナ，ベラルーシなどの諸国をも視野に入れて議論するときに便利であるが，第1次世界大戦後から現在に至る時期のこの地域の問題の連続性が見えなくなるという欠点をもつからである。

戦間期の東欧の民族と国家

第1次世界大戦の終結とともに，オーストリア゠ハンガリー二重君主国（ハプスブルク君主国）が崩壊し，さらにドイツは敗戦によって，またロシアは革命に伴う内戦によって東欧地域での影響力を一時的に失った。その結果，この地域の国際関係の構造は一変した。バルト諸国，ポーランド，チェコスロヴァキア，ハンガリー，オーストリアが独立した。また19世紀にオスマン帝国から独立していたバルカン諸国も，国家や領土の再編を経験した。セルビアはオーストリア゠ハンガリー内に居住していた南スラヴ系住民の居住する地域と統合されて「セルビア人・スロヴェニア人・クロアチア人王国」（後にユーゴスラヴィア王国と改称）が誕生し，ルーマニアもオーストリア゠ハンガリーやロシアか

ら領土をえて国土は拡大した。こうして中小国家群からなる東欧が出現した。これらの諸国は言語や文化という側面で見るときわめて多様な世界であったが，ほとんどすべての国が内部に民族問題を抱え，相互に多くの国境をめぐる対立を抱えていた。また多くの諸国は様々な側面で近代化という課題も抱えていた。

「国民国家（nation state）」という概念はイギリスやフランスの近代国家形成の過程で生まれた。それは，理念というレベルで見る限りであるが，特定の国家に帰属する市民を包摂する共同体としての国民が想定（もしくは想像）され，それが国家の基礎を作るという考え方である。このような国民を前提とするナショナリズムは領域的ナショナリズム（territorial nationalism）と呼ばれる。しかし，そのナショナリズムはドイツやイタリアにおいて，共通の言語を用いる人々の共同体が先に想定され，それが国家を形成すべきであるというエスニック・ナショナリズム（ethnic nationalism）に変容し，ドイツ，イタリアの統一国家形成の思想的な原動力となった。このドイツとイタリアのエスニック・ナショナリズムの強い影響力を受けて，19世紀，特にその後半に，東欧のナショナリズムも形成された。第１次世界大戦後の東欧諸国は基本的には言語もしくは宗教に基づくエスニックな意味で定義された国民を基礎としていた。それゆえに，エスニックなマジョリティ（以下，「多数者」とする）とマイノリティ（以下，「少数者」とする）との対立は厳しく，東欧諸国の内政の不安定要因となった。たとえば第１次世界大戦後に再統合されたポーランド国家でポーランド語を母語とする人々の占める割合は68.9％で，残りはウクライナ系，ベラルーシ系，ユダヤ系，ドイツ系の少数者で構成されていた（1931年の統計）。チェコスロヴァキアでは同じ西スラヴ語群のチェコ語とスロヴァキア語を話す人々が政治的には「チェコスロヴァキア人」というひとつの国民を構成するという「チェコスロヴァキア主義」が国家の基本理念とされたが，その人々は人口の66.9％を占めるにとどまり，ドイツ系住民が22.3％，ハンガリー系住民が

4.8%を占めていた（1931年の統計）。国家が多数者のエスニック・ナショナリズムを掲げたので、自ずと少数者は阻害され、それが民族紛争を引き起こし、それは隣接する諸国間の国際対立にも繋がった。

戦間期東欧の国際関係

　第1次世界大戦後に東欧諸国のなかで連合国側の戦勝国と位置づけられ、比較的有利に国境画定を終えたポーランドや小協商諸国（チェコスロヴァキア、ルーマニア、ユーゴスラヴィア）などは、この地域の国際秩序に肯定的でかつ現状維持的であった。他方、不利な国境画定を経験したハンガリー、ブルガリアなどの敗戦諸国はこの地域秩序に不満を抱いていた。この地域での現状維持国と修正主義国との対立は欧州の大国間での同じ対立と連動することになった。現状維持国を代表するフランスはポーランドや小協商諸国と同盟関係に立ち、この地域を「対ドイツ障壁」で、かつソ連の共産主義に対する「防疫線」と位置づけた。他方、ドイツはその国力の回復とともにこの地域での影響力回復を図り、特にその経済力を背景に東欧の修正主義国との連携を強めた。1933年にナチスがドイツで政権を握るが、その生存圏（Lebensraum）とされた地域には東欧が重要な構成要素として含まれていた。

　当初、ソ連はこの地域がフランスなどと提携してソ連に敵対することを警戒していた。またポーランドやルーマニアとは国境問題も抱えていた。東欧諸国もソ連の共産主義が自国に浸透することを警戒しており、その関係は緊張をはらんでいた。ドイツでナチス政権が誕生すると、ソ連は東欧諸国との連携を模索するようになり、たとえばチェコスロヴァキアとは1935年に相互援助条約を締結したが、その後、1938年にミュンヘン会議において英仏がドイツに対する宥和政策をとると、それはドイツの東方侵略への道を開くもの捉え、ソ連はドイツと1939年8月に独ソ不可侵条約（モロトフ＝リッベントロップ協定）に調印した。また同時にポーランドの分割などを約する秘密議定書も締結された。9

月にドイツはポーランドに侵攻して第2次世界大戦が始まるが、ソ連はそれに呼応してポーランドの東部地域を占領したのである。しかし、1941年にドイツは不可侵条約を破棄してソ連領に侵攻し、独ソ戦が始まった。これによって、ソ連はドイツに対する安全保障に不可欠な地域として東欧を位置づけることになった。

第2次世界大戦の期間、東欧はそのほぼ全域がドイツの支配下におかれたが、最終的にはソ連がこの地域を解放ないし占領し、それが戦後の社会主義圏としての東欧の形成へと至るのである。

2　冷戦下の西欧と東欧

国境の変更と住民移動

第2次世界大戦後、ソ連は自己の安全保障の観点から東欧をその勢力圏下におき、ソ連と東欧諸国は友好協力相互援助条約で結びつけられた。東欧各国の共産党はソ連の強い後ろ盾のもとで、戦後の連立政権のなかで指導権を握り、そこに至る過程は様々であったが、最終的には共産党(実際の政党名は多様であるが、ここでは便宜的に「共産党」と呼ぶ)による一党支配が確立することになる。

ナチ・ドイツ支配下で解体されたポーランドやチェコスロヴァキアは第2次世界大戦後に復活した。しかし、ポーランドでは大幅な国境の修正と住民の移動が行われた。ポーランドはいわゆる「カーゾン線」までの東部領をソ連に割譲し、かわってドイツ東部領を得た。その新領土からドイツ系住民が追放され、そこにはソ連に割譲された地域からポーランド人が移り住んだ。チェコスロヴァキア領では、東部のポトカルパツカールス(現在はウクライナ領のザカルパティア州)がソ連領に編入された。またドイツとの国境地域に居住するドイツ系住民(いわゆる「スデーテンドイツ人」)がナチスに協力したという「集団的

な罪」を問われ，やはりドイツ領へと追放された。両国をあわせると，1000万人を超えるドイツ系住民がその居住地から追われたことになる。

この領土修正と住民移動によってポーランド国家のエスニックな少数者は2％にまで減少し，ポーランドはきわめて同質性の高い国家となった。またチェコスロヴァキアでもチェコ人とスロヴァキア人が人口の94％ほどを占めることになった。なおチェコ人とスロヴァキア人の間の問題は残ったが，全体として見れば19世紀後半からのこの地域のエスニック・ナショナリズムは，多大な犠牲の上に，その「理想」とするエスニック面できわめて同質性の高い国家を実現したことになる。

スターリン化

ソ連は第2次世界大戦後に，東欧で勢力圏を構築していった。米英も一定の範囲でそれは承認しており，その合意による戦後体制は一般には「ヤルタ体制」と呼ばれる。しかし，戦後まもなく米英とソ連の間の対立は深まり，それは冷戦と呼ばれる長い対立の時代へとつながっていった。その過程でドイツの分断は固定され，東ドイツが東欧に加わった。

1948年にユーゴスラヴィアがソ連との対立から独自の道を歩み始め，その後に自主管理型社会主義と非同盟外交を展開することになる。またアルバニアも1960年代に独自の道を進み始める。しかし，それ以外の東欧諸国はソ連との軍事的，政治的，経済的結びつきを深めていく。1955年に西側が西ドイツの再軍備と北大西洋条約機構（NATO）加盟を認めると，東側ではワルシャワ条約機構が創設されて，その翌年に東ドイツも再軍備を行った。1949年にソ連と東欧諸国は経済相互援助会議（COMECON：コメコン）を設立したが，その後に西側で進行した経済統合を意識しつつ，1960年代にはコメコンを基礎にして社会主義諸国間の経済分業体制が作り上げられた。このような相互作用の結果として欧州は東西に分断されていった。

1940年代末からの「スターリン化」の時代に，東欧各国ではソ連をモデルとする一党支配体制と，国家計画経済体制が確立された。少なくとも戦後復興期においてこの政治経済体制は一定の成果をあげたことはたしかである。戦争で被害を受けた多くのインフラを短期間で復旧することについては，この体制はそれなりに有効であった。また多くの諸国が遅れた農業地域にとどまっていたが，上からの計画的な工業化が推進され，それら諸国においても工業化が進展した。各国の共産党の力は異なっていたが，総じてこの時期は若い世代の支持を集め，党員数も増加した。戦前の支配勢力が国家の安全保障や近代化という課題を満たすことに失敗したという経験もそこでは共産党体制への追い風として作用していた。

　ポーランドとチェコスロヴァキアについては上で述べたように，多くのドイツ系住民を追放したが，それは基本的には連合国の合意のもとでなされた。しかし，その結果として両国は「西ドイツの報復主義」という脅威に直面することになる。その論理的帰結として，両国は安全保障面でソ連に依存せざるをえなくなったといえる。

　1930年代にスターリンは石炭と鉄鋼生産を基礎とする重化学工業化をソ連で推し進めたが，そのスターリン型の工業化政策が東欧でも採用された。チェコは19世紀後半からハプスブルク君主国最大の工業地域として発展していたが，その工業では消費財生産を目的とする軽工業の比率が高かった。しかし，そのチェコにおいても重化学工業化が進められた。労働集約型の工業化は国家主導の計画経済にそれなりになじむものであったため，東欧全体で見ると，一定の成果をあげたと言っていい。しかし，その結果としてソ連を含むこの地域においては重化学工業製品の過剰生産が生じ，経済構造は歪んだものとなった。

1970年代以降の経済停滞と西側への依存

　もともと西欧の先進国と同じ工業生産水準にあったチェコスロヴァキアでは

1960年代に入ると工業生産の停滞が続き，スターリン型の工業化の限界が意識されるようになった。その結果，1960年代後半には社会主義経済という基本は維持しつつも，より柔軟で，部分的には市場原理をとり入れた経済改革が模索されるようになった。この経済改革の動きは言論の自由を含む民主化運動やチェコとスロヴァキアの間の連邦化問題などと連動して，1968年には共産党が主導する「プラハの春」と呼ばれる一連の改革運動へと至った。しかし，その運動が自国に波及することを恐れたソ連や他の東欧諸国は同年8月にチェコスロヴァキアに対して軍事干渉を行い，この改革運動は挫折した。

1970年代半ばから1980年代にかけて東欧諸国が直面した経済危機のメカニズムを，とりあえずはハンガリー人の経済史家，イヴァン・ベレンド（Ivan Berend）に依拠して説明してみよう。戦後の東欧の国家社会主義体制は豊富な農村人口を工業へと動員し，あわせて低賃金，農業製品価格の抑制，消費財生産投資の抑制などで国家は工業への投資資金を確保し，工業生産を拡大することに成功した。この「外延的成長」はチェコスロヴァキア以外の諸国でも1970年代半ばごろに限界に達した。農村人口が減少し，また低賃金や消費財の不足に国民は不満をつのらせ，それは無視しがたいものとなっていた。その結果としてそれまで機能していた「外延的成長」のメカニズムが作動しなくなったのである。

さらに，東欧の工業製品は次第に国際市場での競争力を失うことになる。西側諸国は1970年代前半にオイルショックに伴う経済危機に直面したが，それは急速な情報技術革命によって克服され，その後の歴史的な技術革新の時代を迎える。東欧諸国はこの技術革新の波に乗り遅れてしまったのである。東欧諸国は，1970年代に西側からの借り入れと技術導入によって工業生産の刷新をはかった。折しも西側の金融市場にはオイルマネーが潤沢にあふれており，資金の調達は容易であった。しかし，競争の欠如した社会主義システムは技術革新を阻害し，結果としては西側からの債務が残るということになった。その後も

西側からの借り入れは続くが，それは利払いと不足する消費財の西側からの輸入にあてざるをえなかった。国民の体制への不満を抑えるためには，消費財の確保が不可欠であった。こうして，いくつかの東欧諸国は累積債務を抱えることになったのである。ポーランド，ハンガリー，ルーマニア，ユーゴスラヴィアなどである。

ユーゴスラヴィアはその設立から継続して国際通貨基金（IMF）のメンバーであり，またルーマニアはその自主外交の一環として1972年に同基金に加盟していた。加えて1982年にはハンガリーが，1986年にはポーランドが加盟することになった（ポーランドは再加盟）。このような形で，東欧諸国は1970～80年代に西側の経済システムに部分的に組み込まれることになったのである。

ヘルシンキ・プロセスと東欧

1970年代以降の欧州の東西関係で注目しておく必要があるのは欧州安全保障協力会議（CSCE）の進展であろう。1960年代末に始まる西ドイツの「東方外交」はドイツにかかわる戦後の国境変更や東西ドイツの分断をひとまずは受けいれることで，欧州の東西間の緊張を解きほぐした。それを受けて1975年には東西の欧州諸国の国境の固定化，信頼醸成措置，経済・科学協力，人的交流の促進や人権の尊重などを包括的に謳うヘルシンキ宣言が調印された。第2次世界大戦後に大きな国境の変更を経験した東欧は国境の固定化を望んでいた。また，上述の事情から西側との経済・科学協力の促進も差し迫った課題となっていた。他方，西側はそれらの東側の期待に一定範囲で応えることとの引き替えに，人的交流の促進や人権の尊重という項目を加えることで，東側の体制の変容を期待したのである。

CSCEプロセスで東欧諸国はディレンマを抱え込んだ。東西間の経済関係の進展や人的交流は一般市民レベルでの西側の政治的・文化的影響が拡大することを意味し，それは東側の体制を動揺させるおそれもあった。そのため，東側

諸国は異論派に対する抑圧を強化するなどの措置を執ったが，それはヘルシンキ宣言の人権の尊重という項目に反することになった。たとえば，1977年に始まるチェコスロヴァキアの異論派運動「憲章77」は，政府の人権侵害が，世界人権宣言，国際人権規約などと並んで，同国政府が調印したヘルシンキ宣言に反するという声明や文書を世界に発することで体制を批判した。また，1982年にはこの宣言をよりどころとして人権問題の監視を目的とする「人権のための国際ヘルシンキ連盟」というNGOが活動を始め，それは東西を跨ぐ国際的なネットワークを形成することになった。東欧諸国は人権問題という領域で，体制の論理面での危機に直面したといえる。なお，ルーマニアはそのジレンマを解消するために，国内向けの食料などの消費物資を輸出するという「飢餓輸出」を継続し，西側からの債務を返済し，その抑圧体制を維持するという手段を選んだが，それはのちの流血を伴う体制崩壊につながることになる。

3　東欧の体制変動

体制崩壊のメカニズム

　1989年の東欧諸国での共産党体制の崩壊は，体制を支えていた複数の論理やメカニズムが機能しなくなったことによる。一党支配と国家社会主義というシステムは第2次世界大戦後の復興と近代化／工業化に有効であるという論理は，すでに1960年代末以降には色あせていた。「西ドイツの報復主義」の脅威という論理も西ドイツの東方外交からヘルシンキ宣言に至る過程で，その説得力を失っていた。オイルショック以降，1970年代を通して西欧諸国は経済停滞に陥り，大量の失業に悩まされていた。これは「資本主義経済体制の危機」として東側諸国で喧伝され，完全雇用を実現している東側の体制の優位が謳われたが，その経済の少なからざる部分は西側からの債務でまかなわれており，むしろ体制の危機に直面していたのは東欧諸国であった。1980年代末には西欧諸

国での地域統合プロセスがダイナミックな展開を始め，また世界レベルでの情報技術革命によって経済や技術での東西欧州間の格差はさらに広がることになった。西側から押し寄せる観光客の運転する自動車やそのもち物を目の当たりにする東欧市民にとって「社会主義体制の優位」は絵空事に映った。

　東側の体制を支えるもう1つの論理はソ連の東欧政策という現実であった。ソ連は第2次世界大戦後に東欧を西側に対する緩衝地帯とし，その安全保障の基礎と位置づけた。ソ連が東欧ブロックを維持するという意図と能力を保持する限り，東欧諸国には体制選択の自由はなかった。1953年には東ベルリンでの労働者の暴動を鎮圧するためにソ連軍が動員された。1956年には，ハンガリーの共産党体制が崩壊して，国民蜂起が起きたが，このときにもソ連軍は大規模な軍事介入を行った。またすでに述べたように，1968年にもチェコスロヴァキアへの軍事干渉が実施された。体制を批判する異論派の活動家たちもこの現実を無視することはできず，その行動は自ずと慎重なものにならざるをえなかった。しかし，1985年にソ連の最高指導者としてミハイル・ゴルバチョフ（Mikhail Gorbachev）が登場すると，しばらくしてからソ連でもペレストロイカと呼ばれる政治・経済改革が進行し，またゴルバチョフは東欧の共産党指導者たちに対して自立と自己改革を求めるサインを出し始めた。ソ連にとって東欧を勢力圏として維持するコストはその利益をはるかに上回っていたのである。その結果として改革志向を強めていたハンガリーやポーランドでは経済改革が加速され，西欧との経済関係がさらに促進された。他方，改革に消極的であった東ドイツ，チェコスロヴァキア，ルーマニア，ブルガリアの指導者たちは保守的な体制の維持という願望とソ連の新しい政策の間で板挟みになった。

体制変動

　直接の体制崩壊の引き金はハンガリーとポーランドでの経済危機であった。1980年代末にハンガリーとポーランドの累積債務は返済能力を越え，1989年に

ポーランドの物価は251％も上昇した。社会主義体制における国家の物価統制は機能しなくなったのである。この制御不能となった経済危機に直面した共産党とその政府はそれまでの異論派を含む在野勢力との合意による危機の克服を目指さざるをえなかった。1989年6月にポーランドでは体制側と自主労組《連帯》を中心とする在野勢力との円卓会議合意に基づき，部分的な自由選挙が実施された。それは在野勢力のほぼ完全な勝利に終わり，《連帯》系の勢力を中心とする連立政権が9月に成立した。この政権の樹立がソ連によって承認されることで，もはやソ連は東欧を支配するという意図をもたないことが確認された。ハンガリーでも6月から体制側と在野勢力の間での円卓会議が始まり，10月の党大会で共産党（正式名称は社会主義労働者党）は党名を社会党に変更し，複数主義に立つ民主政を受け入れ，自らは西欧的な社会民主政党へと転身した。

このようなポーランド，ハンガリーでの体制変容に触発されて，体制内改革に消極的であった諸国でも市民による街頭での民主化要求運動の波が広がり，1989年11〜12月に共産党の支配体制は崩壊する。これらの体制変動はおおむね体制派と在野勢力の合意によるものであったが，ルーマニアでは流血革命に発展し，大統領のチャウシェスク（Nicolae Ceauşescu）夫妻が銃殺されるという結果に終わった。これらの諸国では1990〜91年に自由選挙が実施され，それまでの在野勢力を中心とする新政府が発足し，民主化と市場経済化が進行することになる。

連邦国家の解体

東欧諸国は経済面ではコメコン，軍事面でワルシャワ条約機構によってソ連と結びつけられていたが，前者は1991年6月に，後者は7月に解散した。さらに12月にはソ連そのものが崩壊し，バルト諸国，ベラルーシ，ウクライナなどが独立した。同年にはユーゴスラヴィアの内戦が始まり，ユーゴスラヴィアは

いくつかの段階を経て、スロヴェニア、クロアチア、ボスニア・ヘルツェゴヴィナ、セルビア、モンテネグロ、マケドニアの6カ国に分裂し、2008年にはコソヴォが独立宣言を行った。また1993年にはチェコスロヴァキアが分裂し、チェコとスロヴァキアがそれぞれ独立した。こうしてソ連と東欧の2つの連邦国家の分裂によって東欧の政治地図は大きく変容した。

　この分裂は19世紀に始まり、2つの世界大戦の過程で具体的な形をとることになる東欧型のエスニックな要素の強い国民国家形成の延長線上で捉えることができる。しかし、同時にこの1990年代の出来事は様々な外的要因に促されていた。これらの連邦国家のなかでは市場経済化の方法や将来の欧州統合参加の展望などで意見の差が生じ、それが国家の分裂要因となった。チェコや旧ユーゴスラヴィアのスロヴェニア、クロアチア、旧ソ連のバルト諸国は相対的に豊かな地域で、西側志向が強く、市場化や欧州統合への参加に積極的であった。他方、それらに対して他の地域は慎重な姿勢をとり、両者間の体制転換の方法に関する溝が深まったのである。いずれにせよ政治指導者たちは地方権力の掌握の手段としてエスニックなナショナリズムを動員し、自己の権力基盤の構築をはかったが、それはユーゴスラヴィアでおびただしい流血をもたらした。また、第1次世界大戦後にチェコスロヴァキアやユーゴスラヴィアのような複合国家が形成されたのは、少しでも大きな経済単位ないし安全保障の単位が求められた結果でもあったが、将来の欧州統合への参加ないしNATOへの加盟が前提とされた場合、そのような配慮は不要と考えられた。これもまた連邦国家分裂の一要因と考えられる。

4　欧州の東方拡大

EUの東方拡大

　フランス、イタリア、西ドイツ、ベネルクス3国の6カ国で始まった西欧で

の欧州統合は，1973年の第1次拡大（デンマーク，アイルランド，イギリス），1981年の第2次拡大（ギリシャ），1983年の第3次拡大（ポルトガル，スペイン），1995年の第4次拡大（オーストリア，フィンランド，スウェーデン）によって加盟国数を増やし，1990年のドイツ再統一で旧東独領も加えて，その地理的範囲を拡大した。また当初の欧州統合は欧州石炭鉄鋼共同体（ECSC），欧州原子力共同体（EURATOM），欧州経済共同体（EEC）の3つの共同体で進められたが，1967年にこれらはまとめて欧州共同体（EC）と呼ばれるようになり，さらに1987年に発効した単一欧州議定書により統合の深化がなされ，1993年に発効するマーストリヒト条約で現在の欧州連合（EU）となった。

1970年代は欧州経済の低迷と相まって欧州統合も停滞の時期であったが，1980年代，特に単一欧州議定書調印以後，欧州統合は地理的拡大と統合の深化の両面でダイナミックな動きを見せることになる。東欧諸国が共産党体制から脱して民主化と市場化の道を進み始めたときは，まさに欧州統合がこのような新たな展開を始めた時期と重なっていた。

当時のECは将来の拡大を展望しながら，まず手はじめにポーランド，ハンガリー，チェコスロヴァキアと連合協定（欧州協定）を締結し，それはルーマニア，ブルガリア，バルト諸国へと拡大された。東欧諸国はこの協定を統合欧州への参加の第一歩としたかったが，この時点でEC（EU）側はなお東方拡大には慎重な姿勢を維持していた。

1993年に欧州理事会は東方拡大のための基準（コペンハーゲン基準）を示した。それまでの拡大はすでに民主政と市場経済が機能している諸国を加えるものであったが，東欧諸国はまさに民主化と市場経済化の過程にあり，それまでの拡大とは性格の異なるものであった。コペンハーゲン基準は①民主政，法の支配，人権，少数者の尊重と保護，②経済的な競争力と市場原理に耐えうる能力，および市場経済が機能していること，③連合の目的の遵守など，加盟国としての義務を負う能力を加盟条件として示した。こうしてEUが東方拡大の意

思を示したことによって、バルト諸国を含む東欧各国は1994～1996年に加盟申請を行い、準備が進んでいると見なされた5カ国（エストニア、ポーランド、チェコ、ハンガリー、スロヴェニア）との交渉が1998年から開始され、さらに2000年からは残されたラトビア、リトアニア、スロヴァキア、ルーマニア、ブルガリアとの交渉も始まり、最終的には2004年にバルト諸国、ポーランド、チェコ、スロヴァキア、スロヴェニアの加盟が認められた（加えて並行して交渉がなされていたキプロスとマルタもこのとき加盟した）。その後、2007年にルーマニアとブルガリアが加盟し、さらに2013年にクロアチアが加盟した。

拡大の論理

　すでに冒頭で触れたように「欧州への回帰」という言葉は、長い間の不在の後に本来いるべき場所に帰るという意味が含まれ、そこには西欧が東欧を温かく迎えてくれるという期待も込められていた。しかし、西欧は東欧をその共産化以前においても自分たちと一体をなすものと見なしていたとはいいがたかった。西欧にとって、東欧は「対独障壁」や共産主義に対する「防疫線」であり、また勢力拡大のための「後背地」であった。西欧は東欧を常に「他者」の目で見ていたといえる。1938年のミュンヘン会談に臨んだ英国首相ネヴィル・チェンバレン（Neville Chamberlain）にとって、チェコスロヴァキアは「我々が何も知らない遠くの小さな国」であった。

　西欧諸国がEUの東方拡大を目指した表向きの理由は、西欧が常にこの地域に無関心であったために、この地域は不安定な状態が続き、それは第2次世界大戦や戦後の冷戦の原因となったという歴史認識に基づいて、欧州の安定のためにはこの地域を統合して、将来の紛争の芽を摘む必要があるということであった。この地域の民主化と統合は西欧の「歴史的使命」であった。

　しかし、そのような歴史観だけで東方拡大が進められたわけではない。1990年代に世界経済のグローバル化はさらに進行し、欧州は米国や新たに台頭して

第7章　東欧から見た欧州東西関係

きたアジア諸国との厳しい競争にさらされていた。その東方拡大によって，その域内に新たに東欧の1億人以上の人口を加え，既加盟国と合わせて5億人規模の統合された市場が生まれることになる。新加盟国の経済規模はその人口に比してなお小さいものであったが，逆にそれは大きな成長の可能性があることを意味し，西欧にとっては有望な投資の対象となる。また安価でかつ技術水準の高い労働力を確保できることも，グローバルな市場での競争に不可欠な資源といえた。

では，東欧諸国から見た欧州統合への参加とはどのようなものであったのだろうか。コペンハーゲン基準に加えて，東欧諸国は膨大な「アキ・コミュノテール（acquis communautaire）」という統合欧州のなかで蓄積された法規範の受容を迫られた。それらの規範は当初は29分野，後に31分野に分類されて，交渉が進められた。加盟申請国は毎年それぞれの分野について立法作業の計画を示し，その実績報告は『定例報告書』という形で欧州委員会によって査定され，その内容は公表された。各国政府はその成績発表に一喜一憂することになった。

すでに東欧諸国では複数政党による議会民主政が機能しており，EU加盟問題についても多様な意見があった。一般的には，キリスト教民主主義などに立つ中道右派諸党と，社会民主主義を掲げる中道左派勢力（そこには社会民主派に転換したポーランド，ハンガリー，スロヴァキアなどの旧共産党も含まれた）は加盟賛成派の中心を占め，おおむねいずれの国でも議会多数派は加盟を支持した。そこには欧州という大きな市場が各国の経済発展に不可欠であるという認識があった。長年にわたる経済の停滞から脱して成長の軌道に乗るためには外国からの投資が必要であった。西欧からの投資は言うまでもなく，米国や日本などからの投資も，欧州という市場のなかにいることで促進されるはずであった。また欧州統合への参加は安全保障という面でも重要なものと考えられた。「何も知らない遠くの小さな国」として切り捨てられることのない状態を生み出す

ことができるはずであった。

　しかし，各国の加盟賛成派も欧州統合のどの側面を重視するかでその理由づけは異なった。経済自由主義に立つ政党は自由貿易地域としての統合された欧州を何よりも重視する。EU 加盟という過程を通して，それまでの国家社会主義体制から引き継ぐ市場に対する様々な規制を取り除くことに加盟の意義を見いだしていた。他方，社会民主派などの中道左派勢力は特に1987年の単一欧州議定書発効以降に進んだ欧州統合の社会的側面を重視することになる。欧州レベルでの労働者保護，環境保護，消費者保護，地域間格差の是正を目指す結束政策などの諸政策が自国の社会政策や地域開発政策の展開を促進し，競争的な市場経済にさらされる弱者のためのネットワーク強化を期待したのである。そういった意味で，EU 加盟への期待は同床異夢であった。

加盟への反対者たち

　加盟に反対した諸勢力はやはり多様であった。チェコの共産党のように社会民主化せずにそのまま共産党として残った勢力や，社会民主化した旧共産党の分派が極左政党として自立したケースがあり，これらの政党は EU 加盟に批判的で，たとえばチェコの共産党は EU 拡大を欧州の強国による東欧の「植民地化」と見なしていた。また，排斥主義的ナショナリズム政党や外国資本の支配を警戒する保護主義的な経済転換政策を支持する勢力，農業利益の保護を重視する勢力なども EU 加盟に反対もしくは消極的な姿勢をとった。しかし，これらの勢力はいずれの国でも少数派にとどまり，加盟を決定する国民投票や議会での承認手続きではほとんどの国で混乱は生じなかった。

　そのようななかで，1994〜98年のスロヴァキアは例外といえよう。ヴラジミール・メチアル（Vladimír Mečiar）が率いる民主スロヴァキア運動は党首のカリスマ性に支えられつつ，伝統保守主義，ナショナリズム，国家保護主義的経済転換政策を掲げる政党であった。この政党は排斥主義的ナショナリズムを

掲げるスロヴァキア国民党と旧共産党分派の極左政党であるスロヴァキア労働者連盟という2つの小党とともにメチアルを首相とする連立政権を形成した。民主スロヴァキア運動自身はEU加盟に賛成する立場をとっていたが、その支持者の中心に経済の自由化に反対する旧国営企業経営者層が含まれており、早急な加盟には実際には消極的であった。他の2つの連立与党はEU加盟を時期尚早と見なしていた。

問題となったのは、この連立政府が権威主義的な強権政治を行ったことである。議会運営から野党をすべて外し、野党を支持する大統領の行動を制約し、民主スロヴァキア運動から離党した議員を偽造された辞表を根拠に議席剥奪処分にした。これらの問題は欧州議会の場でも議論となり、最終的には1997年に欧州委員会が加盟交渉対象国を選んだとき、スロヴァキアはそこから外された。その後、1998年選挙でメチアル政権は倒れ、その選挙で成立したEU加盟賛成派による連立政権のもとで、2000年から加盟交渉が始まり、スロヴァキアは2004年の加盟グループに入ることができた。

NATOの東方拡大

NATOへの東欧諸国の加盟についても一言触れておこう。1989年末に東欧諸国の共産党体制が崩壊した直後に、東側の軍事同盟であるワルシャワ条約機構も消滅し、東欧各国に駐留していたソ連軍も撤収した。この時期の東欧諸国内では、将来の安全保障について様々な意見があった。NATO加盟論もあったが、なお存続していたソ連の意向に配慮する中立主義的な立場やCSCEの機構化に期待する意見、地域的な提携を重視する主張なども見られた。当時、この地域の西方ではドイツ再統一が進行し、東方ではソ連が解体するという大きな国際環境の変化が生じていた。多様な意見は、この変化を反明するものであった。

しかし、独立を宣言したリトアニアに対してソ連軍が1991年1月に軍事力を

行使した事件が引き金となり，東欧諸国ではNATO加盟以外の選択肢はないという意見が多数を占めるようになった。ソ連崩壊後，1993年にロシア大統領のボリス・エリツィン（Boris Yeltsin）が東欧諸国のNATO加盟を容認する発言を行い，そのあとにそれを否定するということがあったが，これを契機に東欧諸国の政府は一層明瞭にNATO加盟を求めるようになった。NATO側は当初はソ連を刺激しすぎることと，東欧諸国を加えることに伴う様々なコストに配慮し，直ちに東方拡大を行うことには消極的で，さしあたりは1994年以降，東欧諸国と「平和のためのパートナーシップ（PfP）」と呼ばれる協力関係を作ることになった。しかし，1996年の大統領選挙の過程で米国のクリントン（William Clinton）大統領が米国のポーランド系など東欧系市民の票を意識してNATOの東方拡大を約束し，その第一陣として1999年にポーランド，チェコ，ハンガリーが加盟国として招聘を受け，続いて2004年にはブルガリア，エストニア，ラトビア，リトアニア，ルーマニア，スロヴァキア，スロヴェニアが，さらに2009年にはアルバニア，クロアチアが加盟国となった。

　NATO加盟についても，EU加盟と同様な構図での賛否の意見が見られた。しかし，ここにはEU加盟とは異なる現実主義が作用していた。第2次世界大戦期に西欧が東欧を見捨てたということからくる西欧不信はなお東欧の指導者のなかにある。またドイツに対する一定の警戒心も完全に消えたわけではない。そこから米国の欧州への関与やその欧州でのプレゼンスは安全保障では不可欠という暗黙の認識がなお存在しているのである。2003年のイラク戦争に際して，独仏両国がロシアと提携しつつ米国に対抗する姿勢を示したことは，戦争そのものに対する評価とは別に，東欧の指導者たちの不安を喚起するものであり，それがこの地域でのイラク戦争初期の米国支持を支えた要因のひとつであった。

表7-1 EU平均を100としたときに加盟国の人口1人当たりのGDP（2012年）

ルクセンブルク	272	マルタ	86
オーストリア	131	スロヴェニア	82
アイルランド	130	チェコ	79
オランダ	129	ポルトガル	75
スウェーデン	129	スロヴァキア	75
デンマーク	125	ギリシャ	75
ドイツ	122	リトアニア	70
ベルギー	119	エストニア	69
フィンランド	115	ハンガリー	66
イギリス	110	ポーランド	66
フランス	108	ラトビア	62
イタリア	99	クロアチア	61
スペイン	97	ルーマニア	49
キプロス	91	ブルガリア	47

出所：Eurostatの統計による。

EUのなかと外の東欧諸国

　2012年の1人当たりGDPのEU諸国平均を100としたとき，EU加盟各国のその数値は表7-1の通りである。東欧諸国はいずれも平均以下である。また東欧以外の諸国のなかで最下位はポルトガルとギリシャであるが，東欧諸国でそれを上回っているのはスロヴェニアとチェコの2カ国のみとなっている。それ以外の東欧諸国はいずれもポルトガルとギリシャの水準以下ということになり，またEU平均の4分の3以下という数値にとどまっている。東欧諸国の多くはEUやNATOに加盟し，その意味では西欧と東欧は一体化したといえる。しかし，経済水準ではなお西と東の間に明瞭な地理的格差があり，その意味において「東欧」は存在している。また，旧ユーゴスラヴィア諸国のなかでは，セルビア，マケドニア，モンテネグロがEU加盟候補国の地位を得ており，ボスニア・ヘルツェゴヴィナ，コソヴォ，アルバニアがなお潜在的な加盟候補国という地位にとどまっている。これらの諸国もいずれは欧州統合のなかに取り込まれていくことになろうが，その場合でもとりあえずは欧州の東の

「周辺諸国」という位置づけにならざるを得ないのである。

文献案内

羽場久美子・小森田秋夫・田中素香編『ヨーロッパの東方拡大』岩波書店，2006年．

  欧州統合研究と東欧研究の専門家たちが欧州の東方拡大の諸相や，各国の事例を論じた論文集．

トニー・ジャット著／浅沼澄訳『ヨーロッパ戦後史』上・下，みすず書房，2008年．

  ヨーロッパの戦後史を東西の両側に周到に目配りを行い，また両者の関係に留意しながらその変化のダイナミズムを描いた大作．

ティモシー・ガートン・アッシュ著／杉浦茂樹訳『ヨーロッパに架ける橋――東西冷戦とドイツ外交』上・下，みすず書房，2009年．

  ブラント政権による東方政策からドイツ再統一に至る東西ドイツ関係史を，ヨーロッパ国際関係を視野に入れつつ論じる力作．

Ivan T. Berend, *From the Soviet Bloc to the European Union: The Economic and Social Transformation of Central and Eastern Europe since 1973*, Cambridge University Press, 2009.

  1973年のオイルショック以降の欧州経済史という文脈で東欧の共産党体制崩壊とその後の体制転換の問題を論じた文献．平明な英語で書かれている．

仙石学・林忠行編『ポスト社会主義期の政治と経済――旧ソ連・中東欧の比較』北海道大学出版会，2011年．

  旧ソ連と中東欧諸国における共産党体制崩壊後の体制転換を比較する論文を集めた論文集．

第8章
ヨーロッパの高等教育政策

松塚ゆかり

この章で学ぶこと

　欧州高等教育圏構想は，政治経済面での統合を進めてきた欧州連合が教育や訓練を巡る諸制度においても統合を推し進めようとする構想である。1989年の東西冷戦の終結を経て，欧州圏における「人」の移動が自由になり，そのことが政治と経済に広範かつ深い影響をもつにつれて，社会・経済資源としての「人材」の開発と移動のありようが高い関心事となった。1993年の欧州連合設立以後，欧州委員会は人的資本政策の要として教育および訓練の欧州統一指針を次々と打ち出すこととなる。

　なかでも1999年に欧州連合27カ国の教育大臣によって締結された「ボローニャ宣言」は，大学を中心に据え，留学・研究交流の促進，教育制度改革，教育の質保証計画において大きな成果をあげ，その諸施策は欧州とその周辺国を越えて，南北アメリカ，アジア，オセアニアへと拡大し影響力を深めている。

　欧州高等教育圏構想は域内外の交流を促進しヨーロッパの魅力を高めつつ経済基盤の強化を目指す一方で，その諸施策の実行においては，多文化共生と多様性の尊重を掲げている。そのようなアプローチはいずれの国においても自主性と独立性を重視する大学にとって親和性が強く，ヨーロッパ型教育改革の世界的波及を裏づける。

　本章ではまず，欧州高等教育圏構想が大戦後の欧州統合の経緯でどのように位置づけられ進展したかを振り返る。次にその構想のなかで実践されている諸施策のなかから，特に注目されている人材の流動化と教育の高度化を目指した代表的政策と制度設計および実践状況を記す。最後に，欧州発のこのような人的資本開発計画の世界的拡大の背後にあるヨーロッパに特徴的な政策執行のあり方を考察したい。

1　ヨーロッパにおける「人」の統合

　欧州統合の経緯を振り返ると，法基盤の整備や通貨の統合等に見られる政治と経済面における統合が中核であった。「人」の統合——正確には人の効果的移動を促す欧州統一指針——は，「物」「サービス」「資本」の域内移動の自由化と並んで欧州統合の要の1つとはされていたものの，教育，訓練，人材開発については各国特定の制度や慣習を尊重する観点から加盟国の主権に依るところが大きかった。したがって「人」の移動を通した人材政策面での統合については1980年代中盤に至るまで共同体としての政策が強く打ち出されることはなく，予算も十分に措置されていたとは言えない。しかし，1989年の東西冷戦の終結を経て，欧州圏における「人」の移動が自由になり，このことが政治と経済により広範かつ深い影響をもつにつれて，欧州共同体にとって経済資源としての「人材」移動のありようは高い関心事となった。1993年の欧州連合（EU）設立以後，ECは人的資本政策の要として教育および訓練の欧州統一指針を次々と打ち出すこととなる。なかでも大学を中心に据え，欧州高等教育圏の構築を目指した1999年のボローニャ宣言は，欧州圏ばかりか，その後10年余りの間に世界各国の高等教育制度に大きな影響を与えることとなる。ボローニャ宣言はEU27カ国の教育大臣が締結したものであり，その目的は，①欧州高等教育圏の学生や研究者の流動を容易にし，研究や雇用の促進を図ること，②ヨーロッパ高等教育機関の魅力を高め，圏外からの人材流入を図ること，③EUのさらなる発展のために，ヨーロッパにおける高等教育機関が質の高い先進的な知の拠点となること，とされる。当時この計画は10年後の2010年を目途に一定の達成を得るべく，学位制度改革，流動促進計画，質保証強化の面で具体的計画が推し進められ，その工程を「ボローニャプロセス」という（ヨーロッパの近年の高等教育改革についてはウルリッヒ・タイヒラー 2006などを参照）。

第8章　ヨーロッパの高等教育政策

　欧州高等教育圏構想は，政治経済面での統合を進めてきた欧州連合が教育や訓練を巡る諸制度においても統合を推し進めようとする構想である。高等教育が対象となったのは，初等，中等等の教育課程に比較して，上位課程においては，学生がその地元にいることがそれほど問われない。つまり，大学生や研究者の移動は下位課程に比較して容易だからであろう。また高等教育機関における研究活動は技術革新の資源となる。欧州全体の経済基盤を強固にするためにも，域内統合により国家間および大学間の競争と協調，そしてそこから具体化する技術や知識の高度化と移転は欧州の経済発展のために有効な手段として位置づけられたのである。

　欧州高等教育圏構想は大学自体の統合を企図するものではなく，圏内の大学が共通の枠組みを創設し，相互に協力し合い欧州全体として教育・研究力を強化していこうというものである。欧州高等教育圏への参加は，EU27カ国の域をゆうに超えて，2012年の時点で47カ国におよぶ。これらの加盟国で学位の構造並びに修学課程の年数や内容について情報を共有し，互いの教育・研究内容を比較できるようにする。また，大学教育に雇用の機会を関連づけるなどして，域内の流動性を高め教育研究の高度化を図りつつ域内で雇用の活性化を図ろうとするものであった。

　ボローニャプロセスに代表される欧州連合の高等教育改革，ケルン憲章に見られる生涯教育構想など，経済力強化を睨んだ欧州の教育訓練政策は「人的資本開発計画」としての様相を色濃くしている。ギリシャの財政危機以降ユーロ経済の動揺が続くなか，欧州連合を中心とするヨーロッパの経済・金融政策は過去数年芳しい状況にあるとは言えない一方で，欧州の人的資本政策は世界中で大きな注目を浴びており，それは，政策実現のための具体的計画が着々と実践されているばかりでなく，そのプロセスが欧州はもとより，南北アメリカ，オーストラリア，そしてアジアへと拡大し，あるいは共有され，国際的な影響力を高めているからに他ならない。Maassen and Neave（2007）は欧州におけ

るこのような高等教育改革を,「ヨーロッパの900年間の大学の歴史においておこりつつあるもっとも重要な改革」と著す。欧州圏外においても,高等教育および人口統計学研究の第一人者である米国のクリフォード・アデルマン (Clifford Adelman) は,「ボローニャプロセスはこれまでの歴史のなかでもっとも影響力のある野心的構想であり,今後20年間に世界の高等教育モデルを支配するだろう」とまで述べている。

以下では,まずこのような高等教育圏構想を中心とする欧州の人的資本開発計画が進行した経緯を欧州統合のプロセスと対応させながら振り返る。次にその構想のなかで実践される諸施策から,人材の流動化並びに高度化を目的とした代表的な政策と制度設計および実践状況を記す。そして,そのような政策と活動が欧州圏を越えて世界的に拡大している現況を把握する。最後に,欧州発のこのような人的資本開発計画の世界的拡大は同時に人材開発における欧州標準の普及と浸透を示唆することに着目して,その背後にある欧州独自の政策執行の在り方に見られる特徴を考察したい。

2　高等教育圏構想と欧州人的資本開発計画の経緯

人的開発分野における欧州共通の組織的取り組みが始まったのは1950年代に遡る。1951年の欧州石炭鉄鋼共同体 (ECSC) 設立2年後の1953年,欧州議会は,異国間における高等教育の等価性を確保し学生の移動を促すことを目的に,まず大学入学資格に関する協定を締結した。国が違っていても大学入学の条件や資格に同等性をもたせ,欧州内で相互に共有しようとするものであった。次いで1956年には修学期間に関する協定を,そして1959年には,学術認定に関する協定を締結した。修学期間に関する規定は,連合加盟国における修学期間を母国でのそれと同等のものとして扱うことを奨励した協定であり,学術認定に関する規定は,メンバー国が授与した大学資格を学術的観点から相互承

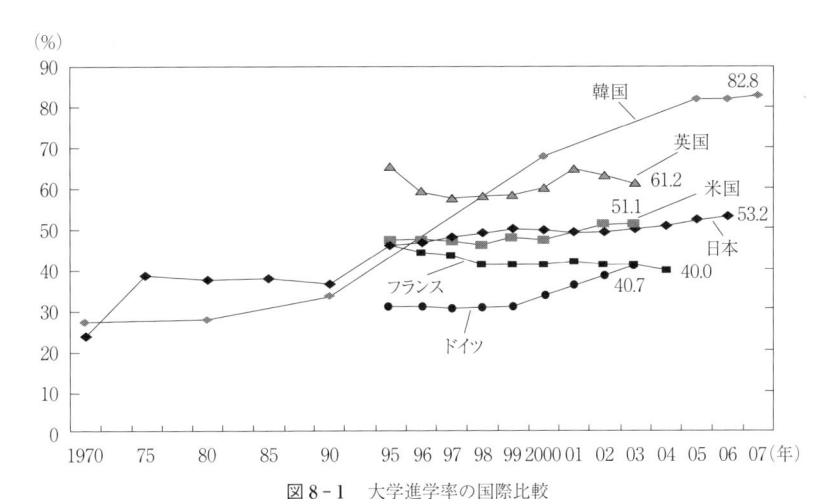

第8章　ヨーロッパの高等教育政策

図8-1　大学進学率の国際比較

注：大学進学率＝高等教育機関入学者数／該当年齢人口（18歳，ただしドイツは19歳）。日本1990年以前は3年前の中学卒業者数で除した値。高等教育機関については，日本は大学・短大・高専（1990年以前は高専除く），米英はフルタイム学生（パートタイム学生を含まず），ドイツは高等専門学校（Technical colleges）を含む。韓国は専門大学等（2年制等）を含む（大学，大学院，教育大学，産業大学，専門大学，放送・通信大学，技術大学）。数字は各国最新年のみ。
出所：労働政策研究・研修機構「データブック国際労働比較2008」。文部科学省「文部科学統計要覧」（日本1990年以前）。

認しようとする協定であった。入学，修学，卒業までにわたって欧州大学間の教育の互換性を高めようとする，入り口から出口までを対象とした初期の試みといえる。

しかしながら，1950年代に始まったこのような統合政策は，国家間レベルで大枠の同意は得られていたものの，事実上は各国教育制度の垣根を取り除くまでには至らなかった。特に大学間レベルにおいては流動性を促進する組織的取り組みがなされていたとは言い難い。大学自体が一部のエリート層を対象とする段階において，国家間を移動して大学で学ぼうとする人口はごくわずかであったことを思うと不思議ではない。しかし，1960年代に入り，第2次大戦後の経済復興とも相俟って，先進国における高等教育進学率は急速に上昇する。マーチン・トロウ（1976）は，高等教育の性格変化を進学率変化に対応させ

て，15％までを「エリート型」，15％から50％までを「マス型」，そして50％以降を「ユニバーサルアクセス型」と説明した。これに基づくと60年以降は主要国において高等教育の「大衆化」が進んだことになる。イギリスでは1960年代に5％ほどであった大学進学率は，1980年には20％に，フランスでは1960年に11％だった進学率が1980年には26％，西ドイツの場合では，1960年代に7％ほどだったのが1980年にはやはり20％を超えている。この背後には，産業のサービス化に伴い知識や技能の付加価値が高まるとともに，教育が経済効果を有することが一般的に認識され高等教育投資の妥当性が認識されたことがある。

その後も大学への進学率は大方上昇を続けるが，1980年代以降はそれまで上昇の一途を辿っていた欧米先進国で1995年ごろから安定化する傾向が見られる。図8-1は欧米主要国の数値に日本と韓国を加えたものであるが，ドイツとフランスを除く各国は現段階ですでにユニバーサルアクセス段階に入っているといえる。

1970年に入ると，欧州内各国の教育大臣が定期的に会合する機会がもたれるようになり，徐々にヨーロッパ共通の枠組みで教育改革を推し進めようとの議論は本格化する。こうしたなか，1976年にはヨーロッパ内の学生交流の基礎となる「共同学習計画」が制定された。①学生が国外の大学で学ぶこと，②外国の教員が講義を行うこと，③大学間で共同して講義等を準備することの3つの活動に対し，欧州共同体が財政的支援を提供するものであった。以来同計画の規模は年々拡大し，1987年には包括的大学間交流計画として知られる「エラスムス計画」へと発展する。エラスムス計画は欧州連合の大学間で学生や教員の交流を一層促進させて，協力関係を強化することを目的に発足された。同計画については，域内の流動化を促進しようとした代表的計画を紹介する次節で詳述する。

1990年代に入ると，教育内容や資格の欧州域内統合，および学位や単位の大学間の相互認証計画は具体性を増し，また実行力を強めていく。1985年から始

第8章　ヨーロッパの高等教育政策

まる域内市場の統合計画は，1992年までに「人，物，サービス，資本」の域内移動の自由化を目指したものであり，「人」の移動のためには人材開発面での共同体レベルの改革を欠くことができないと判断されたのである。1992年2月のマーストリヒト条約で欧州連合が創設された後，欧州委員会はまず通貨統合と政治統合に着手することはもとより，教育の分野における欧州連合体としての立場と役割を明確に打ち出した。教育について主権は引き続き各国が維持するものの，連合体は教育研究の「質」を高める推進役となることが盛り込まれ，それは欧州全体の社会経済的発展のために必要欠くべからざることとして位置づけられた。その後欧州委員会は人的資本政策の要として教育や訓練の欧州統一指針を次々と打ち出すこととなる。

1987年に「エラスムス計画」として本格化した学生交流はその後も拡大し，1995年には，教育全体の包括的政策を制定した「ソクラテス計画」の一部となる。ソクラテス計画は1994年に欧州連合により策定された教育分野を包括的に対象とした計画である。つまり，エラスムス計画は，教育政策全体のなかでより恒常性の高い計画として定着することとなるのである。1998年には，高等教育における欧州共通の参照枠組みを推進するために，外部認証を改善し，学生の雇用可能性と移動を容易にすることを目的としたソルボンヌ宣言が締結される。その本来的目的は，「欧州市民のために教育を絶えず改善し更新することによって世界におけるヨーロッパの立場を強固なものにする」と記されており，高等教育における統合政策がヨーロッパの対世界戦略の様相を呈することとなる。

そしてその翌年の1999年には欧州連合27カ国の教育大臣により，欧州高等教育圏の構築を目指したボローニャ宣言が締結される。先に述べた通り，ボローニャ宣言の目的は，欧州連合を中心とした欧州域内の学生や研究者の流動を容易にすることに加え，圏外からも人材流入を図り，欧州の高等教育機関を先進的かつ質の高い知の拠点とすることであった。この目的を達成するために，単

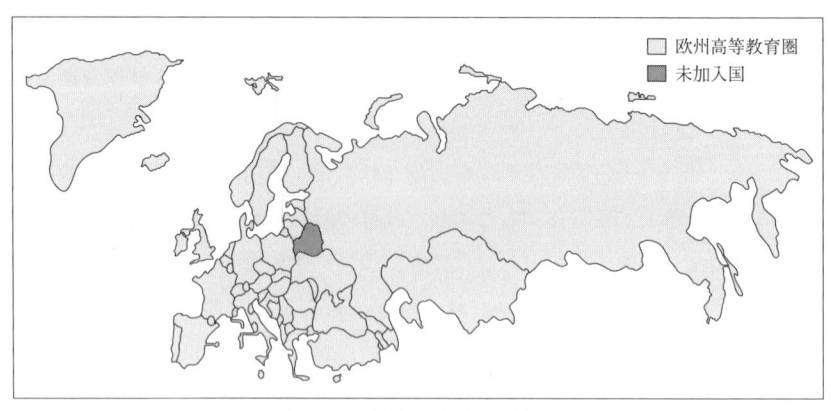

図8-2 欧州高等教育圏の拡大
出所：http://en.wikipedia.org/wiki/File:EHEA.PNG

位制度の改革と学位授与制度の見直し，そしてエラスムス計画を中心とした交流計画の拡充など，次々と積極的な計画が打ち出された。

　ボローニャ宣言による欧州高等教育圏構想は当初2010年の完成を目指した。しかし，計画すべての達成には至らず，目標年を2020年に再設定し，計画内容も拡充して2013年現在も進行中である。当初の予定よりも進行が遅れたことについては，加盟国における既存の制度からの移行に時間を要していることが主因と言われる。あらゆる面において順調に進行しているとは言えないものの，この構想により欧州全土の高等教育が大きな変革を遂げたことは間違いない。先に述べたようにボローニャプロセスには47カ国が参画している。これに影響される規模は学生数にすると，1600万人とアメリカの全大学生数に匹敵する。ボローニャプロセスは，その広大な活動規模がゆえに進行の遅れや食い違いが生じていることこそ否めないものの，過去10年間にわたり欧州高等教育に重要な変化をもたらし，欧州域内の人的交流と高等教育を通した知や技術の交流を円滑にしているばかりではなく，その影響はアメリカ，アジア，ロシア，中国を含む域外へと及んでいる。

3 教育における欧州統合を実現する計画と実践

教育の分野における欧州統合を具現化しようとする計画は大きく，①学生・研究交流の強化，②単位および学位制度の統一化，③①と②を可能とさせ得る教育内容と評価基準の共有，の3つに分けることができる。以下では，まずそれぞれの計画と，その代表的な実践例を紹介する。次いでそれら代表的計画と実践がいかに相互に機能するのかについて触れる。

学生・研究交流の強化

交流計画で代表的なのは先述したように1987年に発足したエラスムス計画である。エラスムス計画は，正式名を "European Region Action Scheme for the Mobility of University Students" とするが，その名の由来は15世紀から16世紀にかけて欧州各地を訪問して研究を続け，当時活躍していたほとんどの知識人と交流したと言われるオランダの人文主義学者，デジデリウス・エラスムス（Desiderius Erasmus Roterodamus）（図8-3）である。エラスムス計画は，欧州連合の大学間で学生や教員の流動化をはかり，協力関係を強化することを目的に発足された。具体的には，①人的資源を養成・確保し，世界市場におけるEUの競争力を向上させること，②EU加盟国の大学間協力を強化し，学生と研究者の流動性を増大させ質の向上を図ること，③EU市民であることの意識を養成し企業との協力関係を強化することであった。計画の規模と継続性の長さから世界でもっとも成功を遂げた学生交流計画であると言われている。

2012年の報告によると，年間23万人以上の学生がエラスムス計画の留学奨学金を得て留学している。また，留学のみならず，インターン，大学教員および職員の訓練，機関レベルの連携プロジェクトの推進など，その活動は多岐におよぶ。発足以来300万人以上の学生と30万人以上の大学スタッフが本プログラ

図8-3　エラスムス像

表8-1　エラスムス奨学金の応募種別参加数と予算

年　度	交流総数	留　学	就業経験	短期滞在	免　許	修　士	博　士	滞在月数合計	予算合計
2008	27682	23560	4122	1903	11028	14330	421	177987	41667269 €
2009	29088	24426	4662	2453	12079	14235	321	181739	34344302 €
2010	30714	25789	4925	2642	13570	14230	272	192510	37024932 €
2011	31524	25924	5600	2878	13855	14660	131	195543	36222393 €

出所：http://www.statisticsforall.eu/maps-erasmus-students.php

ムの対象となっている。参加大学は33カ国から4000件を超え，年間予算は4億5000万ユーロで，年々上昇を続けている。

　エラスムスは学士課程を対象とした計画であったが，2004年には，修士課程以上を対象とするエラスムス・ムンドゥス計画が発足する。「ムンドゥス（Mundus）」はラテン語で，「世界」あるいは「宇宙」をさす。文字通り，エラスムス計画の世界展開を計画したものであり，修士課程以上の学生を対象に，欧州域内外でより自由に他国の大学の教育を受け，学位授与を可能とすることが目指された。その第1の目的を，「高度で優れた教育をもとに，ヨーロッパ

を世界でもっとも競争力のある，知識基盤経済にすること」としており，具体的には，

① ヨーロッパ様式を尊重する高等教育を促進すること
② EUが制定する資格に沿った，優れた大学院生ならびに学者を国外から募ること
③ EUそしてその他の国々との連携を強化すること
④ ヨーロッパ高等教育の世界における通用性をより高めること

を目指すと記されている。これらの計画は，域内外を問わず，学生に対する奨学金の授与，プログラムやカリキュラムの共同開発，多国間コンソーシアムの形成による学生や研究者の流動促進や共同研究などの具体的活動に還元され，実践されている。

重要なのは，エラスムス・ムンドゥスを基点として，欧州高等教育圏構想は域外に対し明確な方向性を示したことである。世界各国から留学生や研究者を受け入れ，また，EU各国の学生や研究者をEU圏外へと送り出すことを主眼とし，その計画は着々と実現かつ拡大している。まず，EU周辺の途上各国と連携し，その後に北米，オーストラリア，そして中国，韓国，日本を中心としたアジア諸国を相手国として双方向の交流が拡大している。エラスムス・ムンドゥスに参加した大学数は2008年度までで約400校，修士課程の設置実績は100件強，EU圏外の学生に約3000件の学位が授与されている。奨学金については，2008年から2009年にかけて域外の学生約2000人，研究者450人に授与されている。また，EU域外への奨学金授与件数は，学生が約6000名，研究者が約1000名に至っている。正確な数字は把握できていないものの，他の重要な進展として，域内外とのジョイントディグリーや共同学位などの連携学位の顕著な増加も報告されている。

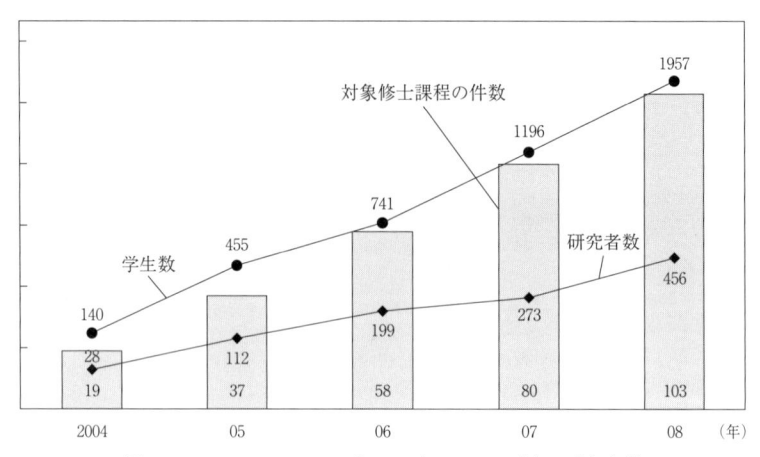

図8-4 エラスムス・ムンドゥス（2004〜2009年）の参加者数
出所：駐日欧州連合代表部 Marie-Helene Vareille 氏による発表 "Erasmus Munds: Past, Present, Future"（2009年12月3日）より，筆者訳。

単位および学位制度の統一化

　留学を金銭的支援で奨励するのみでは安定的交流は達成し得ない。特に，正課課程の留学で，単位および学位取得を目的とする学生は，異国間の大学でも学修が積み重ねられていくことを望む。そしてそのためには大学間で単位および学位について共通の理解をもたなければならない。

　欧州共同体はエラスムスの導入と併せて，ECTS（European Credit Transfer System: 欧州単位互換制度）を設置し，このことがエラスムス交流における正課留学の発展に大きく貢献した。ECTSは学習時間に換算されて単位が認定される。1ECTSは25〜30時間に相当し，1年間の必要履修単位数は60単位，つまり年間1500〜1800時間の学習が要求される。これをヨーロッパの統一基準として域内全大学が共有することにより，大学間の互換を容易にしようとするのがECTSのねらいであった。当初エラスムス計画を中心とする交流プログラムの単位互換に利用されるに留まっていたが，欧州高等教育圏構想の発足により統

合計画が進むとECTSの導入は急速に進む。特にボローニャプロセスにより，学士課程の3年間を第1サイクル，修士課程の2年間を第2サイクル，博士課程を第3サイクルとして課程基準を統一化したことにより，その積み重ねを構成するECTSはより具体的な役割をもつことになった。

　ECTSを規定する際に用いられる指標は3種，①学生の学習量，②ラーニングアウトカム（学習の成果），③成績である。この組合せのなかで学生の学習量がもっとも重視され，一定のコースで要求されるタスクを達成するために学生は何時間勉強しなくてはならないのかということを基準に単位が設定される。よってECTS導入時には教員が，担当コースや授業における学習内容を具体的に定め，その内容を習得するための平均学習時間を明らかにしなくてはならない。ちなみに，日本やアメリカでは単位は基本的に教員と接する時間で換算される。教員と接する時間に対応して学生は学習するという前提に立っているからである（日本の大学設置基準では，1単位の授業科目を45時間相当の学修を必要とする内容をもって構成することを標準としているが，これを確認するシステムは無く，事実上は教員と接する時間に対応して単位が付与されている）。

　また，ECTSはボローニャプロセスを経て，互換性の確保だけではなく単位を「累積」させるという機能を加えた。"Credit Accumulation Scheme"，つまり加算式単位制度を採用することで，教育機関を超えて取得した単位を加算・蓄積することができるようにしたのである。これによりジョイントディグリーやダブルディグリーなどの連携学位の開発や実践が容易になる。また，転学や復学が促進されるために，生涯教育など継続的学びを可能とする施策の1つとしても提唱されている。

教育内容と評価基準の共有

　大学教育の内容とその成果についてはOECD各国を中心に「教育の質保証」という観点から，通常行政の指導により第三者機関によって評価される。大学

評価はアメリカ，欧州，豪州が先進国であると言われるが，いずれの国においても各国独自の評価基準がいかにして世界的に共有されるかが焦点となる。

　欧州高等教育圏構想においても欧州委員会はまず各国の資格の枠組み（National Qualifications Framework-NQF）を作りそれに準拠することを求めた。各国に資格の枠組みがあるのかをまず確認し，その枠組みはボローニャプロセスの計画に即して構成されているかが問われるという，段階を踏んだアプローチがとられている。その展開を大きく進展させたのが2008年に制定された「欧州資格枠組み（European Qualifications Framework：EQF）」である。この枠組みは，生涯学習の観点から作成されたものであり，高等教育のほか一般・成人教育，職業教育・訓練，義務教育以後の公式および非公式の教育など幅広い範囲を対象とする。欧州議会は，EQFは各国の資格基準を欧州全体で共有するための「翻訳」の役割を担うとしながらも，加盟国に対して自国の資格制度をEQFに関連，あるいは対応させるよう促している。EQFへの参加は任意であるが，2010年を目途に欧州各国の資格制度をEFQに連結させ，2012年までには各国の資格証明書をEQF基準に即したものとし，国家間で共有可能な質保証の枠組みを形成すると明言しており，事実上は一定の強制力をもつものと思われる。

　このように，公的な質保証制度において国を越えた枠組みを構築しようとする一方，大学単位で共有し得る教育内容の参照基準を作成，普及する「チューニング（Tuning）」と呼ばれるプロジェクトがある。チューニングは正式名を"Tuning Educational Structures in Europe"とし，教育の内容や成果を大学間で確認し合い共通理解をもとうとするものである。具体的には科目，コース，プログラムなどにおける到達目標，ラーニングアウトカム，養成されるコンピテンス，教育実践に要するリソースなどを明確に定義し，分野別参照基準として大学間で共有する。楽器をチューニング（調律）するように互いの教育の内容や成果を理解し合い並びをとっていく大学教員主導の取り組みである。オラ

ンダのフローニンゲン大学とスペインのデウスト大学が欧州圏の幹事校を務めるが，活動の資金は欧州委員会のソクラティス-エラスムスプログラムが拠出している。

　発足当初は，ビジネス，化学，地球科学，教育，ヨーロピアンスタディ，歴史，数学，看護学，物理の9科目を対象に行われ，続いて2005年には人文，社会科学，自然科学の全領域を含む16の分野が加わり，さらに2007年には社会科学，特に，法学，社会学，心理学，政治学，国際関係，コミュニケーションスタディーへと拡大し，その後も分野と内容ともに段階的に拡大している。

　チューニングは，教科の内容や連続性および教授法などについて「標準化」を求めるものではなく，「共通の言語」を用いて，特定のカリキュラムが何を目指しているのかを「表現する」ことを目的とするとされる。目的に到達するための方法について規定するものではなく，むしろ，透明性と比較可能性をツールとし，学術的な自律性とバランスを確保することに力点を置いているという（Gonzalez and Wagenaar 2003）。

　2009年の時点でEU内29カ国のうち約200大学が参加しているが，特に注目されるのは，チューニングのコンセプトと具体的活動がEU圏を越えてすでに南北アメリカにもわたっていることである。南米では，2004年，ALFA（America Latina-Formacion Academica）が，Tuning Latin Americaを発足，12分野についてすでにチューニングを終えている。また，2009年には北米のLumina FoundationがTuning USAを発足している。その後も，2010年にはTuning Russia，2011年にTuning AustraliaとTuning Africa，2012年にはTuning CanadaとTuning AHELOが発足し，チューニングは急速な勢いで全世界に拡大している。さらに以下の図には反映されていないが，2012年にタイがチューニング参画を決めている。これらの参加国に対して欧州委員会はときに経済的援助を提供し，すべての地域においてチューニングのノウハウやガイドラインについて，何らかのアドバイスを提供している。

チューニングがこれほど急速に世界的に拡大するのは，国単位の制約に問われることがなく，人の交流と自由な情報移動とともにその実践が教育の現場で共有されるからだと考えられる。その点，むしろ国別に管理される質保証制度よりも波及力があると言えよう。また，チューニングは，①多様な文化や慣習を尊重すること，②独自の適用を重視すること，③大学と教員の自律性を尊重すること，④各国の教育，訓練，雇用制度への順応性を高めることを重視することを特徴として掲げている。ヨーロッパのチューニングプロジェクトはすでに膨大とも言えるチューニングのノウハウとそれを駆使した参照基準を中心とする成果を蓄積している。しかしながら世界各地域のチューニングプロジェクトに対しては，そのような欧州発の基準をガイドラインとして活用するに留め，各国そして各大学の特徴を尊重することを推奨しているのである。

　このような地域性の尊重は，チューニングに限られたものではない。ボローニャ宣言が締結された当初から，各国の高等教育における伝統的な多様性に対して寛容な姿勢が貫かれていた。教育の質管理基準を共有し統一性をもたらそうとはするものの，そのことがすなわち各国，各大学のカリキュラムの内容について関与することではないとされている。

諸制度の複合的効果

　以上では，留学交流資金の提供を中心としたエラスムスとエラスムス・ムンドゥス計画，ECTS に代表される単位制度改革，および教育の内容や成果に関する情報を共有するチューニングについて述べてきたが，ここでは，ECTS とチューニングは相互に作用して，留学交流を促進すること，つまり上記三者は複合的効果を有することに着目したい。

　ECTS 導入においては教員が担当コースや授業での学習内容を具体的に定め，学生が課題をやり遂げるために必要な学習量を明示しなくてはならないことは先に述べたが，チューニングにより作成された「参照基準」があると，教

員によるこれらの作業が相当に容易になる。このことは，チューニングが教員主導で行われるという特徴と深く関係している。教員は教育現場での実践を基に作成された参照基準を使用して授業を組み立て，評価に応用し，学習成果の達成度を確認できる。

学習の成果は「ラーニング・アウトカム」として定義され，学位はその達成度を確認した上で授与される。学位の意味としてラーニング・アウトカムを可視化し，そのラーニング・アウトカムを達成するために何を学習させればよいのか，そしてその学習によって養成される能力はどのようであるべきかについての定義が適切であれば，評価基準はより明瞭になり達成度が図りやすくなる。これに学生の学習時間を指標とする単位制度を組み合わせることにより，学位へのプロセスが細分化され，専門分野ごとに，そして単位ごとに，教育内容と具体的な教育成果，そしてそれに伴う学習量がマトリックス的に可視化され得る。

したがって，ECTSとチューニングを併用することにより，単位制度と質管理制度とが実質的に結びつき，質保証のメカニズムが確保され，両制度の実践に説得力が加わる。一方教員にとってこのプロセスは，「何を教えるか」から「何を学ばせるか」に視点が移行することを意味しており，新しい教授概念のもと，カリキュラムや教授法を組み立てていくこととなる。それ自体がこれまでの教授様式を変えていくプロセスであり，欧州モデルの世界的普及は大学教育のあり方を革新的に変容されると言われる所以なのである。

4　欧州人的資本開発計画の世界的波及性

これまで，欧州人的資本開発計画の諸施策のなかから，交流計画ではエラスムス計画，制度改革面の代表例として単位制度，質保証制度，チューニングについて述べてきた。特に，エラスムス・ムンドゥスおよびチューニングについ

ては世界的に拡大していることに言及したが，以下ではこれら計画の国際的波及性と浸透性についてさらに検討したい。なぜなら，欧州高等教育圏構想を中心とする人的資本開発計画の波及と浸透には，ヨーロッパ独自の，他国の高等教育政策には見られなかった特徴があるからである。それは，①諸施策において，一貫して「多様性の尊重」を掲げる一方，②欧州高等教育の影響力を世界的に強化することが欧州の経済競争力強化へつながることを前提としていることである。

多様性の尊重

　欧州連合が多様性を尊重することは欧州連合基本権憲章にも定められる通りである。併せて言語・文化や民族の多様性を受容する姿勢は欧州連合の基本的方針であり，高等教育圏構想の展開においてもこのことは堅持されている。ボローニャプロセスに特定すると，2001年のプラハ会合において，Social Dimension, つまり「社会的側面」の考慮が不可欠であり，多様な背景を有する人々に同様の機会を提供することが定められている。欧州連合は24種の言語に対応しているが，高等教育圏構想においてもその方針に準じている。したがって圏内に繰り広げられる活動とその詳細は自ずから多文化・多言語環境のなかで機能する性質をおびる。

　たとえばチューニングでは，教育内容や成果の一律化を要求せず，大学間において教育の内容や成果について比較可能性を高めることを奨励する。それぞれの大学が自らの教育について対外的に説明できることが重要であり，同等性を築くのではなく，等価性を認識して，互いに理解し合える土壌を形成することを求めているのである。このようなアプローチは欧州圏内のみならず，世界のいずれの国においても自主性と独立性を重んじる大学組織において特に親和性が強い。また，ECTS, チューニングともに，教員が教授にあてた時間ではなく，学生の学習量を基準に設計されていることは先に述べた。交流において

「動く」のは学生であり研究者である。彼らが実際に学び研究する量は彼らに付帯するわけであるから，学習内容と成果の情報が当事者ベースで積み重ねられていくことは，学生や研究者の移動を一層容易にすることとなる。

世界各国の高等教育研究者が欧州の高等教育改革がグローバルスタンダードになる可能性について論ずるのは，トップダウンではなく，学生の学習の積み重ねと，その評価方法を教員自ら作っていくというボトムアップのアプローチが，大学の文化と相性が良いことが強い根拠となっている。

経済力強化計画としての高等教育改革

一方で欧州委員会は高等教育圏構想の目的として，高等教育の「ヨーロッパ化」を強調している。これは域内の連携を通して高等教育を高度化することはもとより，①世界の高等教育市場における欧州大学の影響力の強化，そして②高等教育の高度化を通した知識基盤経済の構築による，欧州の経済競争力の強化を目指したものである。

高等教育圏構想が発足した1990年代はアメリカ型の大学制度と教育内容が大きな影響力をもって世界に浸透していた時期である。大学教育の国際化が進むにつれ米国大学の覇権，すなわち学位・資格に関する米国基準が実質的に国際基準となりつつあることへの対策はECにとって急を要する課題であった。ボローニャ宣言が締結された前後は，世界各国で高等教育進学人口が飛躍的に伸びた時期であり，高等教育の「大衆化」から進学率が50％を超える段階を表す「ユニバーサル化」が進行した時代でもある。世界全体で見ても，高等教育機関の学生人口は1990年の6891万人から2000年には1億108万人，さらに，2007年には1億5248万人へと飛躍的に伸びている。そして留学生人口もOECD諸国において1985年から2005年の20年間に2倍になっている。

一方ヨーロッパに向かう学生や研究者は伸び悩んでいた。たとえば，フランスの大学における外国人留学生数の推移をEurostat見ると，1982〜1983年か

ら1996～1997年にかけて，欧州内各国から留学する学生比率は17.4％から28.6％と拡大したものの，アジアからの留学生は15.7％から13.0％へ，アメリカからの留学生は8.8％から7.0％へ，アフリカからの留学生も57.1％から50.3％へと減少している。特にインドや中国の学生が，アメリカを志向する傾向にEUは危機感を募らせた。かくして，欧州高等教育圏の設置とその諸活動の世界的展開は，米国基準が影響力を増すことを回避あるいは緩和する1つの手段としても位置づけられるのである。

　流動化と基準共有は連動する。そして流動化が経済力強化につながるのであれば，そのような基準の波及性は一層高まる。したがって欧州高等教育圏構想が次第に経済政策の一翼を担うこととなるのは不思議ではない。このことは2000年に欧州高等教育圏構想がリスボン戦略に組み込まれたことによって，明示的になる。

　リスボン戦略は，欧州を「雇用機会・質の向上と社会的連帯強化を伴う持続可能な経済成長を可能とする，もっとも競争力と活力を有する知識基盤経済とする」ことを目的に締結された。高度技術の開発と応用を中心に知識基盤社会の進行を速め，欧州の経済成長を促進しようとしたものである。特に，技術力に立脚する専門職を創出して生産の付加価値を高めうる，持続的且つ強力な経済基盤を築くことを眼目としていた。そして，その目的のために，大学を中心とする高等教育改革は不可欠とされ，欧州高等教育圏構想は人的資本政策としての教育改革となる。これら一連の流れは2000年のケルン宣言とも一貫している。ケルン憲章では，「教育と技能は経済的成功，社会的責任，社会的連帯を実現する上で不可欠である。来世紀は柔軟性と変化の世紀と定義され，流動性への要請が高まる」とし，高等教育と生涯教育は「流動性へのパスポートとなる」と述べているのである。欧州連合においては教育と訓練は同一の部署で管轄しており，高等教育圏構想と生涯教育構想は連結し，流動化，人的資本開発，経済力強化のための諸施策が設計されている。

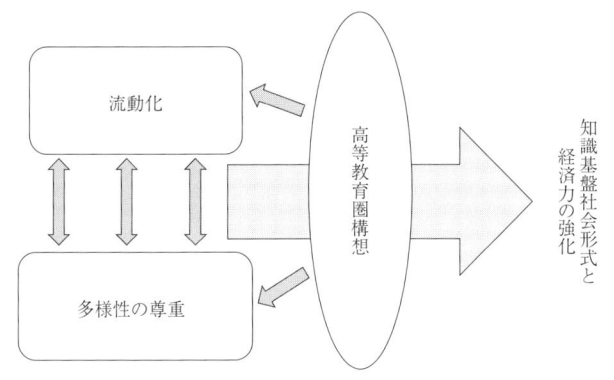

図8-5　流動化，多様性の尊重，経済力強化と高等教育圏構想
出所：著者作成。

流動化，多様性の尊重，経済力強化と高等教育圏構想

このように，欧州高等教育圏構想に見られる人的資本政策は，「流動化」「多様性の尊重」「経済力の強化」が相伴うよう構想されている。その相互関係と効果は図8-5のように説明できる。

多様性の尊重は流動化の前提である。物流と異なり教育・研究交流においては学生や研究者は一定期間その土地に滞在しその土地特有の環境に身を置きながら学習・研究を経験する。そこでは，異文化や言語を理解しようとする多様性尊重の姿勢なくしては交流の成果を十分に得ることはできない。そして欧州高等教育圏構想は流動化と多様性尊重の双方を促すように計画されている。なかでも教育内容と成果を判断する際に一定の基準を共有することは流動化と多様性の尊重に不可欠な「共通言語」を作るに等しい。共通の言語を使用することにより教育の内容と評価に関する信頼性が高まる。したがって，高等教育圏構想は欧州の統合を人材の流動化によって実現しようとする計画という見方ができる。

統合は高等教育の制度や内容の収斂を導くという見解もあるが，たしかに構造上の収斂はあっても，教育の内容が同質化していくことには必ずしもならな

い。チューニングにおいて，各国の実践者に他国の教育内容を模倣することを避けるよう促されているのはその端的な例である。この点，多様性の尊重が価値観の共有を経た同質化への移行を見ないように，高等教育圏構想は設計されているようにも見える。欧州高等教育圏構想による大学教育の構造的な統合は，もともと存在していたヨーロッパ諸国固有の歴史的，社会的背景を反映した多様性と差異を共通の枠組みで認識させることを可能とするとも言える。さらに，人材交流による統合は，加盟国やその大学にそれぞれの個性や特徴を再認識させ，そこを強化することにより多様化をさらに促進させることも考えられる。つまり，大学の教育構造が収斂すれば，多様性はむしろ顕在化してくるという見方ができるのである。

　一方で高等教育圏内の流動化が進むと，競争の範囲も拡大するために，圏内における教育水準は特に上位層において向上する。これによりヨーロッパ全体の学術や技術力のレベルは高まり，対外的に魅力を高めることができると思われる。こうして，ボローニャプロセスの目的として掲げられている，「ヨーロッパ高等教育機関の魅力を高め，圏外からの人材流入を図り」，このことが「欧州連合の発展を促し欧州の高等教育機関を質の高い先進的な知の拠点」とすることにつながる。

　人材の流動化が進むと，優秀な学生はより高度な教育が受けられる大学へ移動し，卒業後はその高度な教育の成果が認められる社会に居住する傾向がみとめられている。事実欧州連合では，流動経験のある人材に対して優先的に圏内加盟国における生活，学習，労働の機会を提供している。これに優秀人材を優先する一定の条件を課すことにより，経済力強化に資する高度人材の育成あるいは誘引が可能となる。

　欧州高等教育圏構想の世界的広がりは，人材の流動化政策と大学を中心に据えた人的資本政策の組み合わせが一定の有効性をもつことを示すものであると考える。知識基盤社会の展開において高等教育が重要な役割をもっていること

第8章　ヨーロッパの高等教育政策

もさることながら，欧州の多様性を尊重しそれを政策施行のための諸計画に具体的に盛り込むことができること，そしてこのような政策の中心を担う大学が欧州発のアプローチの親和性が高いことを考慮すると，欧州発の高等教育改革は今後もその波及性を高めていくことが予想されるのである。

文献案内

ウルリッヒ・タイヒラー著／馬越徹・吉川裕美子訳『ヨーロッパの高等教育改革』玉川大学出版部，2006年。

　　「ヨーロッパ高等教育圏」構想に焦点をあて，ヨーロッパの近年の高等教育改革を包括的かつ具体的に検討している。高等教育と雇用に関する政策，学生移動のための諸施策についても事例を挙げつつ紹介されている。高等教育改革の国際比較的考察もなされており，圏外の読者にも分かりやすい。

Maassen, P. and Neave, G., "The Bologna Process: an Intergovernmental Policy Perspective," In P. Maassen and J. P. Olsen (eds.), *University Dynamics and European Integration*. Dordrech: Springer, 2007, pp. 135-154.

　　ボローニャプロセスの欧州における位置，役割，進行を，欧州統合の一連の流れのなかで捉え，大学が変容していく力学を考察している。

Gonzalez, J. and Wagenaar, R. (eds.), *Tuning Educational Structures in Europe: Final Report-Phase* 1 Bibao, Spain: University of Deusto and Groningen, NL: University of Groningen, 2003.

　　欧州のチューニングを組織し，率いてきたチューニング幹事校（デュウスト大学およびフローニンゲン大学）の代表者2人が記した，チューニング発足の経緯，理念，枠組み，方法を含むチューニングの初期段階をまとめる報告書である。

マーチン・トロウ著／天野郁夫・喜多村和之訳『高学歴社会の大学』東京大学出版会，1976年。

　　高等教育の発展過程について，在学率の増加に伴い，エリート型，マス型，ユニ

バーサルアクセス型と推移し，これに伴い教育課程，教育の目的，選抜原理，運営形態などが変わっていくことを論じている。高等教育改革を含む高等教育の変容を学ぶ上で重要な文献である。

終　章
多極構造の世界におけるヨーロッパ

渡邊啓貴

--- この章で学ぶこと ---

　今日のヨーロッパの世界観は，多極化を基礎にしている。その上でもっとも重要な関係である対米関係，そしてBRICS（ブラジル・ロシア・インド・中国・南アフリカ）と呼ばれる新興国との関係がある。そうした多極的構造の世界のなかで，長引いた金融恐慌の悪影響やギリシャの財政危機に端を発するユーロ圏の動揺によってヨーロッパはすっかり弱気となっている。ヨーロッパ自身その影響力が低下していることへの大きな懸念がある。

　とくに2009年12月気候温暖化をめぐるコペンハーゲンでの会議は，そうしたヨーロッパの影響力の後退を如実に示した例だった。EUはこの会議を「ポスト京都議定書」を議論するための重要な会議と位置づけ，大胆な提案を準備していたが，結果的には最大の二酸化炭素排出国である米中2大国が消極的であったため，ヨーロッパの主張は実らなかった。

　いわゆる米中支配体制＝Ｇ２と呼ばれる両国の影響力の大きさを印象付けるものだった。それは他方で，「ヨーロッパ悲観主義(ペシミズム)」を増幅させた。また2009年ロンドン・サミット直前に米中首脳会議が開催され，「米中戦略・経済対話」の創設で合意したこともヨーロッパにとっては大きなショックであった。2010年秋のASEM（アジア欧州首脳会議）において中国が胡錦濤中国共産党総書記自らが乗り込んで財政危機に瀕したギリシャに対する財政支援を提案したこともEU諸国に対して大きなインパクトを与えた。

　中国をはじめとするアジアへのパワーシフトは明らかである。すでに20世紀末から予想されていた事態はすでに現実となっている。ここでは多極構造の世界観を背景に，ヨーロッパの国際社会への対応の核となる米欧関係と中国・東アジア（ASEM）との関係について論じてみよう。

1 ヨーロッパの多極主義・多国間協調主義の真実

歴史的伝統としての多極構造＝勢力均衡

　ヨーロッパの外交というと，一般に平和的なイメージをもたれがちである。EUの発展そのものが多国間主義協力として，民主的で平等な統合の理念に基づいているからである。加えて，アメリカの軍事大国的イメージが強いこともヨーロッパを平和勢力として位置づける傾向を持っている。アメリカが単独で，2位以下15番目までのすべての国の軍事予算の総計よりも多くの軍事予算を有することはよく知られていることである。

　しかし同時に，ヨーロッパはアメリカに対抗する意味を込めて多極化世界という言葉もよく用いる。ヨーロッパのいう多極化とはどのようなものであろうか。議論の基本である多極化の意味についてここで明らかにしておこう。

　周知のように，多極主義外交とは歴史的にはヨーロッパを舞台として，いわゆる勢力均衡外交がうまく機能していた時代の外交論理・慣習だった。遡れば，古代ギリシャの都市国家の時代，ルネサンス時代のイタリアで強大な力を持ったヴェネツィアを中心とする都市国家間の均衡関係がよくあげられる。とりわけ，勢力均衡は近代的な主権国家によって構成される国際政治体系，つまり17世紀半ば30年戦争終結後に成立したウェストファリア体制以後の西欧国家体系の原理であった。それがうまく機能していた時期が「ヨーロッパの平和」といわれた18〜19世紀であった。その多極構造の中での勢力均衡体系が問い直されたのが，第1次世界大戦であった。

　勢力均衡体系がヨーロッパで存続することが可能となった背景には，それなりの歴史的諸条件が備っていた。それは今日の状況に当てはめて考えることができるであろうか。

　まず歴史的な勢力均衡の安定諸要因は以下のようにまとめることができる。

第1に，圧倒的に優勢な主権国家が存在せず，3つ以上あるいは5つ以上の同等のパワー（列強）によって相対的なバランスを維持する国際構造が存在していた。つまり，ローマ帝国のようなヘゲモン（覇権国家）による一方的な支配体制ではない。また，冷戦期のような同等の勢力による2つのパワーないし2つの勢力グループ（東西ブロック）の対立という衝突しやすい構造でもない。抑制と均衡のメカニズムが機能しやすい状況において，当時強大な勢力を誇ったイギリスが力のバランサーとして存在していたという状況があった。

　第2に，このようなパワーが互いに勢力争いをするとき，致命的な衝突を回避しつつ，勢力拡大が図れる国際環境が存在した。つまり，辺境地域（あるいは拡大可能な植民地）が存在していた。そのことはまた他方で国際政治の大国主義を意味した。つまり勢力均衡体系は小国の犠牲（不平等＝二重構造）の上に成り立った国際社会システムだった。

　第3に，技術的側面では，核兵器に相当するような技術革新は見られず，テクノロジー面でパワー間に大きな格差や不均衡が存在しなかった。また，指導層に共通の価値観・了解が存在しており，国家目標・手段の点で等質性が相互に期待されていた。他方で，外交は国民や一般民衆とは無縁な世界であり，外交当局者は世論の影響を受けることなく，フリーハンドを持っていた。

ヨーロッパの多極的世界観と多国間協調主義

　しかしこの歴史的な勢力均衡の諸条件の大部分は，今日の国際社会の現実にはそのまま当てはまらない。その理由についてここで詳しく論じることはしないが，技術面においてはハイテク面での格差の拡大と，他方での新興国のキャッチアップによる一般的技術の平準化やグローバリゼーション（スタンダード化），さらに，価値観や各国の政治システムが多様化し，国際社会構造そのものが複雑化していること，そしてデモクラシー政治では外交が世論に左右されやすい（外交当局者のフリーハンドは小さい）というような今日の事情がある。

しかしその上で，ここでは多極主義の発想が今日においても依然として継承されている点を指摘しておきたい。その第1は，多極主義が大国主導型の国際秩序の論理＝大国主義であることである。パワーが同程度の諸大国間で協調と均衡が実現し平和が維持されたとしても，それは大国間の利害調整の手段であるにすぎない。ポーランドが西欧大国の和解の犠牲となったこと，ヨーロッパ絶対王政・帝国主義時代の植民地の存在はその証拠である。先に述べたように，大国主義は小国や遅れた地域との不均衡や格差による二重構造を前提としている。

　したがって多極構造の世界は正しい意味での民主的な国際秩序ではない。多極構造とはアリストクラシー（貴族制度）的な上下関係を前提にした体制であるといえよう。

　第2は，多極化世界での多国間協調（＝対等で民主的な関係）とは大国（極）間だけのものである。多極構造の世界観には小国や新興国に対する主従関係の対応が払拭できない。そこに平等やデモクラシーを共通の価値観として掲げ，多国間主義を標榜しながら，ヨーロッパの外交が国益第1主義のリアリズム外交というイメージから逃れられない大きな理由がある。ヨーロッパ外交の限界である。

　そうしたなかで，突出した大国が自制心を欠くならば，一国主義的世界が現出することになる。冷戦後イラク戦争に見られたネオコン（新保守派）的な世界観はその代表例である。それが極端な一極集中と国際秩序の独裁にならないようにするには，やはり多国間協調をできるだけ取り入れる形で調整していく体制とそのための合意が必要になるであろう。

　米国が突出した力の優位性を必要以上に誇示して米国流の世界観の実現だけに固執するのではなく，多国間の協調を旨として，国際問題の調停役・バランサーとして行動するとしたら，上記の勢力均衡の成立条件は理屈の上では可能となる。しばしば言われるように，それは「よい一極主義」，クリントン政権

が目指した「多国間主義」といってよいであろう。

しかしよく言われるように，そのような体制が実現するには超大国の忍耐強い自制心が不可欠である。その実現は難しく，先に述べたネオコン派による「悪い一極主義」＝独善主義になりやすいという危険の方がむしろ大きいという見方にも一理ある。これはアメリカにおける冷戦終結以後の覇権論争の原点でもある。

本章以下では，こうした視点からヨーロッパ外交についてクロノロジカルに考えていく。EU は，イラク戦争のときのシラク仏大統領は例外として，公には多極的世界を主張することは今日ほとんどないが，統合の発展がヨーロッパの「極」（＝パワーの拠点），すなわち政治・経済的に自立し，世界に影響力を持つ「強いヨーロッパ」を目指していることは明らかである。そしてその一方で，EU が多国間主義をその世界戦略として主張し，国際機関の重要性を強調する背景には，アメリカの突出に対する牽制とその他の「極」との均衡や協調を重視する狙いがあるためである。

本章では，まずヨーロッパの多極外交にとって最大のパートナーであるアメリカとの関係について論じる。これは同盟関係と覇権構造の議論である。次に BRICS，東アジアとの関係について論じたい。言うまでもなく，ヨーロッパ，EU にとって近しい関係は地中海諸国，旧東欧諸国，アフリカ・中東地域との関係であるが，これらの地域は EU の拡大の対象地域であり，EU 近隣政策（ENP）がカバーする地域である。したがって紙幅の都合のため，本章では ENP が対象としない地域との関係について論じたい。

2　多極世界の中心としての米欧関係の基本構造とその変容

「協調と自立のジレンマ」の同盟構造

国際システムが不透明な冷戦終結後，世界は一極か多極かという議論が盛ん

となり，そして「一極・多極並存（ハンチントン）世界」などの認識が出てきた。そうしたなかで，ヨーロッパは冷戦終結後，EU 統合の発展を通して安全保障・経済の両側面での自立性を強める方向へと向かっていった。地域統合の発展は，「極」の成長を意味し，それはアメリカを中心として一極主義に傾斜しがちな国際秩序を多極化へ向かわせる性格を持っていた。

こうした中でボスニア紛争で十分な機能を果たしえなかったヨーロッパはその安全保障面での無力を痛感し，この分野での欧州の活性化と多極的世界への志向を表明するようになった。イラク戦争をめぐってブッシュ大統領と激しい攻防を演じたシラク仏大統領はその立場を代表した。そしてこのとき「多極」という言葉で示される最大の極はアメリカのことであった。つまりヨーロッパが多極という言葉を用いるときには，第1にアメリカを意識している。そしてアメリカに対抗する意味で，ヨーロッパという「極」の存在感をどう大きくしていくのかということが，多極化をめぐる議論にこめられた最大の関心なのである。

したがって，米欧間に摩擦がないわけはない。むしろ米欧関係には紛争の種は尽きない。もともと出自を同じくするとはいえ，歴史も国際認識も違う。近しいにもかかわらず，常に衝突の要因をはらんだ関係である。米欧関係＝大西洋同盟は，常に「協調と自立」が並存し，常に「ジレンマ」を抱えた関係なのである。

西欧諸国の対米認識は「友人としてのアメリカ」と「敵対者としてのアメリカ」という好悪の混在であると説明されることがある。しかし，国際秩序全体の安定のために協力することが米欧の世界観の基本であることには変わりはない。これは米欧関係の出発点である。

その背景には，2つの共通認識があるからである。1つは，米欧間の共通の価値観や認識を基礎とする安全保障観であり，もう1つは世界秩序形成国としての責任感である。

第1に，米欧諸国の間では共通の価値観に支えられた歴史・文化がある。米欧同盟には，相互の立場の尊重・忠誠，我々感覚（we-feeling），共通の利益をめぐるアイデンティティーを基盤とした予測性の高い互恵性がある。そうした「共同体感覚」に支えられた広範な制度と慣習化された仕組みがある。それゆえ，キリスト教やそれにまつわる生活習慣や考え方，行動のパターンは，利害を超越した合意の形成を容易にしている。

　第2に，米欧諸国は世界秩序の形成と維持に対する責任感を分かち合っている。それは米欧が世界のリーダーシップを握ることを意味する。これはまさに欧米優位の近代以降の世界の歴史観の延長でもある。米欧同盟は世界にとってもっとも影響力をもつ国家群であるが，みずからもそれを意識し，その地位を守ろうとしてきたことは明らかである。その限りにおいて米欧は「協力」し，同時に「対立」してきた。この点は日米関係を同盟として考える際の，決定的な相違点の1つである。

ヨーロッパの優越感と米欧関係の逆転

　もともとヨーロッパの人々にとって，アメリカは植民地としてのイメージが根強かった。19世紀前半にはアメリカ論がブームとなった時期があるが，そこで語られたのは主にアメリカに対する「未開」「粗野」「単純」という言葉で評価された否定的なイメージだった。

　誤解を恐れずに言えば，米欧関係の底流にはヨーロッパの優越感とアメリカの劣等感がある。19世紀までは米欧関係にはそれが明示的であった。その後，ヨーロッパがアメリカに大きく依存し続けた20世紀を終えても，文化や精神生活面での人々の深層意識の中でこの認識構図はいまだに消えてはいない。あれほど激しく独仏を批判したG・W・ブッシュ政権を支えたネオコンの中に親欧派の人々が多かったというのは偶然ではない。

　米欧間の相互認識が大きく変化したのは19世紀末の米西戦争のときであっ

た。ここで，アメリカが物理的にはヨーロッパを凌駕し，世界の牽引車としての実力をもっていることが自他共に認められたのである。

　この戦争でアメリカ装甲艦隊は大量砲撃によってスペイン艦隊を圧倒し，機械化重武装の威力をまざまざと見せつけた。この戦争はまさに「新しい戦争」であり，ヨーロッパの人々にアメリカに対する認識を変えさせた。「牧歌的な農民と小商店主の国」というアメリカのイメージは今や工業化された戦闘的な国というイメージに変わった。

　こうして，20世紀は「アメリカの世紀」となった。そして，第1次世界大戦が終了したとき，アメリカの圧倒的な力は明白だった。ヨーロッパはアメリカに対する債務国に身を落とした。こうした意識を顕著に表した例は枚挙に暇がない。その代表的なものは，ドイツ人のシュペングラーがあらわした書物の名前にちなんで当時流行した『西洋の没落』という意識だった。それはヨーロッパ人の挫折感をあらわすものであった。

米欧関係の覇権的協力——冷戦初期の蜜月時代

　第2次大戦の終結と冷戦の開始は，ヨーロッパがもはやアメリカなくして立ち行かなくなったことを示していた。米欧関係は米欧間でのパワーの歴然たる格差を前提とするようになった，いわば「覇権的協力（ヘゲモニック・コオペレーション）」だった。アメリカの覇権を後ろ盾とした協力関係となったのである。しかし，その在り方は冷戦の進行の中で次第に変化していった。

　改めていうまでもなく，戦後ヨーロッパの復興はアメリカの支援の賜物である。1947年ヨーロッパ共同復興計画（マーシャル・プラン）はその象徴だった。

　他方で，冷戦時代の国際安全保障のための軍事的負担をアメリカは終始担ってきた。ベルリン危機によって，ドイツは東西（ドイツ連邦共和国，ドイツ民主共和国）に分裂し，東西対立の危機の中で，イギリスの後押しでヨーロッパへのコミットを積極化させたアメリカの尽力によって1949年には北大西洋条約機

構（NATO）が成立した。1954年10月，西ドイツ再軍備とWEU（西欧同盟），NATOへの加盟，西ドイツ主権回復などを定めたパリ協定が調印された。

西欧諸国の復興と自立志向

　ヨーロッパの冷戦構造化が固定化していき，西欧諸国が復興していくなかで西欧諸国はアメリカからの「自立」の意識を強めるようになった。

　その象徴が1951年に発表されたシューマン・プランによる「独仏の平和（Pax Franco-Germanica）」を基礎とするヨーロッパ統合（1951年欧州石炭鉄鋼共同体〔ECSC〕，1957年ローマ条約による欧州経済共同体〔EEC〕と欧州原子力共同体〔ユーラトム，EURATOM〕設立）であった。しかしそれは当初「パックス・アメリカーナ（アメリカの平和）」の枠組み，つまりアメリカからの援助と庇護の下での繁栄であった。アメリカは欧州統合を冷戦構造のなかで，強いヨーロッパの育成のために支援したのである。それはまたマーシャルプランの延長でもあった。

　そうした米欧間の覇権的協力関係（欧の対米依存を基本とする力の非対称な協力関係）はスエズ危機のときに顕著にみられた。スエズ動乱の際にアメリカの支持を失って撤兵に追いこまれた英仏は，アメリカの後ろ盾のない外交行動が不毛であることを痛いほど知ることとなった。もはやヨーロッパはアメリカのジュニア・パートナーにすぎなくなった。

　しかし，1950年代末になると，米欧関係に変化が生じてくる。ソ連の核兵器・軍事力の強化による米ソのパリティー（核の均衡），西独の復興をはじめとする西欧の経済力増大によってヨーロッパは次第に自己主張を強めるようになったのである。

　第1に，経済面での抵抗である。地力をつけてきたヨーロッパは次第にアメリカと対峙するようになった。EECの共通農業政策やアフリカ・地中海地域の特恵貿易はアメリカの輸出を排除しているように考えられた。1961〜1962年

と1964〜1967年のGATT交渉,機械化大量生産による廉価なアメリカから輸入される鶏肉に対してEECが課した高関税をめぐる角逐(「鶏肉戦争(チキン・ウォー)」),1970年代のチーズ戦争,1980年代の鉄鋼戦争などの米欧摩擦が起こった。

　第2に,米欧間の角逐は安全保障面でも見られた。その急先鋒となったのがフランスであった。1958年に発足した第5共和制のドゴールは英米仏によるNATO共同管理=「3頭制」(アメリカの独占を排除)を求め,英米と対等の立場と自立を主張した。

　しかしヨーロッパの一般国民感情の上では,アメリカは自由で繁栄と活力に満ちた憧れの国であった。普及し始めたテレビを通して伝えられた,便利で物に溢れた「アメリカン・ライフ」は眩いばかりだった。ヨーロッパの人々は,アメリカを好感していたのである。

冷戦の分水嶺としての緊張緩和——覇権的協力関係の終焉

　冷戦の大きな転換点は1960年代末に訪れた。ベトナム戦争の泥沼化とドルの衰退(1971年金ドル交換停止に象徴される戦後ドル基軸の通貨体制の崩壊)のなかで,「アメリカ神話」は一気に萎れていった。アメリカはむしろ「病める国」になってしまったのである。

　キューバ危機を契機に1960年代前半に始まった米ソ核管理体制をめぐる緊張緩和の風潮は,ヨーロッパでは1960年代後半から始まった東西ヨーロッパの交流となって実現した。緊張緩和は1970年代半ばに頂点を迎え,それは冷戦の分水嶺となった。

　1960年代後半ウィリー・ブラント西独外相(後に首相)のイニシァティブで開始された東欧諸国への接近外交,つまり「東方外交(Ostpolitik)」(ルーマニア・ユーゴスラビアと国交を樹立,ポーランド・ルーマニア・ハンガリー・ブルガリアなどに通商代表部を開設)によって始まり,NATOの枠組みでの東西政治対話

終　章　多極構造の世界におけるヨーロッパ

を説いたアルメル報告（1967年12月「北大西洋同盟の将来の任務に関する報告」）や東西欧州間での通常兵器削減交渉の開始など一連の緊張緩和外交が展開された。そしてヨーロッパの冷戦は実質的にこの時期に終了した。

　1970年の独ソ条約（両国の武力行使の放棄〔平和的手段による解決〕とヨーロッパの現存国境の不可侵），同年末の，西独・ポーランド条約，（オーデル＝ナイセ線以東をポーランド領，領土不可侵），1972年末の東西ドイツ基本条約（相互の武力不行使と国境不可侵・両独のドイツ代表権の放棄など）の締結は，ドイツ分断に始まったヨーロッパにおける冷戦の実質的な終結を意味していた。その政治的象徴が1974年全欧安保会議開催（CSCE）とヘルシンキ文書の採択であった。

　米欧日を中心とする経済的な3極の世界経済体制はヨーロッパの復興を明らかに示すものであったし，多極化の世界観に立ったものであった。1975年G7（先進国首脳会議）の開催や1979年欧州通貨制度（EMS）の発足は，アメリカ1国による世界経済の支配の終了を物語っていた。

　しかしアメリカは依然として，アメリカを中心とする国際秩序を望んだ。米ソ間では核兵器軍備管理面での緊張緩和の象徴として，SALTI（戦略兵器削減条約）とABM（迎撃ミサイル）条約の締結があり，アメリカは自身がグローバルな役割を担う一方で，ヨーロッパは地域的な役割を分担してもらえばよいという立場を持ち続けていた。ヨーロッパ側がこれに反発したことはいうまでもない。

ユーロミサイル危機から冷戦の終結──自立したヨーロッパ

　1979年には，ソ連軍のアフガニスタン侵攻によって「新冷戦」と呼ばれる東西間の新たな緊張の時期が訪れたが，ヨーロッパは基本的には緊張緩和時代の成果を捨てようとはしなかった。

　このころヨーロッパの緊張はユーロミサイル危機（ソ連製の中距離戦略核ミサイルSS-20の東欧配備，その結果西欧諸国はソ連の核ミサイルの射程に入った）となっ

て現れていた。しかしSS-20ミサイル撤去の交渉が進展しないのを尻目に，イギリスや西ドイツは1983年アメリカ中距離戦略ミサイルパーシングⅡの配備を決定した。こうして東西間の「力の均衡」が成立したので，ヨーロッパにおける緊張はそれ以上高まらなかった。むしろ1985年に就任したゴルバチョフ大統領はフランスを初めての訪問国として選び，東西欧州の緊張緩和は一気に進んでいった。

　東西欧州諸国間の経済・貿易面での交流の活発化は定着しつつあった。そこに冷戦終結の源があった。ブラントがかつて東側陣営を内側から変えていこうとした意思は引き継がれていたのである。折しもこの時期には，第2次石油危機と軍事費増大の圧迫が各国を苦しめていたので，東欧諸国との経済・貿易面での関係維持に西欧諸国は執着した。世界規模の東西対立とヨーロッパにおける経済的な東西関係は別個のものとして切り離して考えることを強く望んだのであった。ヨーロッパ同盟諸国は，ロナルド・レーガン大統領の対ソ強硬政策と自分たちは切り離されてしかるべきと考えたのである。

　したがって，アメリカがソ連からのガスパイプライン建設に必要な設備の輸出を禁止したことや，1983年3月レーガン大統領の戦略防衛構想（SDI）の提案はヨーロッパ諸国を混乱させた。EC諸国は新たなエネルギー政策としてソ連から液化ガスをパイプラインで輸入する契約を結んでいたからであった。フランスはSDIを拒否したが，西ドイツは参加の意志を示した。

　東西欧州の緊張緩和と1980年代半ばからのこうしたヨーロッパの自立的傾向は経済分野で明確な形で見られた。それは1992年末までの域内市場統合を目指した域内市場白書（1985年ミラノ欧州理事会で採択）や1987年の単一欧州議定書調印などのヨーロッパ統合の推進に明らかであった。このヨーロッパ統合の新たな活性化は，市場統合という名の下にヨーロッパ市場が排他的になるという懸念をアメリカにもたせたのであった。GATTウルグアイラウンドでの自由化をめぐる論争，EUの共通農業政策における農業補助金制度をめぐる米欧の

終 章 多極構造の世界におけるヨーロッパ

激しい交渉は二転三転した。米欧関係はもはやアメリカの覇権的関係ではなくなった。

冷戦終結のマニフェスト――冷戦の終結をめぐる米欧間の解釈の違い

冷戦の終結は,アメリカにとって長いソ連とのイデオロギー対立からの勝利を意味した。特にレーガン大統領時代の強いアメリカの復活こそが,冷戦の勝利を導いたとアメリカでは考えられた。そうしたアメリカの優位性(プライマシー)を明らかにした冷戦終結直前のマニフェストの代表的なもののひとつが,フランシス・フクヤマの『歴史のおわり』であった。それはまた自由民主主義の勝利であるとともに,なかんずくアメリカ的価値観の勝利を意味した。

また冷戦終結後の世界秩序に対するアメリカの優位と新たな脅威を論じたものがハンチントンの『文明の衝突』だった。長期にわたる共産主義の脅威から解放され,唯一の超大国となったアメリカにとって残っている仮想敵はどこなのか。「文明の衝突」の議論に隠されたテーマはそれだったと筆者は考える。そして,その最大の標的は,イスラム原理主義だった。ハンチントンは,世界を文明圏で分類した上で,イスラム原理主義の差異化を正当化したのであった。

しかし,ヨーロッパでは冷戦の終結を広範な歴史的帰結としてもっと平静に受け止めていた。冷戦終結の原因として,経済のグローバル化や脱西欧化といった新たな時代のダイナミズムが登場するなかで,イデオロギー対立や2極構造の枠組みという冷戦の論理と構造はその意味を失っていった。70年代以後のヨーロッパにおける緊張緩和は,そうした国際社会のダイナミックな転換のひとつの大きな節目を意味した (Grosser,Pierre, *Les temps de la guerre froide*, Complece, 1995.)。そして冷戦の終結はその延長にあった。それはヨーロッパから見ると新しい時代の潮流の出現にすぎなかったのである。

冷戦後の米欧関係の漂流

　しかし，冷戦終結の勝利宣言をしたアメリカに明確なヴィジョンがあったわけではなかった。それは湾岸戦争に際して，アメリカはフセイン体制打倒に踏み切らなかったことに明白に現れていた。父ブッシュ大統領とクリントン大統領の時代，アメリカはその力とリーダーシップをどこまで発揮するのか，ということについてまだ自覚的ではなかったのである。

　他方，ヨーロッパにとって，冷戦の終結はヨーロッパの外交上の解放を意味するはずだった。1992年1月独仏合同軍設立やEU条約（欧州連合条約，マーストリヒト条約）に示された，欧州政治統合，共通安全保障外交政策（CFSP）など安全保障上のヨーロッパの自立の試みはそれを示したものであったが，いずれもアメリカに大きな懸念をおこさせるものであった。

　しかし，実際にはアメリカとの覇権的協力関係の枠組みは維持された。湾岸戦争や一連の旧ユーゴスラビア紛争は，アメリカの軍事力＝NATOの必要性を改めて確認させたからである。ヨーロッパの「自立」は一定程度の範囲で認められることになったが，他方でヨーロッパが大西洋同盟内でそれまで以上の大きな負担と責任を共有することも期待された。

　そうした米欧の妥協を示したものが，1994年1月のNATOブリュッセル首脳会議の合意であった。ここでは，①NATOの軍事力と指揮系統を柔軟にもちいること（非5条任務＝集団防衛以外の任務とCJTF（共同統合任務部隊）タイプでの使用），②NATOの軍事力・指揮系統をWEU（西欧同盟）が使用すること，③NATOの「ヨーロッパの柱」としてESDI（欧州安全保障防衛アイデンティティー），④非NATO加盟国（中東欧諸国）とNATO諸国との協力（平和のためのパートナーシップPFP; Partnership For Peace）などの諸決定が行なわれた。非5条任務は冷戦終結後の海外出兵の基本任務となった。その目的のために，ヨーロッパ諸国（西欧同盟＝WEU）が主体的にNATOを利用し，NATO加盟国と協力をする枠組みが約束されたのである。こうして，冷戦後の米欧協力に

関する両者間の妥協と具体的方向性が確認された。

多極化を前提にした多国間協調主義

　その後クリントン大統領時代の多国間主義から選択的介入主義の時代をへて，G・W・ブッシュ大統領の時代になると，アメリカは一極・単独主義的傾向を強めた。それは2003年3月のイラク戦争に結びついていった。結果的にはこのネオコン派の強硬政策は，米軍のイラク駐留が予想以上に長期化したことが示すように，単独主義の限界を露呈することになった。ネオコン派の世界観が誤っていたことが証明された。

　しかしイラク戦争をめぐる議論では，世界の安全保障に対するヨーロッパのコミットの仕方が改めて問い直された。そしてヨーロッパもアメリカとは別にみずからの安全保障のスタンスを明確にしなければならなかった。2003年12月に，ソラナEU共通外交安全保障政策（CFSP）上級代表が発表した『より善い世界における安全なヨーロッパ——ヨーロッパ安全保障戦略（ソラナ報告）』はそうした文脈から出てきたヨーロッパの立場を示したものであった。これはEUが発表した初めての独自の安全保障戦略でもあった。

　ソラナは，EUが「世界における戦略的なパートナー」の役割を果たすべきことが大切であることを強調したが，この報告の全体は今回のイラク戦争をめぐる米欧間の論争を反映したものだった。この戦略は，第1にヨーロッパの安保戦略を「多国間主義（マルチラテラリズム）」の枠組みの中で位置づけているところに特徴がある。そして，EUは「対外政策の核としての国連を基礎とする」ことが明確に述べられている。報告書はイラク戦争のプロセスを意識して再三国連の重要性について触れている。

　第2に，EUが対抗すべき脅威は，テロリズム，大量破壊兵器の拡散，世界各地での地域紛争，組織犯罪など広範かつグローバルな範囲に及ぶ。そして，それに備えた手段として「予防外交（プリベンティブ）」が強調される。紛争予防と脅威の予

防は早ければ早いほどよい。予防措置の領域は情報，警察，法律，軍事，その他のさまざまな分野における予防介入にまで言及した。

　第3に，ヨーロッパの安全保障面での熱意・責任意識の向上である。報告は，「早期の迅速な，そして必要な場合には強硬な介入を育成していく《戦略文化》を発達させる必要がある」と説いている。

　米国の単独行動や一極支配という表現は本報告では一言も出てこないが，国連中心の「多国間主義(マルチラテラリズム)」という表現を称揚することによって，EUはそれを受け入れないことを明確にした。しかし，同時に米国との協力関係を維持し，グローバルな戦略的パートナーとして協力する意志も明確にしている。イラク戦争で米国が主張した「先制攻撃論(プリエンピティブ)」は実際には「予防攻撃」だった。EUはそこまで踏み込んで積極的に同じ世界のプレイヤーとしての立場を示そうとしたのである。報告にある《戦略文化》を高揚させたいという意向は，そうしたEUの心構えを物語ったものであるように思われる。そして，一連の将来的行動の指針には，共有できる価値や規範の確立などが前提とされていることは明らかであろう。

　このパワーの不平等な階層構造において，多極構造の一極として国際社会に存在感を示しつつ，アメリカをはじめとする他の極と対抗するときにいかにして多国間主義の枠組みを用いていくのか，というのがヨーロッパの戦略なのである。

3　BRICS・ASEM・中国との関係

BRICSの登場

　ヨーロッパが多極化を意識するようになるのは，歴史上常にライバルの存在が認識されたときであった。1927年にはすでに今日のような欧州統合の発想が，ブリアン仏外相によって国際連盟で提案された。そこには新しい世界の牽

終　章　多極構造の世界におけるヨーロッパ

引車アメリカとアジアの新興国日本の存在が意識されていた。

　冷戦後の多極化世界観の誕生には，新たなアクターとしての新興諸国の存在があった。それが顕在化するのは21世紀に入ってからであった。2001年にブラジル・ロシア・インド・中国といった急速な経済発展を遂げていた諸国を指してBRICsと呼ぶようになった（2009年南アフリカが加わって，BRICSと称するようになった）。BRICSは定期的な首脳会議を開き，西側，米欧的な国際秩序に対して独自のスタンスを取る経済的な新興諸国グループをめざした。

　2006年には外相会議を開催，組織化を進め，貿易相会議は18ものセクター会議を組織し，初の首脳会議はダーバンで2013年3月に開催された。

　もともとそれぞれの地域大国であるBRICS諸国が経済的な力をつけていくならば，国際社会全体にも大きな影響力を持つ国家群となる。BRICSは世界貿易の17％を占め，なかでも中国はBRICS全体の貿易高の62.5％を占めている。BRICS相互間での各国間取引は，2002年の270億ドルから2012年の2820億ドルに大きく飛躍した。2015年には5000億ドルに到達すると見られている。

　またBRICS諸国は安全保障面での国際的なプレゼンスの強化にも力を入れており，諸国の防衛費の合計額は2400億ドルで（そのうち約半分は中国），アメリカの6640億ドルの後塵は拝するものの，EU28カ国の2500億ドルに比肩するレベルにある。

　発展著しいBRICSは2014年ブラジルでの首脳会議でBRICS開発銀行の設立を予定している。それは欧米主導の国際金融体制への挑戦と受け止められている。その他に第1回首脳会議では，BRICSシンクタンク諮問委員会（BTTC）とビジネス諮問委員会，「貿易・投資協力枠組み」の設立も決定した。外交面での協力関係にも力を入れており，ダーバン首脳会議ではBRICS各国の安全保障顧問会議が開催され，シリアとイラクをめぐる立場の調整が試みられた。2013年3月にはシリアのアサド大統領がBRICS首脳に対して，シリアにおける暴力行為を停止させるように求めた書簡を送ったほどであった。

EUは中国・ロシア（2003年），インド（2004年），ブラジル・南アフリカ（2007年）と戦略的パートナーシップを提携してこれらの新興諸国との関係の緊密化に務めている。BRICSの中ではロシアとの関係がもっとも深いが，近年の経済利益への関心からEUは中国との関係も急速に発展させている。

EUの新アジア戦略とASEM

EUとアジアとの地域間関係を代表するものは，1996年3月にバンコクで開催された初のアジア欧州首脳会議＝ASEM（EU15カ国・欧州委員会首脳とASEAN＋日中韓）である。

ECとASEANの関係は1972年まで遡るが，1978年11月にはブリュッセルで第1回EC・ASEAN閣僚会議がスタートし，1979年からECは第12回ASEAN拡大外相会議（PMC）に参加し始めた。1980年3月の第2回EC・ASEAN閣僚会議ではEC・ASEAN協力協定が調印されたが，これは貿易を中心とした「第一世代」の関係から経済協力への拡大を意味する「第二世代」の協定であった。

冷戦が終結し，1992年域内統合市場が実現したEUはアジアへの関心を積極化させていった。1994年7月欧州委員会は「新アジア戦略に向けて（Towards a New Asia Strategy)（『新アジア戦略』)」と題するEUの対アジア行動方針を採択し，成長著しいアジア太平洋諸国との協力関係を強化して，世界の潮流に乗り遅れないことを決定した。

この文書は，①アジアにおけるEUの経済的プレゼンスの強化，②アジア諸国との政治・経済関係の拡大深化，③アジアの安定と経済発展への貢献，④アジアにおける民主主義・法の支配と人権の発展への貢献をその目標とした。この新戦略の特徴は貿易・経済協力を越えて，より包括的な領域に及ぶ「第三世代」の協力にあった。

第1回会合（ASEM1）は，「さらなるパートナーシップ」の形成を提唱，双

終　章　多極構造の世界におけるヨーロッパ

方の対等な立場での対話強化，相互理解の促進を主張した。米国・アジア関係に比べて疎遠であった欧州・アジア関係に多国間レベルでの対話と連帯の新たな道が開かれた意義は大きかった。アジア諸国にとっては，かつての宗主国の代表と対等かつ自由な議論を行なったことはその国際的威信を内外に誇示する絶好の機会となった。

　第1回会合では，第1に，相互尊重・平等・基本的権利の増進・内政不干渉の原則の下での政治的対話の強化，知的交流促進のためのアジア・欧州財団（ASEF）の設立，ASEAN・EU 対話，ARF（アジア地域フォーラム），ASEAN拡大外相会議（PMC）などの既存の安全保障面での対話強化が確認された。

　第2に，経済協力面では，市場経済，多角貿易体制，無差別自由化，開かれた地域主義に基づく両地域間の貿易と投資の一層の増大のために，関税手続きの簡素化・改善，自由化措置を講ずることなどで合意した。訓練プログラム・経済面での協力・技術支援強化を検討する高級実務者会合，中小企業を含めた貿易・投資の活発化のためのアジア欧州ビジネスフォーラム（AEBF），学者・経済人・政府関係者らを対象とする青年交流計画，シンクタンクのネットワークづくりなどであった。

　ASEM の特徴は，①非公式性，2カ国関係と多国間関係のフォーラム（法的決定機関ではなく，全会一致の緩い合意形式），②政治・経済・文化を含む多面性，③対等のパートナーシップ・対話の重視，④高次元の関係を中心にすること，などである。

ASEM の発展と問題点

　このように，ASEM プロセスが持つ利点は評価できるが，同時にこの首脳会議は時代の波に翻弄されながら形骸化していく可能性も否定できなかった。

　たとえば，第2回会合は1998年ロンドンでの開催であったが，前年から始まり，アジア諸国に拡大した通貨・経済危機のあおりを受け，経済・金融再生を

215

めぐる議論の末,「アジア欧州協力枠組み（AECF）」が承認された。しかしヨーロッパ側からの投資熱は急速に冷えて行き，アジア通貨危機の勃発は緒についたばかりのASEMに対する期待を一気に後退させた。成長したとはいえ，東アジア各国の経済の足腰がまだまだ脆弱であることが露呈した。そして，2000年ソウルでの第3回会合では，全般的な機構整備と安定的な発展にもかかわらず，論争的な問題解決を掘り下げるべきことが指摘されるとともに，「フォーラム疲労」という批判まで聞こえるようになった。

　その後のASEM会合は，議題が多様化し，協力の領域が政治対話・協力，文化面へと拡大・深化していった。ASEMには経済協力関係の強化がベースにあることは確かであるが，他方で持続可能な発展分野を重視し，気候変動などのグローバルな課題への協力にも向かっている。

　2002年コペンハーゲンで開催された第4回会合は，9.11同時多発テロを受けて，「21世紀の挑戦」に対する政治的対話を強調し，「国際テロリズムに関する協力のためのASEMコペンハーゲン政治宣言」と「朝鮮半島の平和のための政治宣言」を発表した。加えて，ドーハで提案されたWTOワーク・プログラムによる経済成長の促進や文化・文明対話を強調したことも，国際社会の時勢を反映していた。

　2004年10月にハノイで開催された第5回会合は双方の加盟国の拡大のなかで（アジア側よりカンボジア，ラオス，ミャンマーの3カ国，欧州側よりEU新規加盟10カ国の新規参加）．政治分野では，多国間主義の強化及び安保理を含む国連改革，テロ対策，大量破壊兵器の不拡散など時宜的な議論が行われた。前回の成果を受けて，「より緊密なASEM経済パートナーシップに関する宣言」，文化の多様性，教育文化・知的交流，持続可能な観光の促進，文化財の保護などに関する提言を承認し，「文化と文明間の対話に関するASEM宣言」を採択した。

　2006年第6回会合では，気候変動に関しては，「ASEM 6宣言」を発表し，

終　章　多極構造の世界におけるヨーロッパ

多国間主義の強化及び共通のグローバルな脅威への対処を表明した。2008年第7回北京のあとの2010年第8回ブリュッセルの会合では世界的な経済・財政危機の事態を受けて,「世界経済ガバナンス」の宣言,政治・文化対話の強化が強調され,2012年ビェンチャンの第9回会合では,「福島原発事故」を受けて原子力の安全と平和利用のための提案がなされた。

　このようにASEMの発展は,さまざまな紆余曲折を経て,アメリカを加えない欧州とアジアだけの会合としての特徴を生かしつつも,世界経済・政治動向と歩みをともにしてきたことは確かである。

　しかし,ASEMの当初からの大きな課題は,アジアにおける人権と民主化の克服の問題である。中国における人権問題は設立準備会議の段階でも大きく取り上げられており,EUは経済的利益を優先する立場から,この人権問題を表面化させない方針を採ってきた。しかし北朝鮮問題やミャンマーのASEAN加盟はこの問題を再燃させたばかりか,民主化・人権が依然としてアジア・欧州関係の核心の大きなテーマであることを改めて確認させた。

　またEUは経済・政治面での協力の一方で,安全保障面での協力を強く押し出している。しかし東アジアでは北朝鮮の核ミサイルの脅威や領土問題は各国の個別の事情を反映して容易に合意には達し得ない難題である。EUにすれば,長期的で広範な協力関係の深化には安全保障面での安定した関係は不可欠であり,今後の展開を待つしかない。

冷戦期のECの対中国政策

　ヨーロッパと中国との関係は,東西冷戦時代の前半においていくつかの2国間関係が目につくほどであった。中華人民共和国を最初に承認したのはイギリスであった。1950年のことである。また1964年には米ソの間で等距離外交を展開しようとしたフランスのドゴール大統領が中華人民共和国を認めた。しかし米日をはじめ西側の多くの諸国は1970年代初めのニクソンショック以後の対中

接近まで中華民国を正式な外交関係国とみなしていたのである。

　他方でECは1975年に中華人民共和国と外交関係を樹立した。そしてECが中国との関係に本腰を入れ始め，中国が世界経済と積極的に関係をもち始めたのは，1978年12月第11回中国共産党大会第3全体会議で鄧小平が開放政策の下に中国経済のシステム改革に乗り出してからのことである。1978年4月，ECと中国は貿易協定に調印した。1979年には繊維に関する協定に調印，1980年に中国は「一般特恵」制度の享受をECに認められた。

　他方でEC・EUと中国との政治的関係のキーになる問題は常に人権問題である。胡耀邦失脚以後の中国の強権体制やラサでの弾圧（1987年10月から1989年の戒厳令まで）は西欧諸国の対中政策を硬化させてしまった。欧州議会はチベットでの人権尊重に関する決議を採択，1989年4月には欧州評議会がダライ・ラマをストラスブールに招聘したが，これは中国の反発を買った。

　総じて，「天安門事件」前夜，中国と西欧関係は米中関係よりも良いとはいえなかったが，そうしたなかで天安門事件は決定的な亀裂の要因となった。1989年6月マドリードでのEC首脳会議では武器引渡し禁止，閣僚レベルでの接触の中止，経済協力計画の延期などのECレベルでの決定が行なわれた。

　しかしその一方で，貿易面では中国と西欧の関係は発展しつづけていた。1984年にEECとの間で新しい通商条約（『1985年，EC・中国間の貿易および経済協力協定（1985 EC-China Trade and Cooperation Agreement）』）が締結された。EC・EUの対中関係の法的な枠組みは，この1985年の協定に示されており，相互に最恵国待遇を適用すること，工業・鉱業，農業，科学技術，エネルギー，運輸・コミュニケーション，環境保護，第三世界などの分野での協力を推進した。1989年にはEECとの交易は1984年の56億ドルに対して，139億ドルにのぼり，その結果中国の主要貿易相手国のなかで，ECは米国より上になった（1984年には4位）。

冷戦後のEUの対中国政策

EUの「中・欧関係の長期政策」

1989年末になると、西欧諸国は中国への接近策を取り始めた。天安門事件をめぐる中国と米欧間の大きな摩擦が融解していったのである。西欧諸国は広大な市場としての中国との経済関係の進展に積極的であった。同年末フランスは、シトロエン工場などへの出資を再開した。

1990年5月チベットでの戒厳令解除、6月方励之の中国出国許可によって米国は外交への圧力を弱め、金融制裁を解除した。9月には世銀が対中国借款を復活させ、10月にはECも前年に制定した制裁措置の解除を決定した。1991年9月にはメージャー英首相、10月にはEC代表団が訪中した。

冷戦後のアジアに対するECの関心は欧州統合の深化・拡大と歩調を合せて一層強くなった。1996年ASEM（アジア欧州首脳会議）に結実していく「新アジア戦略」(95年)が発表され、中国に対しても同様の対応が試みられた。1995年に欧州委員会は対中関係の長期戦略を明示した『中・欧関係の長期政策 (A Long Term Policy for China Europe Relations)』を採択した。その第1の目的は広大な中国市場への進出によって、経済協力、欧企業の中国市場へのアクセスの拡大にあった。WTOへの加盟支持、中国における改革への支援はそのためであった。

「1998年 中国との包括的パートナーシップの時代」

その後、中国の市場経済の発展や外交政策の変化などに対応する形で、欧州委員会は1998年3月25日に、『対中長期政策』を一層レベルアップ・強化するためのコミュニケ『中国との包括的パートナーシップの構築 (Building a Comprehensive Partnership with China 以下『包括的パートナーシップ』)』を採択し、同年6月閣僚理事会がこれを承認した。これは、EUの対中関係のレベルアップを目的とする提言であり、今日の対中政策の実質的な出発点となった。

前世紀の終わりから今世紀の始まりにかけての時期、EUの中国に対する政

策は，簡単に言うと，①政治的対話のレベルアップによる中国の国際社会への一層の関与，②中国をもっと国際貿易システムのなかに取り込み，進行中の経済・社会的改革のプロセスを支援することによって，中国を国際経済に統合していくことを目的としていた，と言える。

　その後，2001年欧州委員会は「対中国戦略——1998年コミュニケの実施とより効果的な EU 政策のための将来の歩み」というコミュニケを発表し，2003年9月には「成熟するパートナーシップ——EU・中国関係の共有された利益と課題」というポリシー・ペーパーを採択した。2002年には EU が『対中国戦略ペーパー（Country paper 2002-2006）』を発表し，その翌年今度は中国がはじめて対 EU 関係の白書を発表した。EU の『対中国戦略ペーパー』はその後2007〜2013年分が発表されている。

　2006年10月には，EU・中国関係はさらに深化し，欧州委員会は『EU・中国——一層密接なパートナー，大きくなる責任感』というコミュニケと，『貿易と投資に関するポリシー・ペーパー』を採択した（2010年新版改訂）。

EU・中国間の広範な対話——政治・人権・経済

　こうしたなかで注目すべき点は，EU の対中関係が広範にわたって組織化されていることである。中国・EU（バイラテラル）政治対話は公式には1992年に発足した。この政治対話のなかで最も重要なのが，首脳会議である。1998年4月に中国・EU 首脳会議（国家元首レベル）がロンドンで初めて開催され，2012年で第14回目となるが，これまでにガリレオ計画（2002年全地域航法測量システム）への協力，産業政策対話・知的所有権，核不拡散条約と軍備管理，関税，核エネルギーの平和利用，宇宙開発，科学・テクノロジー開発，ハイレベル経済・貿易対話，気候変動，人と人との交流および文化協力，政治対話・貿易・投資問題の強化，グローバルガバナンス（ポスト危機の世界経済における持続可能な成長）などの分野における協力に合意している。

また2005年12月には第1回EU・中国戦略対話がロンドンで開催された。外務大臣級のこの会議は以後毎年開催されている。政治対話の中でEUと中国政府当局者の間でテーマを決めた対話を行う「政策対話」は，人権・不法移民・人身取引・核不拡散などをめぐる対話である。このなかでEUと中国の間で古くから議論されているのが人権対話である。

人権をめぐるEU・中国対話は1995年に合意した。一旦中断した後，1997年に再開，それ以来，中国とEUで交互に年2回高級官僚レベルで開催されている。欧州委員会は「人権協力プログラム」を通して対話プロセスを支援していった。

2010年半ばまでの段階では，国際人権規約（ICCPR）の批准（経済・社会・文化的権利に関する国際規約は批准，市民・政治的権利に関する規約は未批准），報道・表現の自由化，人権活動家，死刑制度，労働制度による職業再教育，少数民族の権利，法の支配，チベット・新疆の境遇などが話し合いのテーマである。中国は2009年に「中華人民共和国国家人権行動計画」を公表する一方で，EU諸国における排外主義を批判し，対抗している。

欧州各国は中国の人権問題について細心の注意を払ってきた。そのなかでも，イギリスは人権保護・促進を対外政策の柱の1つとして挙げている。しかし，ブラウン首相時代の2008年10月には，チベットの独立を支持せず，チベットが中国の一部であることを認める文書声明を発表した。他方でフランスは在任中4回も訪中したシラク大統領の時代，2004年国交40周年にあたって，中国と「グローバルな戦略的パートナーシップ」を締結した。サルコジ大統領の時代には，人権とチベット問題をめぐって不和となったが，2008年4月フランスが，チベットを中国の一部として認めることを確認し，両国関係は一段落した。

中国の急速な経済発展はEU・中国貿易関係に大きな影響をもたらした。EUの中国からの輸入総額は2001年には816億ユーロを記録し，EUの輸入相手国としてはアメリカに次いで2位となり，2006年には1948億ユーロに達して，

アメリカを抜いて第1位の輸入相手国となった。

　EU・中国貿易総額は2002年から2012年の間に1250億ユーロから4340億ユーロへと膨れ上がったが，EU側の貿易赤字は550億ユーロから1460億ユーロへと拡大した。対中貿易はEUのバイラテラルな取引関係でもっとも大きな赤字を示す関係である。現在5775品目のうち35％の製品が中国と競合するといわれるが，2000年には15％であった。中国でのヨーロッパ企業の利益はこの10年間堅調で，2012年には160億ユーロを記録している。ヨーロッパの占める割合は，中国の対外投資の5〜6％だといわれているが，中国は対欧投資を増額する意思を強く持っており，2012年3月には中国政府は中国投資会社に300億ドルの対欧投資のための資金を注入した。EU・中国間には多数の対話チャンネルが今日存在する。

　EU貿易収支の赤字は中国の市場アクセス障壁の結果である。したがってこの領域でのEU政策は貿易と資本流動の自由化を目的としている。主要な目標は，特殊な製品の輸入障壁（米価管理，差別的登録義務，任意の衛生基準など），投資障壁の排除（地理的制限，合弁の義務化，外国人に対する特定部門での完全閉鎖性，制限的な外国交易規制），ビジネス環境の改善（知的所有権保護など）である。

　またEUは中国の世界貿易機構（WTO）への加盟を積極的に支援した。2000年5月19日に北京で調印されたEU・中国2領域間貿易協定はEU・中国関係にとって大きな前進を示すものとなった。しかし，これは1999年調印された米中貿易協定とともに2001年の中国のWTO加盟への道を整備することになった。

　2007年第10回中国・EU首脳会議で合意した経済貿易ハイレベル対話は2008年に第1回対話が開催され，その後毎年開催されている。これまでに貿易・投資，知的財産権，持続可能な発展と貿易，関税協力，消費者保護などが議論されてきた。またこの経済貿易ハイレベル対話は，EU・中国間で50分野におよぶ部門別対話（Sectoral Dialogue）のひとつである。気候変動・クリーン・エネルギー・テクノロジー開発・エネルギーなどの面でのハイレベルの協力会議が

終　章　多極構造の世界におけるヨーロッパ

開催されている。

新たな EU・中国協力

欧州委員会は，従来の開発援助を超えた，新しく広範な中国との協力活動を進展させている。

その意味ではEUは中国との間で，上記の首脳会議・政治対話・経済関係の進化・人権擁護にとどまらず，そうした関係強化のための周辺分野での協力にも大いに力を入れている。最近の最も重要な計画は中国の財政システム改革支援を目的とするイニシアティブ，EU・中国の法律・司法面での協力計画，そして環境・産業・エネルギー協力活動である。具体的には，知的財産権保護プロジェクト2期（IPR2, 2007年，IPR1は1999～2004年），上海の中国・EU国際ビジネススクール（CEIBS, 1999年，3300万ユーロ出資），中国・EUロースクール（CESL, 北京，2008年，1750万ユーロ），EU・中国クリーンエネルギーセンターEC2（北京，2010年4月，1000万ユーロ），クリーン再生エネルギー研究所（2010年4月，1500万ユーロ），またエラスムス計画（Erasumus Mundus〔学生の交流〕）では中国人への優遇政策として「中国の窓」を実施，約1000人の中国人学生のヨーロッパでの教育・研究を可能にしている（2600万ユーロ）。

これらの分野はいずれもビジネスや最先端科学技術などにつながるものであるが，より規範的・倫理的な分野にもかかわる分野も含まれており，そうした点がEUの長期的な展望をもったアプローチの特徴を示している。

多極構造の中のグローバルプレイヤー，中国との関係

以上論じてきたように，EU・中国関係は多分野多領域におよび，EUが中国をグローバルプレイヤーとして認め，双方は「包括的な戦略的パートナーシップ」をすでに形成しているといってもよい。

EUと中国が戦略的パートナーシップを締結した2003年は米欧対立が頂点を

迎えたころであった。中国と EU の接近はアメリカから見ると，警戒すべき事由であった。同時に，EU もそのことは熟知しており，その意味ではアメリカの覇権体制に挑戦しようとする中国に一定程度の理解を示していたということになる。EU の多極化志向は対中接近によって明らかに示されていた。

具体的には，第 1 にガリレオ計画への中国の参加であった。この計画は EU 主導の全地球航法測量システムであり，アメリカによる GPS（地球測位システム）に対抗する性格を持っていた。中国はこのプロジェクトに多額の支援を行ったが，中国はこのプロジェクトに参加した非 EU 圏の国では最も重要な参加国となっていた。

第 2 に，中国のガリレオ計画参加を支援する EU 加盟国は1989年以来継続している対中国武器輸出政策の解禁を主張する。宇宙技術は軍事力への汎用性が高い分野であるので，EU・中国の宇宙協力は中国の兵器開発と密接に結びついている。

第 3 に，中国は対 EU 貿易を活発化させると同時に，ユーロを支援した。国際通貨体制がドル体制であることに挑戦して，中国はユーロの外貨準備を増やし，外貨通貨の多角化を図った。つまり中国はガリレオ計画参加とユーロ支援によって，米欧中心の西側体制に楔を打ち込もうとしたのである。これに対して EU はその中国の多極化志向にある程度応じたのであった。

しかし戦略的パートナーシップを締結して以後，EU と中国の関係は必ずしも良好であったわけではなかった。

とくに EU が旧東欧圏諸国に拡大した2005年，EU にはアメリカのヘゲモニーに対抗するパートナーとして限界があることを中国は理解した。つまり EU の東側への拡大は東欧諸国を西側に取り込むアメリカの戦略に EU が同調したことを意味した。事態を修復するために，同年12月には EU と中国間の「戦略対話」が設置された。しかし2007年ブルガリア・ルーマニアへの EU の拡大は EU 側の基本的スタンスが変わらないことを示す結果となった。

終　章　多極構造の世界におけるヨーロッパ

　中国は名目GDPで2007年ドイツを抜いたが，すでにイタリア（2000年），フランス（2002年），イギリス（2006年）のGDPを凌駕していた。経済的にはEU主要国にとって競争相手であり，脅威となっていたが，このころからEUと中国との摩擦が表面化するようになった。

　それは貿易，技術移転，人権などの分野での角逐であった。EU側からは，中国の不公正な貿易慣行，「元」安，政治的障壁，他方で中国にすれば，EUがWTOの枠組みにおいて中国を市場経済国とみなさないことに対する反発があった。その結果2008年4月EU・中国のハイレベル会議が発足した。同年7月には欧州委員会は中国の請負業者をガリレオ計画の第2局面から外したが，EUは中国の不公正取引，知的財産所有権の無視，公開入札における相互尊重欠如などを指摘して反目した。加えて，人権問題をめぐる角逐も露呈した。2008年3月チベットのラサでの暴動鎮圧は世界に大きな衝撃を与えた。この年の8月は折りしも北京でのオリンピック開催の時期にあたっていたが，欧州議会議長の呼びかけに応じて，メルケル独首相，ブラウン英首相，ベルルスコーニ伊首相が開会式を欠席して抗議の意を示した。そして，この年11月に予定されていたEU・中国首脳会議は延期される結果となった。

　しかし2009年から深刻化したユーロ危機は，こうしたEUと中国との摩擦の改善に繋がった。中国は米英とは対照的にユーロに楽観的な対応を示した。中国にとってヨーロッパは最大の市場であり，ドルに対する保険としてユーロを外貨準備手段にしようとしたのである。ユーロを支えることでEUが中国とともにアメリカのヘゲモニーのバランサーとなることを中国は欲したのであった。2009年3月中国人民銀行総裁は，新しい外貨準備通貨の導入を呼びかけてユーロ支援を繰り返した。その結果，2011年夏には中国の外貨準備の30％はユーロとなった。中国はこのユーロ危機においてポルトガル・アイルランド・ギリシャの債権を購入し，下支えをしたが，ユーロ債購入に4400億ユーロの出資を行なった。

しかしよく見ると，中国の投資は巧みに選択的なものである。ユーロ債権の購入先はユーロ圏の周辺国から次第に中心国，ドイツに向かっている。ユーロ圏の核心部分に向けた中国のあからさまな利益関心は大きな脅威とEU諸国の目には次第に映るようになっている。

　今後10年のEU・中国関係では，経済関係が第1であるが，政治軍事面での信用育成も重要なポイントとなる。2011年以来EUの外務大臣アシュトン外交安全保障上級代表・対外行動庁代表は中国国防大臣との定期協議を行なっている。EUの軍事委員会委員長は中国人民軍のカウンターパートとの会合を続けている。紛争予防・危機管理・復興安定化のための協力はソマリア沖での海軍協力，国連レバノン平和維持軍，南スーダン・マリ・コンゴ民主共和国などでの中国軍との協力などにも見られている。海賊対策での共同軍事活動，人道支援協力，とくにEUの共通防衛政策（CSDP）の枠組みでの協力などは可視的なものとなりつつある。

　加えて，フランス・イギリス・ドイツなどの加盟国は単独で中国との戦略対話を実施しており，中国将校の訓練協力，高官の相互訪問などで実際に英仏は艦船の寄港，海軍合同探索・救出演習など軍事協力を実施している。

　こうしたなかで中国のパワーの増大による脅威を強く意識しつつ，他方で相互利益の尊重を通して戦略的パートナーとして協力関係を拡充していこうというのがEUの立場である。そしてヨーロッパが，中国の潜在敵であるアメリカとはもっとも親しい同盟諸国であるという利点を生かしながら，三角関係のなかで米中関係の調停役を努めたいというのがEUの中国に対するスタンスである。

文献案内

植田隆子編『スタディーズ1　対外関係』勁草書房，2007年。
　　　EUの対外政策についての邦語の研究書は数少ない。本書は，EUの共通外交・安全保障政策，拡大をめぐる政策，対外通商・経済関係，開発協力など政策分野別

の対外関係に加えて,日本・アジアとの関係についての論考が収録されている。EUの対外関係の理念や歴史を理解するのに適切な書物。

田中俊郎・小久保康之・鶴岡路人編『EUの国際政治』慶應義塾大学出版会,2007年。

　第1部「国際政治システムとしてのEU」と第2部「国際政治の中のEU」の2部編成で12の論文が収められている。少しばらつきがあるが,本章との関係で言えば,EUと独仏・北欧関係,政治統合・共通安全保障防衛政策,拡大などに関する論考が有益である。

渡邊啓貴編『新版　ヨーロッパ国際関係史』有斐閣,2008年。

　17世紀以後のヨーロッパの国際関係史。とくに冷戦以後の歴史に詳しく,ヨーロッパ国際関係の流れの全体を理解するのに便利な書物。本章との関係で言えば,冷戦終結以後のEUの拡大,共通外交安全保障・防衛政策の発展や米欧関係の構造と発展を理解するのに有益である。

渡邊啓貴『米欧同盟の協調と対立』有斐閣,2008年。

　イラク戦争をめぐる米欧対立を軸に,冷戦終結以後のアメリカ外交の変遷と覇権大国化,それに対抗するヨーロッパという関係を同盟という枠における「協調と対立」という相反する方向性の共存という立場から明らかにした。同盟の構造と冷戦終結後の西側の国際構造を解明した研究。

索 引
（＊は人名）

あ 行

愛国主義 43
アイデンティティ 80
アキ・コミュノテール 167
＊アサド，バッシャール・アル 213
アジア欧州首脳会議（ASEM） 197, 219
アナーキー 6, 69
アパルトヘイト問題 54
アムステルダム条約 115, 144
アメリカ帝国論 78
アメリカの世紀 204
アメリカン・グローバリズム 12
アルメル報告 207
域外国境管理 144, 146
域内市場白書 208
イスラム系住民 10
『イタリア史』 25
一極システム 78
一極・多極並存 202
一般的な勢力均衡 33, 37
移動促進要因 131
移民 133
　　――国家 138
　　――法 141
イラク戦争 170, 200
＊ヴァッテル，エメール 33
＊ヴァレリー，ポール 86
＊ウィルソン，ウッドロー 31, 44
＊ヴィルヘルム2世 73
ウェストファリア
　　――条約 6
　　――体制 198

ヴェルサイユ体制 48
＊ウェント，アレクサンダー 80
「ヴェントネーテ宣言――自由で統合された
　　ヨーロッパのために」 93
英国学派 4, 22
英国国際政治理論委員会 36
エスニック・ナショナリズム 154
＊エラスムス，デジデリウス 188
エラスムス計画 16, 178, 179, 181, 223
エラスムス・ムンドゥス計画 182, 183, 188
＊エリツィン，ボリス 170
円卓会議 163
オイルショック 159
欧州安全保障協力会議（CSCE） 113, 118, 160, 207
　　――民族マイノリティ専門家会議 56
欧州安全保障協力機構（OSCE） 56
欧州安全保障戦略（ESS） 120
欧州安全保障防衛アイデンティティ（ESDI） 210
欧州安全保障防衛政策（ESDP） 117, 119
欧州安定化条約 58
欧州委員会 167
「欧州合衆国」の創設演説 94
欧州合衆国行動委員会 101
欧州議会 218
欧州経済共同体（EEC） 102, 112, 205
欧州原子力共同体（EAEC） 102
欧州高等教育圏 174
　　――構想 16, 173, 175, 180, 192
欧州資格枠組み（EQF） 186
欧州市民権 144, 145
欧州審議会 57, 97

欧州人権裁判所 98
欧州政治共同体（EPC） 100, 112
欧州政治統合 210
欧州石炭鉄鋼共同体（ECSC） 9, 110, 205
　　――条約（パリ条約） 99
欧州体外活動庁（EEAS） 124
欧州単位互換制度（ECTS） 184, 185, 188-190
欧州通貨制度（EMS） 207
欧州統一の構想 89
欧州統合の２つの系譜 104
欧州評議会 218
欧州への回帰 166
欧州防衛共同体（EDC） 9, 100, 111
欧州民族マイノリティ枠組み条約 57
オーストリア＝ハンガリー二重君主国 153
オスマン帝国 153
＊オッペンハイム，ラサ 31
オプト・アウト 104

か 行

カーゾン線 156
＊カール５世 35
外延的成長 159
階層秩序 80
海洋帝国 63
学生・研究交流 181
閣僚委員会 97
加算式単位制度 185
ガスト・アルバイター 132
家族再結合 133, 134, 137, 142, 146-148
ガリレオ計画 220, 225
環境グローバリズム 13
気候安全保障 120
気候変動 15
北大西洋条約機構（NATO） 109, 117, 157, 164, 204
客観的に存在する均衡 33

＊キャメロン，デーヴィッド 130
9.11同時多発テロ 139, 140
キューバ・ミサイル危機 78
教育
　　――制度改革 173
　　――の高度化 173
　　――の質保証 173, 185
共通安全保障防衛政策（CSDP） 125
共通外交安全保障政策（CFSP） 114, 210, 211
共通難民システム 147
共同学位 183
共同体感覚 145, 203
「恐怖の均衡」 32
極 201
＊ギルピン，ロバート 68
＊グイッチャルディーニ，フランチェスコ 24
＊クーデンホーフ＝カレルギー，リチャード 90
偶発的な勢力均衡 34
グリーン・カード構想 140
クリーン再生エネルギー研究所 223
＊クリントン，ビル 170, 211, 212
グローバリズム 10
グローバリゼーション 199
グローバル
　　――化 10
　　――・スタンダード 12
　　――な戦略的パートナーシップ 221
　　――・パワー 11
『君主論』 25
迎撃ミサイル（ABM） 207
経済相互援助会議（COMECON） 157
経済同盟にとどまらない「政治同盟」 96
経済のグローバリゼーション 76
経済力強化 193
　　――計画 191
鶏肉戦争（チキン・ウォー） 206

ケルン憲章　175, 192
権限配分の不平等　68
現状維持国　155
憲章77　161
建設的棄権　104
公式帝国　64
「公定ナショナリズム」　43
高等教育改革　191
　　　──圏構想　176, 193
高度人材確保　147
コーカサス紛争　54
＊コール，ヘルムート　138
国際刑事裁判所　13
『国際社会論』　32
国際人権規約（ICCPR）　221
国際通貨基金（IMF）　160
『国際理論』　31
国民国家　154
　　　──システム　7
　　　──の根源の問い直し　94
国連憲章　51
国連友好関係宣言　53
国家主義　43
国家主権
　　　──の移譲　104
　　　──の放棄　96
国家主導の連邦主義　92
古典的外交　7
コペンハーゲン基準　165
＊コミーヌ，フィリップ・ド　29
＊ゴルバチョフ，ミハイル　162

さ 行

最高機関　99
サイバーテロ　125
＊サルコジ，ニコラ　130, 142, 221
サン・パピエ　139
＊シートン＝ワトソン，ヒュー　152
シェンゲン
　　　──協定　143, 144
　　　──・グループ　143
自主労組《連帯》　163
市場アクセス障壁　222
市場経済化　2
持続可能な発展　125
「下から」の連邦主義　93
質保証　189
　　　──制度　186
諮問議会　97
社会的側面→Social Dimension　190
ジュヴェーヌマン法　139
19世紀的世界　6
集住　134
自由主義的秩序形成　79
自由貿易連合（FTA）　103
自由メディア事務所　58
修正主義国　155
集団的パワー　148
シューマン・プラン　98, 205
住民交換　46, 47
住民投票　48, 60
主観的に存在する均衡　33
主権　80
主権国家システム　6
＊シュペングラー，オスヴァルト　87
＊シュレーダー，ゲアハルト　140
＊シュンペーター，ヨーゼフ　67
ジョイントディグリー　183
小協商諸国　155
植民地
　　　──時代　64
　　　──帝国　7
　　　──独立付与宣言　53, 77
「諸国家体系」　20
新アジア戦略　219
人権

——規約　98
　　——協力プログラム　221
　　——のための国際ヘルシンキ連盟　161
　　——問題　225
新興帝国　73
人材の流動化　173
人的資本
　　——開発計画　173, 175, 176, 189
　　——政策　173, 174, 192
人道的配慮　131, 133, 137
人民の自決　51
　　——権　53
スターリン化　158
ズデーテン　50
＊スナイダー，ジャック　70
　　スパーク委員会　102
＊スピネッリ，アルティエーロ　90
西欧同盟（WEU）　101, 109, 114, 205, 210
成熟するパートナーシップ　220
西独・ポーランド条約　207
政府間協力主義　97
政府間主義原理　102
『西洋の没落』　87, 204
勢力均衡　6, 21, 26
　　意図的な——　34
　　——の「廃止」　37
勢力圏　75
　　——合意　75
セーブル条約　46
世界貿易機構（WTO）　222
石油危機　133
『戦史』　23
先進国首脳会議（G7）　207
先制攻撃論　212
選別　142, 148
　　——された移民　142
戦略
　　——対話　224

　　——的神話　70
　　——文化　212
　　——兵器削減条約（SALTI）　207
　　——防衛構想（SDI）　208
相互核抑止　36
『想像の共同体』　42
ソクラテス計画　179

た　行

第1次世界大戦　71
対中国戦略ペーパー（Country paper 2002-2006）　220
対中国武器輸出　224
大陸帝国　63
多角的な均衡　29
多極構造＝勢力均衡　198
多極システム　69
多極主義・多国間協調主義　198
多国間
　　——協調主義　199
　　——主義（マルチラテラリズム）　13, 201, 211, 212
脱植民地化　77
ダブリン条約　145, 146
多文化
　　——共生　10, 148
　　——主義　16
　　——主義の失敗　130
多様性　193, 194
　　——の尊重　190
単一欧州議定書　165, 168, 208
単純な勢力均衡　29, 33, 37
地域的・特定的な勢力均衡　33
地域的な勢力均衡　38
チーズ戦争　205
地位法　55
チェコスロヴァキア主義　154
＊チェンバレン，ネヴィル　166

索　引

地球測位システム（GPS）　224
知識基盤経済　183, 191, 192
知的財産権保護プロジェクト2期　223
チベット　219, 221
＊チャーチル，ウィンストン　94
＊チャウシェスク，ニコラエ　163
中・欧関係の長期政策　219
中華人民共和国国家人権行動計画　221
中距離戦略ミサイルパーシングⅡ　208
中国・EU
　——国際ビジネススクール　223
　——首脳会議　220
　——ロースクール　223
中国との包括的パートナーシップ構築　219
チューニング　186-188, 190, 194
チューリッヒ大学　94
超国家主義　102
挑戦国　68
朝鮮戦争　100
地理的な概念　1
ツヴィシェンオイローパ　153
ディアスポラ法　55
帝国　8, 77
　——主義　8, 63
　——主義戦争　71
　——的秩序形成　79
　——の時代　64
『ディプロマティック・インベスティゲーション』　23
定例報告書　167
適用除外　146
鉄鋼戦争　206
「鉄のカーテン」演説　95
天安門事件　218
ドイツ再統一　169
ドイツの台頭　72
＊トインビー，アーノルド　87
東欧　152

同化　135
　——政策　57
＊トゥキュディデス　23
統合　141, 148
　——コース　141
東西ドイツ基本条約　207
ドゥブレ法　139
東方外交　160, 206
独ソ
　——戦　156
　——条約　207
　——不可侵条約　155
独仏
　——合同軍　210
　——の平和　205
　——不戦共同体　5

な　行

＊ナイ，ジョセフ・S・ジュニア　22
「長い19世紀」　87
ナショナリズム　77
＊ナポレオン1世　20, 35
難民　133, 136
西ドイツの再軍備　100, 205
西ドイツの報復主義　158
21世紀的世界　6
20世紀的世界　6
人間の安全保障　11
ネオコン（新保守派）　78, 203, 211
ネオリアリズム　80
ネオリベラリズム　80

は　行

ハーグ欧州会議　95
パートナーシップ　148
覇権　13, 77
　——的協力（ヘゲモニック・コオペレーション）　204

233

パスクア法　139
＊バターフィールド，ハーバート　23, 36
バランス・オブ・パワー　6
パワー・シフト　3
パワーポリティクス　6
反植民地主義　77
汎ヨーロッパ論　90
東アジア共同体構想　127
非公式帝国　8, 66
非5条任務　210
非熟練労働者　140
＊ビスマルク，オットー・フォン　36
非正規移民　135
非正規滞在　136
人の移動　16
人の自由移動　131
＊ヒトラー，アドルフ　35
＊ヒューム，デイヴィッド　24
ファショダ事件　72
複合的な勢力均衡　33
フセイン体制　210
不戦共同体　110, 126
＊ブッシュ，ジョージ　203, 211
プッシュ-プル要因　131
仏独両国の和解　95
部門別対話　222
＊ブラウン，ゴードン　221, 225
プラハの春　159
フランス・イギリス・ドイツ　226
＊ブラント，ヴィリー　208
＊ブリアン，アリスティード　90, 212
ブリュッセル条約　101
ブルー・カード指令　147
ブルガリア・ルーマニアへのEUの拡大　224
＊ブル，ヘドリー　23, 32, 36, 75
プレヴァン・プラン　100, 111
文化的な概念　1

『文明の衝突』　209
分野別参照基準　186
米西戦争　203
米中貿易協定　222
平和のためのパートナーシップ（PfP）　170, 210
ペータースベルク任務　115
＊ヘーレン，アルノルト　20, 27, 34
北京でのオリンピック開催　225
ベトナム戦争　206
＊スパーク，ポール　101
ヘルシンキ
　──宣言　160
　──文書　207
ベルリン・プラス　117
＊ベルルスコーニ，シルヴィオ　225
ペレストロイカ　162
＊ベレンド，イヴァン　159
『貿易と投資に関するポリシー・ペーパー』　220
包括的な戦略的パートナーシップ　223
『法の精神』　26
ポスト京都議定書　197
ボスニア紛争　202
＊ホブズボーム，エリック　64
＊ホブソン，ジョン・アトキンソン　66
＊ホフマン，スタンリー　22
ポルトガル・アイルランド・ギリシャ　225
ボローニャ
　──宣言　173, 174, 179, 180, 191
　──プロセス　174-176, 180, 194

ま行

マーストリヒト条約　114, 165, 179
＊マキアヴェッリ，ニッコロ　24
＊ミアシャイマー，ジョン　69
＊ミッテラン，フランソワ　135
南ローデシア　54

ミュンヘン協定　50
民主スロヴァキア運動　168
民主制度・人権事務所　58
民族
　　——自決　7
　　——浄化　45, 46, 51
民族マイノリティ　7, 45
　　——高等弁務官　58
　　——保護制度　49
＊メジャー，ジョン　219
＊メチアル，ウラジミール　168
＊メッテルニヒ，クレメンス・フォン　36
＊メルケル，アンゲラ　130, 141
＊モーゲンソー，ハンス　68
＊モネ，ジャン　98, 109
　モロッコ事件　72
＊モンテスキュー，シャルル・ド　26
　モンロー主義　66

や　行

ユーゴスラヴィア紛争　54, 210
ユーロ　2
　　——危機　12, 225
　　——導入国　104
　　——ミサイル危機　207
宥和政策　155
ユトレヒト条約　26
ユニバーサルアクセス　178
要塞　143, 148
ヨーロッパ意識　88
ヨーロッパ協調　29
ヨーロッパ共同復興計画（マーシャル・プラン）　204
ヨーロッパ原子力共同体（EURATOM）　112, 205
ヨーロッパ広域秩序の再編　89
『ヨーロッパ諸国家体系とその植民地の歴史』　20

「ヨーロッパ人へのメッセージ」　95
ヨーロッパ中心史観　86
ヨーロッパの精神の危機　86
ヨーロッパの柱　210
ヨーロッパの平和　198
「ヨーロッパ・レジスタンス宣言」　90, 93
「ヨーロッパ連邦連合体制に関する覚書」　92
４つの自由移動　143
予防外交　211
予防攻撃　212
『より善い世界における安全なヨーロッパ——ヨーロッパ安全保障戦略（ソラナ報告）』　211

ら・わ　行

ラーニングアウトカム　185, 186, 189
ラサ　218
リアリズム　6
リスボン
　　——条約　124
　　——戦略　146, 192
＊ルイ14世　35
　留学・研究交流　173
　流動化　177, 193, 194
　領域的ナショナリズム　154
　冷戦後の20年　11
　冷戦時代　77
＊レーガン，ロナルド　208
＊レーニン，ウラジミール　43, 44, 66
　『歴史のおわり』　209
　レジスタン・グループの欧州連邦　96
　連合協定（欧州協定）　165
　連合主義者　96
　ローザンヌ条約　46
　ローマ条約　102, 114
＊ワイト，マーティン　23, 27, 36
　ワルシャワ条約機構　157

欧　文

BRICS　11, 197, 213
　　──シンクタンク諮問委員会（BTTC）
　　　213
EC・中国間の貿易および経済協力協定　218
EU
　　──加盟問題　2
　　──共通移民政策　146
　　──条約　210
　　『──・中国──一層密接なパートナー，
　　　大きくなる責任感』　220
　　──・中国クリーンエネルギーセンター
　　　EC 2　223
　　──・中国戦略対話　221
　　──・中国 2 領域間貿易協定　222
　　──・中国貿易　222
　　──の東方拡大　164
G 2　197
GATT
　　──ウルグアイラウンド　208
　　──交渉　206
NATO
　　──共同管理＝「3 頭制」　206
　　──の東方拡大　169
　　──ブリュッセル首脳会議　210
SS-20　208

執筆者紹介（執筆順）

大芝　亮（おおしば・りょう）はしがき・序章
　　編著者紹介欄参照

大中　真（おおなか・まこと）第 1 章
　1968年　生まれ。
　1998年　学習院大学大学院政治学研究科政治学専攻博士後期課程修了，博士（政治学）（学習院大学）。
　2013年　一橋大学大学院法学研究科法学・国際関係専攻博士後期課程修了，博士（法学）（一橋大学）。
　現　在　桜美林大学リベラルアーツ学群人文学系准教授。
　主　著　『エストニア国家の形成――小国の独立過程と国際関係』彩流社，2003年。
　　　　　『英国学派の国際関係論』（共編著）日本経済評論社，2013年。
　　　　　『国際理論――三つの伝統』（マーティン・ワイト著）（共訳）日本経済評論社，2007年。

吉川　元（きっかわ・げん）第 2 章
　1951年　生まれ。
　1982年　一橋大学大学院法学研究科博士課程単位取得退学。博士（法学）（一橋大学）。
　現　在　広島市立大学広島平和研究所教授。
　主　著　『民族自決の果てに』有信堂高文社，2009年。
　　　　　『国際安全保障論』有斐閣，2007年。
　　　　　『ヨーロッパ安全保障協力会議（CSCE）』三嶺書房，1994年。

古内洋平（ふるうち・ようへい）第 3 章
　1976年　生まれ。
　2008年　一橋大学大学院法学研究科国際関係専攻博士課程修了，博士（法学）（一橋大学）。
　現　在　フェリス女学院大学国際交流学部准教授。
　主　著　『国際政治学入門』（共著）ミネルヴァ書房，2008年。
　　　　　「南アフリカ真実委員会後の加害者訴追と被害者補償」『国際交流研究』第15号，2013年。
　　　　　「グローバル化時代におけるトランスナショナルな被害者運動」『国際政治』第162号，2010年。

執筆者紹介

高瀬幹雄（たかせ・みきお）第 4 章
  1954年 生まれ。
  1985年 一橋大学大学院法学研究科公法専攻博士課程単位取得。
 現 在 関東学院大学法学部教授。
 主 著 『環境問題と地球社会』（共編著）有信堂高文社，2002年。
    『民際外交の研究』（共編著）三嶺書房，1998年。
    「グローバルアクターとしてのEUの考察」『法学新報』117巻，2011年。

上原史子（うえはら・ふみこ）第 5 章
    成蹊大学大学院博士前期課程修了，ウィーン大学（政府給費留学生）。
 現 在 中央大学大学院公共政策研究科兼任講師。
 主 著 『EUを考える』（共著）未来社，2011年。
    『地球社会の変容とガバナンス』（共著）中央大学出版部，2010年。
    「原子力をめぐるEUのジレンマ」『海外事情』59号 2 巻，拓植大学海外事情研究所，2011年。

井上 淳（いのうえ・じゅん）第 6 章
  1974年 生まれ。
  2007年 慶應義塾大学大学院法学研究科政治学専攻博士課程単位取得退学，博士（法学）（慶應義塾大学）。
 現 在 大妻女子大学比較文化学部比較文化学科准教授。
 主 著 『域内市場統合におけるEU-加盟国間関係』恵雅堂出版，2013年。
    "Healthcare : The Case of Japan", *Migration Letters*, 10（2），2013.

林 忠行（はやし・ただゆき）第 7 章
  1950年 生まれ。
  1982年 一橋大学大学院法学研究科博士後期課程単位取得退学。
 現 在 京都女子大学現代社会学部教授。
 主 著 『ポスト社会主義期の政治と経済——旧ソ連・中東欧の比較』（共編著）北海道大学出版会，2011年。
    Regions in Central and Eastern Europe: Past and Present, (eds.), Slavic Research Center, 2007.
    『ネオリベラリズムの実践現場——中東欧・ロシアとラテンアメリカ』（共著）京都大学出版会，2013年。

松塚ゆかり（まつづか・ゆかり）**第 8 章**
    コロンビア大学大学院教育経済研究科博士課程修了。
 現 在 一橋大学大学教育研究開発センター教授。
 主 著 『国際比較から見た日本の人材育成』（共著）日本経済評論社，2012年。
    「国際化における高等教育財政——経済学理論が示唆するパラダイム」『高等教育研究』15，2012年。

渡邊啓貴（わたなべ・ひろたか）**終章**
 1954年 生まれ。
 1986年 パリ第一大学パンテオン・ソルボンヌ校現代国際関係史専攻 DEA 修了。
 現 在 東京外国語大学大学院総合国際学研究院教授。
 主 著 『シャルル・ドゴール』慶應義塾大学出版会，2013年。
    『米欧同盟の協調と対立』有斐閣，2008年。
    『フランス現代史』中公新書，1998年。

《編著者紹介》

大芝　亮（おおしば・りょう）

1954年　生まれ。
1989年　イェール大学 Ph. D.（政治学）。
現　在　一橋大学副学長・法学研究科教授。
主　著　『日本の外交 第5巻 対外政策 課題編』（編著）岩波書店，2013年。
　　　　『NGO から見た世界銀行』（共編著）ミネルヴァ書房，2013年。
　　　　『平和構築・入門』（共編著）有斐閣，2011年。

Minerva グローバル・スタディーズ①
ヨーロッパがつくる国際秩序

2014年6月30日　初版第1刷発行　　〈検印省略〉

定価はカバーに
表示しています

編著者	大　芝　　　亮
発行者	杉　田　啓　三
印刷者	藤　森　英　夫

発行所　株式会社　ミネルヴァ書房
607-8494　京都市山科区日ノ岡堤谷町1
電話代表　(075) 581-5191
振替口座　01020-0-8076

©大芝亮ほか，2014　　亜細亜印刷・藤沢製本

ISBN978-4-623-06937-8
Printed in Japan

Minerva グローバル・スタディーズ（全3巻）
体裁：A5判・美装・各巻平均250頁

① ヨーロッパがつくる国際秩序
　　大芝　亮 編著

② アメリカがつくる国際秩序
　　滝田賢治 編著

③ 中国がつくる国際秩序
　　中園和仁 編著

ミネルヴァ書房
http://www.minervashobo.co.jp/